念記受創傷的人

讓我們聆聽和同理

在上帝裏（不）能承受的創傷

# 約拿書析讀

黃嘉樑 著

基道出版社

▼

聖經通識叢書

# 在上帝裏（不）能承受的創傷

## 約拿書析讀

Rediscovering the Bible
Book of Jonah

作者
黃嘉樑 Wong, Ka-Leung

責任編輯
許寶瑩、吳國雄

裝幀設計
奇文雲海 · 設計顧問

■

出版／發行
基道出版社
香港沙田火炭坳背灣街 26 號富騰工業中心 10 樓 1011 室
LOGOS PUBLISHERS
Unit 1011, 10/F, Fo Tan Ind. Centre, 26 Au Pui Wan St., Shatin, Hong Kong
電話：(852) 2687-0331　傳真：(852) 2687-0281
網址：https://www.logos.com.hk

承印
雅聯印刷有限公司

●


10/2023 初版
Cat. No. LP1110
ISBN: 978-962-457-644-3

Printed in Hong Kong



| 刷次 | 10 | 9 | 8 | 7 | 6 | 5 | 4 | 3 | 2 | 1 |
|---|---|---|---|---|---|---|---|---|---|---|
| 年份 | 2032 | 2031 | 2030 | 2029 | 2028 | 2027 | 2026 | 2025 | 2024 | 2023 |

# 聖經書卷析讀

出版研經工具書的主要目的，是要將上帝的話語向現代人闡明，讓一羣愛好研讀聖經的信徒得到適切指引。近代聖經研究無疑對於這工作提供了莫大幫助，可惜學者採用的語言往往讓人有晦澀難明之感，令信徒望而卻步，「聖經通識叢書」的出版則試圖作為兩者的橋樑，將那些看似深奧的聖經研究學術理論，化成顯淺的文字，讓信徒可享受當今學者的研究成果。

本叢書設「聖經鳥瞰」、「聖經書卷要領」和「聖經書卷析讀」三個層次，並配以幾本研經工具書，以供應信徒於研經上不同程度的需要。研經的參考資料包括曾出版的《聖經導讀卡 —— 三分鐘的聖經研讀》(2002)、《實用聖經地圖集》(2003)，並深受讀者喜歡的《憑祢恩言 —— 實用基督徒生活手冊》(2004)、《聖經通識手冊》(2005)。第一個層次「聖經鳥瞰」旨在處理一些有關聖經的基本問題，如正典與版本的問題、書卷的編排分類問題，以及基本的聖經史地資料等，而《聖經鳥瞰 —— 基礎篇》(2002)和《聖經鳥瞰 —— 進深篇》(2002)這兩本著作，正就此為我們勾勒出一清晰的圖畫。第二個層次是「聖經書卷要領」，這是聖經各組書卷的「特寫」，希望向讀者闡明每組書卷的特色和讀經時要留心之處。現已出版的舊約書卷組別有：《舊約先知書要領》(2007)；新約書卷組別則有：《耶穌生平與福音書要領》(2002)、《使徒行傳與保羅書信要領》(2003)、《希伯來書、大公書信與啟示錄要領》(2010)。

至於第三個層次為「聖經書卷析讀」。析讀系列旨在進深分析各聖經書卷的內容和信息，既像釋經書那樣，對書卷進行逐段解釋，亦會針對每一書卷類別，按其文學格式、歷史背景以及神學主題等作出提綱挈領的分析，又從書卷中選取一些課題作較深入的探討。編者期望通過這一系列析讀作品，幫助信徒能跨過學術的門檻，得以一窺近代華人學者對各書卷豐碩的研究成果之堂奧。現已出版的舊約書卷計有：《在曠野中與上帝同行——民數記析讀》(2008)、《背約沉淪的循環軌迹——士師記析讀》(2009)、《愛的審判與生命的應許——耶利米書析讀》(2012)、《剛強壯膽回應上帝的應許——約書亞記析讀》(2013)、《以敬以虔活在當下——傳道書析讀》(2019)、《建立新世代——申命記析讀(卷上)》(2019)、《建立新世代——申命記析讀(卷下)》(2019)。新約書卷有：《風起雲湧的初代教會——使徒行傳析讀》(2002)、《奔走風塵的僕人——馬可福音析讀》(2003)、《情理之間持信道——加拉太書、帖撒羅尼迦前後書析讀》(2003)、《逆轉人生的上帝之子——路加福音析讀》(2005)、《道成為人的耶穌——約翰福音析讀》(2006)、《僕人領袖的教導與領導——提多書、提摩太前書析讀》(2013)、《擁抱危機的事奉傳承——提摩太後書析讀》(2014)、《同歸於一得基業——以弗所書析讀》(2014)、《與人同在的彌賽亞君王——馬太福音析讀(卷上)》(2016)、《與人同在的彌賽亞君王——馬太福音析讀(卷下)》(2016)、《連於基督走窄路——歌羅西書析讀》(2017)。

此層次的作品既反映個別學者嚴謹的學術研究，又務求達致活潑和生動的表達，其內容除了包含淺白易明的析讀，也會在每章結尾加上「短註」，以幫助讀者深入了解經文並進行閱讀。此外，本書會不時加插「信仰反省」部分，以引導讀者將經文連繫於其信仰生活。此外，每章末均會附有「溫習及思考問題」，供個人或小組之用，希望有助讀者重溫書本內容，並思考如何將所學應用於生活中。

最後，讀者閱讀此叢書、特別析讀系列時，須留意幾件事：除特別標明，本書所採用的聖經經文均引自《和合本修訂本》；凡經文引自該析讀書卷的，無論是一個詞彙還是一段文字，皆以「標楷體」標示；凡古外語（如拉丁文等）或古外語音譯（即希伯來文音譯、希臘文音譯等），均以英文斜體字表達。最後值得一提的是，基於《在上帝裏（不）能承受的創傷 —— 約拿書析讀》採創傷文學進路研讀約拿書，故本書會將「信仰反省」欄改為「創傷與約拿」。

# 言

「我死了比活著更好！」（拿四3、8）

當我們聽到有人這樣呼喊，會有甚麼反應呢？我們會認為這個人只想吸引別人注意、在無病呻吟，還是會認為他落入生不如死的苦痛之中，正在求救呢？如何回答這個問題，十分在乎我們的前設是甚麼。然而，無論我們怎樣理解他的呼喊，他展示著生而為人的基本需要，就是期盼得著關懷、理解與同理，而本書正是帶著這樣的態度來析讀約拿書。

這書的緣起有二。其一是我在中國神學研究院教授約拿書的原文釋經，多年來同學的提問和個人的研讀，教我對這卷書有了更深刻的認識，同時體會到這卷書還有不少值得研究的進路。其二是近年來的社會及世界的種種變遷，致令許多人經歷到不同程度的創傷。我們實在需要認識創傷的本質，並學習如何與受創者同行。以上兩點，推動我踏上以創傷經驗進路研讀約拿書的道路。

在撰作過程中，特別鳴謝以下幾位同行者。首先，十分感謝盧家輝弟兄。從他對創傷課題的認識及他與受創者同行的經驗，為初稿提供了好些有用的建議，因而豐富了本書內容。另外，我衷心多謝學院兩位任教輔導科的同工。萬楊婉貞博士幫助我更了解憤怒可以怎樣影響一個人，使其作出放棄自己生命的抉擇；而林添德老師仔細閱讀全書有關創傷課題的內容後，給予我許多寶貴意見和肯定。他倆的幫助，讓我更深體會到跨科際合作研究的必須和重要，並啟發我對約拿書有了很不一樣的理解。期望這微小的研究結果，有拋磚引玉之效，鼓勵更多華人釋經學者開展跨科際的聖經研究。最後，我要多謝基道出版社同工的協助，特別是吳國雄弟兄和許寶瑩姊妹，他們的編輯工作大大增加了本書的可讀性。

求上帝使用這本小書，讓它在這個需要明白創傷（trauma）、學習抗逆（resilience）和達致創傷後成長（post-traumatic growth）的時代，成為祂祝福人的器皿。

黃嘉樑

2023 年 7 月

# 目錄

## 第一篇・耶和華第一次差派約拿（一1～二10）

## 第二篇．耶和華第二次差派約拿（三1～四11）

# 專欄目錄

# 簡寫表

| | |
|---|---|
| AB | The Anchor Bible Commentaries |
| *ABD* | *Anchor Bible Dictionary*. Edited by D. N. Freedman. 6 vols. New York: Doubleday, 1992. |
| *BBR* | *Bulletin for Biblical Research* |
| BCOTPB | Baker Commentary on the Old Testament: Prophetic Books |
| BETL | Bibliotheca Ephemeridum Theologicarum Lovaniensium |
| *BN* | *Biblische Notizen* |
| BRPBI | Brill Research Perspectives in Biblical Interpretation |
| BST | Bible Speaks Today |
| BTCB | Brazos Theological Commentary on the Bible |
| *BZ* | *Bilische Zeitschrift* |
| BZAW | Beihefte zur Zeitschrift für die alttestamentliche Wissenschaft |
| *CBQ* | *Catholic Biblical Quarterly* |
| CBQMS | CBQ Monograph Series |
| *CBR* | *Currents in Biblical Research* |
| *CTJ* | *Calvin Theological Journal* |
| EEC | Evangelical Exegetical Commentary |
| *ETL* | *Ephemerides Theologicae Lovanienses* |
| *GKC* | *Gesenius' Hebrew Grammar.* Edited by E. Kautzsch. Translated by Arhur E. Cowley. 2nd edition. Oxford: Clarendon, 1910. |

| | |
|---|---|
| *HALOT* | *The Hebrew and Aramaic Lexicon of the Old Testament*. Edited by Ludwig Koehler and Walter Baumgartner. Translated and Edited under the supervision of M. E. J. Richardson. Leiden: Brill, 2001. |
| *HBT* | *Horizons in Biblical Theology* |
| HSM | Harvard Semitic Museum Publications |
| ICC | International Critical Commentary |
| *JBL* | *Journal of Biblical Literature* |
| *JBQ* | *Jewish Biblical Quarterly* |
| *JETS* | *Journal of the Evangelical Theological Society* |
| *JHS* | *Journal of Hebrew Scriptures* |
| J-M | *A Grammar of Biblical Hebrew*. Edited by Paul Joüon. Translated and revised by T. Muraoka. Subsidia biblica 27. Rome: Pontifical Biblical Institute, 2006. |
| *JSOT* | *Journal for the Study of the Old Testament* |
| JSOTSup | Supplements to the Journal for the Study of the Old Testament |
| KJV | King James Version |
| LHBOTS | Library of Hebrew Bible/Old Testament Studies |
| NAC | New American Commentary |
| NASV | New American Standard Version |
| NETS | A New English Translation of the Septuagint |
| NIBC | New International Bible Commentary |
| NICOT | New International Commentary on the Old Testament |
| *NovT* | *Novum Testamentum* |
| NRSV | New Revised Standard Version |
| *OTE* | *Old Testament Essays* |

OTG　Old Testament Guides

*SJOT*　*Scandinavian Journal of Old Testament*

StBL　Studies in Biblical Literature

SVT　Supplements to Vetus Testamentum

*Tanak*　*Tanak: A New Translation of the Holy Scriptures according to the Traditional Hebrew Text*

*TDOT*　*Theological Dictionary of the Old Testament*. Edited by Johannes Botterweck, Helmer Ringgren and Heinz-Josef Fabry. Translated by John T. Willis. Grand Rapids, MI: Eerdmans, 1974～2021.

TOTC　Tyndale Old Testament Commentaries

*VT*　*Vetus Testamentum*

WBC　Word Biblical Commentary

*ZAW*　*Zeitschrift für die alttestamentliche Wissenschaft*

呂振中譯本《聖經》。呂振中譯。香港：香港聖經公會。1980 年。

和修版　《聖經 ——和合本修訂版(上帝版)》。香港：香港聖經公會。2010 年。

思高譯本　《聖經》。思高聖經學會譯釋。香港：思高聖經學會。1999 年。

新譯本　《聖經新譯本》。香港：環球聖經公會。2021 年。

# 第一章
# 約拿書導論

- 名稱角色
- 內容結構
- 寫作日期
- 神學主題
- 創傷研究進路
- 創傷與約拿書

## 1.1 名稱角色

「約拿」（*yônāh*）意思為「鴿子」，作為名字它在聖經中出現十九次，其中十八次在約拿書中，另有一次見於列王紀下十四章 23 至 27 節中。這段經文記載以色列王耶羅波安行耶和華眼中看為惡的事，但耶和華卻因為看見以色列的艱苦情況，就藉祂僕人「迦特．希弗人亞米太的兒子約拿先知所說的」，讓耶羅波安可以收回以色列邊界之地。約拿書記載約拿的父親是「亞米太」（一 1；另參王下十四 25），其意思為「耶和華是信實的」或是「我的信實」。不過，究竟約拿書中的主角是否就是列王紀下所記載的歷史人物——約拿，學者仍有不少爭議。❶

## 1.2 內容結構

### 1.2.1 內容簡述

約拿書的故事廣為人知，這卷書可算是先知書中最為人熟悉、也引起不少討論的作品。故事在一章 1 至 3 節開始引介主要角色及主要關注的內容。故事以「一個需要解決的問題」作為開始，就是尼尼微人的惡達到耶和華面前，故耶和華就差派約拿去處理這個問題，而約拿受命去尼尼微城宣告指控。然而，約拿卻沒有遵命去尼尼微，反而逃往他施。所以，故事就出現一個「次問題」，就是約拿和耶和華的關係。這段關係出了問題，就令到約拿出走他施。作者在約拿書一章及二章，選擇首先處理這個「次問題」。作者第一步先解決約拿逃往他施這個行動，然後以約拿被船員拋在海中作結（一 4～16）。作者第二步是記載約拿在海裏被耶和華所預備的大魚所吞，他就在魚腹中向耶和華祈禱，最後宣告救恩是出自耶和華。約拿這裏的表現，看似有別於約拿書一章提及他逃避耶和華的面，而第二章的結束似是標誌著約拿與耶和華的關係得到復和，因此，約拿書一章提出的次問題，於此似乎得到了解決。約拿書三章就回到經文的主要關注，就是尼尼微人行惡與耶和華性情的衝突是否最終也得到解決。三章 1 至 4 節指出約拿按耶和華的吩咐而行，約拿和耶和華的關係的張力好像得到了疏解。約拿在尼尼微城宣講，尼尼微人和王都悔改離開惡道，最終耶和華沒有降下曾說過要降在尼尼微人身上的災難。至此，故事的發展已回應了第一章開始時所提出的問題，也就是說，尼尼微人的惡與耶和華的性情的衝突得到了化解，那麼故事應可以完滿結束。然而，約拿書四章卻記載了約拿和耶和華的對話，教人意外地顯示出約拿和耶和華的關係原來未有完全復和。而且，經文進一步指出，這個看來是次要的問題，原來才是作者想要探討的主要問題。❷ 尼尼微人與耶和華的衝突這個讀者原先以為是主要的問題，原來只是一個工具，為要顯示出這卷書真正處理的議題：約拿和耶和華不同的世界觀。❸

## 1.2.2 全書結構

學者以不同視角來研讀約拿書，有從人物視角，有從地理視角，亦有從具體敘事內容的視角出發，也有人採用「扇形結構」(chiastic structure) 來列出敘事的來龍去脈。由於約拿書清楚記下上帝兩次呼召約拿到尼尼微，所以不少結構分析都會首先把全書分為兩部分，再從不同角度分析。以下筆者嘗試列出不同的結構供讀者參考。

若從角色分佈來看，這兩部分可以再細分為互相對應的兩部分。現表列如下：

| | 兩次旅程 | 人物（非人物） | |
|---|---|---|---|
| A （一 1～二 10） | 第一次差派約拿 | | |
| X （一 1～16） | | 上帝、約拿、外邦人（船、海） | |
| Y （一 17～二 10） | | | 上帝、約拿（大魚、海水） |
| A’ （三 1～四 11） | 第二次差派約拿 | | |
| X’ （三 1～10） | | 上帝、約拿、外邦人（牲畜） | |
| Y’ （四 1～11） | | | 上帝、約拿（蓖麻、蟲子、東風、太陽） |

X 及 X’ 同樣是以上帝吩咐約拿去傳講信息作為開始，而且包含外邦人這個元素。Y 及 Y’ 在人物角色方面則沒有外邦人，只有上帝和約拿，再

加上動植物及自然界這些其他角色，而內容方面則主要是這兩位主角的講話。除了角色的對應外，亦有學者指出這些部分在主題內容上也有著不少對應。

有學者亦考慮到除了人物的對應外，亦留意到地理上的改變。下表是一個簡單的結構，包含了人物的對應及地域的改變：[4]

| 第一部分 | 第二部分 |
|---|---|
| 呼召約拿（一 1～3） | 呼召約拿（三 1～3） |
| 約拿與外邦人（水手）在船上（一 4～16） | 約拿與外邦人（尼尼微人）在城中（三 4～四 5） |
| 約拿與上帝在船外（二 1～11） | 約拿與上帝在城外（四 6～11） |

此外，亦有學者較多關注到具體內容的對應，它的結構仍都是分為兩部分。參下表列：[5]

| 約拿書一章 1 至 16 節 | 約拿書三章 1 至 10 節 |
|---|---|
| 呼召（起來、去、宣告）（一 2） | 呼召（起來、去、宣告）（三 2） |
| 約拿起來逃往他施（一 3） | 約拿起來去尼尼微城（三 3） |
| 上帝行動：捲起風暴（一 4） | 約拿行動：宣告毀滅（三 4） |
| 水手向他們的神明呼喊（一 5） | 尼尼微人相信、禁食及披麻（三 5） |
| 船長確認風暴是出自神明的能力（一 6）<br>水手尋求耶和華的旨意（一 7～13） | 尼尼微王披麻、下詔，並尋求上帝的旨意（三 6～8） |
| 水手向耶和華祈求「不要使我們滅亡」（一 14） | 尼尼微王吩咐百姓向上帝祈求「不要使我們們滅亡」（三 9） |
| 風暴止息（一 15） | 神後悔（三 10） |

| 約拿書一章 17 節至二章 10 節 | 約拿書四章 1 至 11 節 |
|---|---|
| 約拿獲救 | 約拿發怒 |
| 約拿祈禱 | 約拿祈禱 |
| 上帝回應 | 上帝回應 |

右頁表列與左頁表列相似，只是在具體分段上稍稍不同：[6]

| 約拿書一章 1 節至二章 11 節 | 約拿書三章 1 節至四章 11 節 |
|---|---|
| 耶和華的話臨到約拿（一 1） | 耶和華的話臨到約拿（三 1） |
| 話語的內容（一 2） | 話語的內容（三 2） |
| 約拿的回應（一 3） | 約拿的回應（三 3～4 上） |
| 報告將臨的災禍（一 4） | 預告將臨的災禍（三 4 下） |
| 回應將臨的災禍：水手及約拿（一 5） | 回應將臨的災禍：尼尼微人（三 5） |
| 無名的船長嘗試去避開災禍（一 6） | 無名的尼尼微王嘗試去避開災禍（三 6～9） |
| 水手與約拿：最終避開災禍（一 7～15） | 尼尼微人與耶和華：最終避開災禍（三 10） |
| 水手的回應（一 16） | 約拿的回應（四 1） |
| 耶和華與約拿（一 17～二 10） | 耶和華與約拿（四 2～11） |

另有學者對整卷書提出一個扇形結構如下：❼

| 段落 | 主題/經文 |
|---|---|
| A | 約拿受差派（一 1～2） |
| B | 約拿對抗耶和華：約拿的逃跑與耶和華的風暴（「憤怒」）（一 3～4） |
| C | 水手與約拿對話：「懼怕」的主題（一 5～13） |
| D | 水手的祈禱：「不要我們因這人的死而負責」（一 14 上） |
| E | 耶和華主權的自由：「隨祢的旨意而行事」（一 14 下） |
| F | 海停了它的發怒（「憤怒」）（一 15） |
| G | 那些人大大的懼怕耶和華（一 16） |
| H | 耶和華安排一條大魚去改變約拿的心意（一 17～二 1） |
| I | 約拿之歌：拯救的「宣告」（二 2～9） |
| J | 約拿的拯救（二 10） |
| K | 約拿重新受差派（三 1～2） |
| K’ | 約拿的回應：尼尼微的滅亡神諭（三 3～4） |
| J’ | 尼尼微的悔改（三 5～7） |
| I’ | 尼尼微王的詔書：宣告從惡轉回（三 7 下～9） |
| H’ | 上帝改變心意（三 10） |
| G’ | 有大惡臨到約拿（四 1 上） |
| F’ | 約拿憤怒（四 1 下） |
| E’ | 耶和華的主權自由：「我知祢會後悔離惡」（四 2） |
| D’ | 約拿的祈禱：「我死了比活還好」（四 3） |
| C’ | 耶和華／上帝與約拿的對話：「憤怒」的主題（四 4～9） |
| B’ | 耶和華對抗約拿：耶和華證明祂的憐憫為對（四 10～11） |
| A’ | 約拿／以色列的回應：拯救神諭（隱含的） |

以上這個結構的部分對應稍為牽強。例如 C 和 C' 的對應就只是兩者都是對話，D 和 D' 則兩者都可能是對上帝講話。故此這個分段結構的對應並不明顯。另外，最後加上 A' 也不可取。

本書會採納大部分學者把約拿書分為兩部分的處理方式，而每部分的結構則會在下文析讀中再詳細分析。下表則指出這兩個部分在基本結構上是相似的：

第一部分：耶和華第一次差派約拿（一 1 ～二 10）

1. 約拿拒絕並與外邦人在船上（一 1 ～ 16）
2. 約拿在深海中向耶和華祈禱（一 17 ～二 10）

第二部分：耶和華第二次差派約拿（三 1 ～四 11）

1. 約拿遵從並與外邦人在城內（三 1 ～ 10）
2. 約拿在城內外與耶和華對話（四 1 ～ 11）

可以留意的是，約拿書在一章 9 節宣認耶和華是造海和陸地的神明，而第一部分（一 1 ～二 10）和第二部分（三 1 ～四 11）的敘事剛好分別是發生在海和陸地，二章 10 節就成為由海轉到陸地的轉接點。在第一部分中，經文先記載耶和華對約拿的第一次呼召，然後是約拿從船外走到船上的過程，再記載在船上發生的事情。接著是約拿在船外發生的事情，❽ 包括約拿經歷耶和華的第一個安排——大魚，並他在深海中向耶和華說話。第二部分有類似的大綱。經文先記載耶和華對約拿的第二次呼召，然後記載約拿從城外走到城內的過程，再到城內發生的事情。接著是約拿走到城外，經歷耶和華的另外三個安排——蓖麻、蟲子、東風，並他與耶和華的對話。在第一部分中，在海上發生的事情嚴格來說是在船上發生的，而「船」就是讓人可以在海上生存的文化創建。離開了這個文化創建，約拿就要在代表著混沌勢力的海裏求存。而就在這一片混沌之中，約拿跟耶和華在大自然中所安排的大魚相遇，這大魚既代表危險，卻也可以帶來救助。約拿就在這混沌與不明確的情況下與耶和華對話。同樣地，在第二部分中，在陸地上發生的事情嚴格來說是在城中發生的，而「城」也同樣是讓人可以在陸地上生存的文化創建。離開了這個文化創建，約拿就只能在另一片陸地上求存。為此，他先是建造了一座棚；接著，約拿經歷耶和華的三個安排，而這三個安排也同樣可以帶來危險或者救助；同樣地，約拿也在這不明確的情況下跟耶和華對話。這兩部分都指出，在文化創建以外是混沌之處，在那裏人會經歷到大自然的力量，而這力量可以是正面的，也可以是負面的。然而，正是在這混沌的處境中，約拿和耶和華開展了對話。

雖然上文提及的第一部分和第二部分在結構上相似，但兩者也有好些不同的地方。在第一部分，經文強調「船」作為文化創建的安全地方，但面對著波濤洶湧，「船」也不能成為保護。在第二部分，約拿在相對安全的「城」內行事，但他在城外所面對的，按經文描述，卻遠比在海裏的要複雜得多。而且，約拿與耶和華的對話也不是由約拿在城外開始，而是從城內開始，一直延續至城外的。

## 1.3 寫作日期

雖然約拿這個名字出現在列王紀下十四章 25 節，屬耶羅波安管治時期（約公元前 793 ～ 753 年），但學者大多不認為約拿書是寫於這個時期。主要的原因是：亞述王西拿基立把尼尼微城定為亞述帝國首都是在公元前 704 年，在這年期以前，亞述帝國以另一個城市為首都。故此，當約拿書稱尼尼微已有王管治之時，已暗示了約拿書不大可能於公元前 704 年或以前成書，因此就不可能在耶羅波安管治的時期寫成。[9] 學者多從以下兩方面論證，約拿的成書時期為猶大國被巴比倫所滅之後（公元前 586 年）。

**第一，從文本互涉的角度出發**

有學者指出約拿書不少地方與聖經其他書卷有相似之處。若能指出約拿書是採用或受其他書卷影響，則至少能證明約拿書的成書日期晚於這些書卷。其中約拿書三章 9 節及四章 2 節，跟約珥書二章 13 至 14 節相近。然而，由於約珥書成書日期不詳，故難以從這相似之處推論約拿書成書的日期。不過，約拿書三章 8 節「各人要回轉離開惡道」（*wəyāšuḇû ʾîš middarkô hārāʿā*$^{h}$）這短句，在舊約聖經中只見於耶利米書（二十六 3，三十六 7；另參十八 11，二十五 5，三十五 15，三十六 3），[10] 據此我們可以推斷，約拿書寫於約公元前 586 年以前的可能性不大。

**第二，從文學和語言特徵的角度出發**

有學者指出約拿書包含了好些後期希伯來文用語。⓫ 以下舉一些例子作說明：

- 「路程」（*mahălak̲*；三 3～4）的意思和「道路」（*derek̲*）基本相同，而前者則只出現在後期作品中（參尼二 6；結四十二 4；亞三 7）。
- 「安排」（*mānā*$^{h}$；一 17，四 6、7、8）多解作「數點」（參創十三 16；民二十三 10；撒下二十四 1），但也可理解為「安排、分派」，而這個用法出現於後期作品（參代上九 29；但一 5、10、11）。
- 「顧念」（*ʿāšaṯ*；一 6）及「令」（*ṭaʿam*；三 7）都有受亞蘭文影響的痕迹，反映出是較後期的用法。⓬
- 「天上的上帝」（*ʾĕlōhê haššāmayim*；一 9）多見於在波斯時期的文獻中（參代下三十六 23；拉一 2；尼一 4、5，二 4、20），這亦較接近亞蘭文使用的稱謂（參拉五 12，七 12、21、23；但二 18）。這反映約拿書可能是波斯時期的作品。
- 「有恩惠，有憐憫的上帝」（*ʾēl-ḥannûn wəraḥûm*；四 2）多出現在較後期作品中（參代下三十 9；尼九 17、31），與較早期出現的表達公式「有憐憫，有恩惠的上帝」的用詞次序剛好倒轉了（參出三十四 6；詩八十六 15，一〇三 8）。同樣地，「從最大的到最小的」（*miggəd̲ôlām wəʿad̲-qəṭannām*；三 5）多出現在後期作品中（參代下三十四 30；斯一 5、20），而較早期作品則多是「從小到大」（參撒上五 9，三十 24；王下二十三 2，二十五 26；耶六 3，八 10）。
- 關係代名詞「那些、那個」（*ʾăšer*；一 5，二 10，三 2，四 5 等）以縮寫形式 *š*（一 7、12，四 10）出現，均屬於較後期的希伯來文用法。⓭

總的來說，雖然學者還會從其他方面，如社會或神學發展，來論證約拿書是否屬較後期的作品，⓮ 例如它是屬於被擄後期或波斯時期。但是，整體而言，文學和語言特徵是最能證明約拿書是屬於被擄後期的作品。⓯

## 1.4 神學主題

約拿書雖然只有短短四十八節，但卻引來無盡的研究。學者研究本書的方向，包括寫作日期和背景（屬於被擄前或被擄後）、體裁（屬於歷史、寓言、比喻、寓意、諷刺文學、鬧劇、米示拿等）、敍事手法（敍事者、角色描繪、情景、講話模式、結構等）或者宗教文獻（文本互涉、神學思想等）等。⑯ 然而，學者對於其內容主題的探討，至今仍眾說紛紜。不少學者認為約拿書的內容既有好些矛盾的地方，也有意義含糊之處，以致難以決定書卷所要展現的神學主題。事實上，書中對約拿和上帝這兩個角色的描寫確有不少含糊之處，故此當讀者帶著不同前設來閱讀此書，就會得出對這些角色截然不同的看法。有見及此，馬戈利（Jonathan Magonet）認為可以從「兩極對立」（polarity）這個角度來審視約拿書的主題，意思就是說，從一些對立的主題出發，以此理解約拿書。他列出四對這樣的對立主題：認識和違背上帝、獨特主義（particularism）和普世主義（universalism）、傳統教導和創新體驗，以及上帝的能力和人的自由。⑰ 詹森（Philip P. Jenson）討論約拿書中的神觀時也認同這個進路，⑱ 也採用四對對立的屬性來探討約拿書如何理解這位神明。他提出的主題是：上帝是有主權的和有限制的、上帝是臨在的和有距離的、上帝是以色列的神和列國的神、上帝是會發怒的和有憐憫的。筆者參考不同學者建議的課題，下文扼要討論其中幾個。

### 1.4.1 普世性和獨特性

有學者認為約拿書寫於以斯拉和尼希米時期或稍後於他們的時期，其目的是修正該時期的神學思想。因為這兩卷書特別關注到要建構回歸羣體的界線，將那些未曾經歷過被擄的以色列人的後裔圈出，並把後者視為與外邦人無異。所以，有別於這兩卷書的強烈排他信念，約拿書作者提倡上帝的恩典並不只局限於回歸羣體，甚至不止於所有以色列人的羣體，而是包括所有邦國在內的。⑲ 約拿書所關注的是在被擄後期上帝對普世的關懷。不過，若約拿書寫作年代是在被擄後期，甚或是波斯時期，那麼以色列的神明並不只關注以色列人，便沒有甚麼特別之處了；而且，以斯拉記和尼希米記有關界線的問題，也未必與此有關，這兩卷書反而更多關注的是猶太羣體之內的界線問題。⑳

## 1.4.2 絕對主權和人的自由

有學者指出約拿書強調上帝的絕對自由和主權。他們認為上帝對祂的創造物有絕對主權，祂可以控制海、大魚、蓖麻和蟲子，且這一切都可以任由祂差遣。同時，祂也有絕對自由按己意行事。因此，上帝的作為是人不能測透的，正如約拿書中的一些角色，以「或者」（一6）、「耶和華隨自己的旨意行事」（一14）和「誰知道」（三9）來形容這位神明。而與此相關的是，也有學者認為約拿書中的上帝行事飄忽，甚至是無原則可言的。㉑雖然如此，若以約拿作為人類的代表，人縱然也是上帝所創造，人卻可以拒絕依從上帝的吩咐，並在某程度上作出自己的選擇。水手也許是被迫要將約拿拋進海中，約拿卻是自己要求水手這樣做。約拿縱然無法避過上帝所安排的蓖麻、蟲子和東風，但他最終卻可以選擇用沉默來回應上帝最後的講話。

## 1.4.3 憐憫和公義

*「耶和華，耶和華，有憐憫，有恩惠的上帝，不輕易發怒，且有豐盛的慈愛和信實，為千代的人存留慈愛，赦免罪孽、過犯和罪惡，萬不以有罪的為無罪，必懲罰人的罪，自父及子，直到三、四代。」（出三十四6～7）*

約拿所宣告的耶和華屬性（四2），跟傳統對耶和華屬性的理解的公式（**出三十四6～7**），有一個重要的差異，就是在於約拿並沒有提及到耶和華「萬不以有罪的為無罪」，反而加上「會改變心意，不降那災難」（四2）。不過，學者多認為約拿強調的是公義，或至少是對尼尼微的公義行動，而不是耶和華的憐憫。然而，約拿書藉著耶和華的講話，指出約拿的不是（四10～11），這更顯出了耶和華憐憫尼尼微是應該的這觀點。只是有一點須留意，就是對約拿書的讀者而言，他們是已經知道尼尼微最終被滅，他們知道上帝是既有憐憫，也有公義的。若是這樣，認為約拿書強調上帝的憐憫並聚焦於此，意義似乎就不大了。㉒

### 1.4.4 悔改的必要性和充分性

有學者認為約拿書提供了一個悔改的模式，讓以色列人去跟從。以色列人不能只想著要得到上帝的恩典，他們應該也要悔改，而這特別適用於被擄後的以色列羣體。㉓ 約拿書旨在向他們說明，悔改是重要和可以帶來果效的。另一方面，猶太傳統指出，作為先知的約拿是預先知道亞述人會除滅北國以色列的，因此他極之不願意到尼尼微宣講，免得亞述人回轉，不被上帝降災，然後反過來毀滅以色列。然而，約拿書對悔改的重視，其實未必如不少學者所言的。雖然約拿書三章指出尼尼微的悔改（或許）和他們不被上帝降災是有關係，但經文亦同時指出，悔改並非一切，因為經文沒有把耶和華描繪成一位只要有人悔改，就必然取消審判的神明。㉔ 反過來說，水手得救，並不是因為他們有甚麼悔改的行動（一章）；同樣地，約拿並沒有悔改，卻能免於滅在海中（二章）。

## 1.5 創傷研究進路

過往學者對約拿書的研究多停留在歷史鑑別進路或者文學進路，關注的亦多是約拿書的寫作日期、體裁、寫作手法以及神學信息等。近期學者則建基於過往的研究成果，試圖循不同的社會科學進路來研讀約拿書，而其中值得留意的，便是「創傷研究」的進路。㉕ 早期學者多把創傷研究應用在以西結書、耶利米書和耶利米哀歌等書卷上，後來則擴展到不同的舊約和新約書卷。以下筆者會先簡述創傷的一些面向，以及創傷與文學的關係，㉖ 接著略述如何把創傷理論應用在約拿書的研究上（參段落 1.6「創傷與約拿書」，頁 18），才開始約拿書全書的析讀。

### 1.5.1 創傷的定義

「創傷」（trauma）一詞來自希臘文 τραύμα，解作「傷口」。從歷史研究去探討這個詞的發展，看到它早期的用法已不單指身體上的傷口，也可指心理或精神上所受到的傷害。㉗ 現今，創傷的研究橫跨醫學、心理學、精神病學、社會學、文學、歷史學和神學等各方面。對於現今有關創傷的研究，這裏筆者引用研究創傷理論的著名學者卡路芙(Cathy Caruth)對「創傷」的定義作為開始。她認為「創傷」普遍而言,是用來形容那「被突發或災難事件完全壓倒的一種經驗,而對這經驗的回應,則往往見於延遲的、不能控制而重複的幻覺,以及其他入侵性(intrusive)的現象之中。」[28]

## 1.5.2 創傷的類別

創傷可以有多個面向,而不同的面向也有其獨特的元素需要注意。有學者把創傷分為以下五個類別:自身創傷(primary traumatization)、間接創傷(secondary traumatization)、跨代創傷(intergenerational trauma)、社會創傷(societal trauma)和文化創傷(cultural trauma)。筆者綜合為三方面作討論。[29]

### 1.5.2.1 自身創傷

至於甚麼樣的經驗會帶來創傷,則因人而異;同一件事,對某人而言可以是創傷性的,但對另一人卻可以影響不大。所以,創傷事件並不能單單由外在發生的事情本身來加以定義,而應該以當事人如何感知、如何主觀地去經驗那臨到他的事情來決定,這樣,才能判斷那件事會否對當事人來說成了創傷事件。[30] 若當事人在過去曾經有過創傷經驗,或是他的家人或朋友有類似經驗,又或有其他人對當事人所經歷的這類事情作出一些詮釋,當這類事件再次出現時,當事人很容易會再次經歷創傷。創傷事件會令致受創者感到完全被壓倒、不知所措,以及生出強烈的無力感,而那些通常用於面對生活不如意事的機制,亦均告完全失效。再者,創傷所影響的,是受創者整個人包括他的肉體和心靈。創傷的經驗會挑戰當事人對世界、對他人和對自己的基本信念及意義系統。[31] 創傷令人質疑過去所持守的信念,而受創者過去所假設的安全系數和公義等概念,也會受到動搖。創傷帶來的焦慮、恐懼、無助、憤怒和羞恥,會令受創者感到被拋棄,也會驅使他們否定自己的價值。若創傷來自人際性的事件(例如:家暴、戰爭),而不是非人際性之事件(例如:地震、海嘯),就更容易撼動受創者對個人尊嚴、對他人的信任和團結的基本假設。一些發生在羣體中的不幸事件或災難,例如車禍或地震,亦往往會使倖存者生出所謂「倖存者罪疚感」(survivor's guilt)。他們會質疑，是否因一己的錯誤而令致他人死亡，或者覺得自己不配仍然活著，甚至認為自己倖存是對已逝者的不忠。

美國精神病學協會(American Psychiatric Association)於2013年出版的《精神病診斷與統計手冊》(*Diagnostic and Statistical Manual of Mental Disorders*, DSM-5)指出，患有創傷後壓力失調者會呈現一些相關的徵狀。㉜ 筆者簡述四點如下：

- 經常出現侵擾(intrusions)：與創傷事件有關的記憶會在夢境或「**回閃**」(flashback)中，不由自主地經常出現。
- 持續地逃避(avoidance)：對於引起創傷事件或跟創傷事件相關的人、物、地點、想法、回憶等，採取持續逃避態度。

*「回閃」是一種創傷現象，是受創者腦海中突然闖入創傷情景畫面，受創者恍如置身真實場景。這現象使受創者再次經歷創傷事件。*

- 認知或情緒上的負面改動(negative alterations)：未能記起創傷事件的重要內容；對自己和世界抱強烈的負面看法；持續對事件的成因或後果持扭曲的看法，以致怪罪自己或他人；持續出現負面情緒(如恐懼、憤怒、罪疚)；難以擁有正面情緒(如開心、滿足)；以及有強烈的解離感覺(dissociation)。
- 明顯的過度激發(arousal)：不合理的煩躁和憤怒表達、魯莽及自毀行動、過分警惕、難以集中精神，以及睡眠困難。㉝

這些徵狀反映出創傷對人身心所帶來的傷害，但它們同時也是人用以自保的「自衛機制」(self-defence mechanim)。面對外在威脅，人即時的反應是「戰或逃」(fight or flight)。不過，當威脅過於巨大，以致戰或逃都不可能時，身體就會不由自主地選擇「僵住」(freeze)或「解離」，以保存自身的能量，或避免被強大的外力壓倒致完全崩潰。創傷事件發生後，持續地逃避和遺忘創傷事件，正是一種自保的自衛機制，免得自己的身心再次經歷那不能承受的創傷事件。由於當事人未能好好處理——或者選擇逃避處理——創傷事件，未能把創傷事件融合而成為自己生命故事的一部分，故原先對創傷事件的情緒反應，會給封存在腦海中。在往後的日子，各等情緒會以其原來的形態不由自主地出現，令創傷者彷彿再次置身於受創的環境之中，再一次經歷當時的創傷。

為了處理或「合理化」創傷事件，受創者會嘗試為事件的發生和經過，找出原因，若然，那怪罪自己或他者的情況，就有可能出現。無論甚麼樣的原因也不重要，只要能夠找出原因，就會給予受創者一種可以控制創傷事件的感覺。不過，這個做法也可能會使受創者對自己、他人或世界，構築起一些扭曲的負面看法（例如上文提及的倖存者罪疚感，參頁13），而這些負面看法有可能漸漸成為受創者新的世界觀，取代被創傷事件打破的舊有世界觀。與逃避或遺忘相反的，便是對四周環境作出過分反應，因為對受創者來說，世界已變得不再安全，而這樣做也是源於要對自身加以保護。受創者也會作出魯莽和自毀行動，以此逃避負面情緒，或藉此重新感受自己的身體，從而肯定自我存在。此外，受創者很多時會感到被離棄、被非人化，以及被拒絕於原有的社會保護網。在與他人的關係中，受創者則容易感到疏離和分割，不容易感受得到自己是屬於某個社羣的。

## 1.5.2.2 間接及跨代創傷

創傷可以藉不同方式「流傳」下去。雖然有些人沒有親身經歷過引致創傷的事件，但可以因著他們是受創者的家人或朋友，而受到某程度上的創傷，這可說是一種創傷的「傳遞」（transmission）。這個現象也可以發生在家庭的照顧者、專業社工，甚或護理人員身上。不但如此，隨著互聯網愈益普及，即使身處不同地方，人也可以在網路上看到其他地方發生的創傷事件，而引致「間接創傷」。此外，受創者的經驗也可以影響家人，再藉由其家人影響他們別的家人，例如他們的下一代。跨代的創傷經驗是可能的，也就是說，直接受創者或間接受創者，有可能將這些受創經驗傳遞給下一代，而使之成為下一代的經驗，而下一代也會出現上一代受創者的創傷徵狀、心理和生理反應。最明顯的例子就是納粹時代猶太人遭遇了大屠殺這創傷經驗，而他們的親身經驗影響著下一代，甚至再下一代。[34] 有學者更認為創傷經驗會引致「基因改變」，從而影響下一代的生理及心理狀態。

### 1.5.2.3 社會及文化創傷

創傷經驗可以是個人性的，但也可以是羣體性的，例如戰爭、地震或洪水這類災難所帶來的創傷。有學者會將集體創傷跟個人創傷作出類比，不過有學者卻認為，羣體創傷並不等於個別受創個體創傷的總和；其所帶來的破壞，亦非針對個人，而是會對能令羣體團結起來之社會生活方式，帶來損害。羣體的創傷經驗會帶來「向心」（centripetal）或「離心」（centrifugal）兩種力量。[35]前者令擁有共同受創經驗的人走在一起，形成新的羣體；後者則是受創者有意無意之中將自己抽離於原屬的社羣。范德寇（Bessel A. van der Kolk）說：「經歷創傷之後，世界就鮮明地切割為知情者與不知情者兩種人，凡是沒有共同創傷經驗的人都不可靠，因為他們不懂。」[36]一個羣體的身分認同，也會建立在成員所共同經歷過的創傷之上。謝斐・亞歷山大（Jeffrey C. Alexander）指出，「當一個羣體的成員認為他們所經歷的可怕事件會在他們羣體意識中留下不能磨滅的印記，並深印在他們記憶之中，甚至根本地和不能逆轉地改變了他們未來的身分」，文化創傷就出現了。[37]透過建構新的羣體敘事，以反映創傷經歷的本質，便能形塑出新的文化意義來。謝斐・亞歷山大又指出，創傷在宗教環境中會產生神義論（theodicy）的問題，譬如神明為何容許創傷出現在某人或某羣體身上？這人或這羣體為何會受到這樣的創傷？諸如此類。[38]當社會的創傷長時間沒得到充分處理，它就會滲透進社會文化中不同的層面，成為文化的一部分，且顯現在文學、藝術、音樂以及電影等層面之中。

若從創傷的角度來審視一份文學作品，我們就是要從其中尋找創傷所留下來的痕迹，特別是該作品如何承載創傷的重複性和強迫性。由於當事人往往無法完全言說創傷，也未能把創傷置放於其個人的歷史敘事中，故此任何對創傷的言說，都只會是片面的和有空隙的，且沒有能力妥善解釋其發生的過程和原因。結果，任何語言都無法完全言說這不能被理解的創傷事件。當事人面對的困境是：他一方面要見證創傷事件，另一方面卻苦無足夠的言語可以完全言說這事件。因此，當事人的見證便只能由片段式的記憶組成，而由此創傷文學往往會出現對事件的重複記述，以及語言和時間的斷裂，並因而出現留白。文學作品的留白，正正反映出故事人物面對著由創傷經驗而來的失語。既然創傷不能好好言說，沉默便可能是最自然的反應。

## 1.5.3 創傷後成長

現今社會的確比從前更多關注創傷經驗，意識到創傷的出現比一般人所想像的來得普遍，而且也願意投放更多資源去處理「創傷後壓力症候羣」(post-traumatic stress disorder, PTSD)的問題，以改正以往於這方面的忽略，或對創傷後壓力症候羣患者所施的不正確診斷或治療。不過，值得留意的是，除了關注到創傷經驗的普遍性及其負面影響以外，愈來愈多學者關注創傷後的復原問題，甚至進一步討論「創傷後成長」(post-traumatic growth)這一現象。「創傷後成長」這講法是由達德斯基(Richard Tedeschi)與卡浩恩(Lawrence Calhoun)在 1990 年所創建的。㊴ 這類研究旨在指出創傷事件除了可以帶來負面後果，人亦可以從跟創傷經驗搏鬥中得到成長。赫爾曼(Judith Herman)指出，從創傷到復原之路有三個階段：確立安全感、記起並為創傷事件哀悼，以及與日常生活再次結連。㊵ 雖然這被稱為三個階段，但並不表示它們是一種時序上的線性演變過程，因為在復原之路上，不同的階段可以反覆出現。有學者提出了一些可以幫助受創者復原和成長的要素，包括：受創者有多大能力可以忍受由創傷經驗帶來的過分刺激或苦惱情緒、受創者能否有創意地處理和評估受創的經驗，以及受創者有否得到羣體的支持和保護。㊶ 有學者進一步把這些要素分為「天賦」(asset)和「資源」(resource)兩大類別。㊷ 前者指個人內在處理創傷的能力，例如自信心、安全感和主動性；後者則指個人外在或社會於精神或物質上的支援等。「創傷後成長」理論所關注的，不單是受創者可以克服創傷帶來的負面影響，更是受創者如何在應付創傷事件的過程中得以成長，變得比受創前更加堅強。從這角度看，受創後成長與「抗逆」(resilience)或「調節」(adjustment)並不相同。受創後成長並不是指人要回到未受創前的基線，而是指著受傷者直面創傷，且能在受創經驗中尋得意義，並從中得著好處而言。達德斯基及卡浩恩指出，創傷後成長可見於以下五方面：㊸

- 懷著感激之心面對生命及生命的各個層面，並重整其優次；
- 與其他人建立更親密和更有意義的關係；

- 認知到個人力量可以更加強大；
- 辨識到生命的新可能和新方向；
- 在靈性或人生存的範疇上有成長。

## 1.5.4 創傷與文學

「文學創傷理論」(literary trauma theory)所關注的，是文本中如何隱含著創傷的內容，包括文本如何見證創傷，以及文本如何促進復原、抗逆和成長。[44] 如上所述，受創者基本上難以言說創傷，但要得著復原和成長，受創者必須願意面對和言說創傷——而文學作品就是言說創傷的方法之一。受制於創傷的本質，文學作品雖然無法完全言說創傷，卻仍可以見證創傷，幫助受創者或其他人回應創傷。就文本如何表現出創傷產生的延遲或者未被理解的記憶而言，文學創傷理論對其關注，可見於文本所呈現出來的留白、缺口和重複的內容之中。[45] 亦有學者指出，創傷文本的敍事不會只是以線性方式表達，也會用上倒敍的方式，甚至不會出現讀者所期望的自然結局。[46] 此外，文學作品的特色之一，是以象徵或符號傳遞信息。這些符號一方面當然可以指向創傷經驗，但另一方面又可以讓人藉一個安全距離面對並處理創傷事件，從而可以達致復原及成長的目的。[47]

對於聖經學者來說，創傷理論的視角可以擴寬他們對聖經文本出現的歷史時空之想像，特別叫他們留心災難如何在事後仍然影響著當時代的人。聖經學者主要採取兩個研究策略：第一，他們以創傷作為詮釋的出發點之時，他們所關注的，是經文如何明言或反映出信仰羣體所經歷過的創傷事件，察看經文表面不易為人發現、但裏面卻隱藏著的創傷事件所造成的影響之痕迹，並為此提供另一種詮釋。第二，聖經學者亦可以研究經文如何向當代閱讀文本的受創羣體說話，讓他們透過閱讀經文重塑自己的身分，叫受創羣體從經文中找到共鳴和表達創傷的語言，以致得著重建羣體的力量。有學者指出，研究者必須清楚區分這兩種策略，也就是說，研讀反映創傷的聖經文本之時，前者(反映出創傷痕迹)和後者(重建創傷羣體)是分別從被稱為「文學心理分析學」觀點(literary theory of psychoanalysis)和「社會學」(sociological)觀點出發的。[48] 同時，當代學者亦留意到，作為這些創傷文本的讀者，學者可以成為間接見證人，甚或有可能成為間接受創者。[49] 此外，有學者指出，文本所呈現的象徵化和再象徵化過程，跟受創者面對和處理創傷的過程相類似，可以分為以下三個階段：[50]

- 第一階段是起始性符號建構（incipient symbol-making）。其意思是指以象徵符號來言說創傷事件。這個方法既可以言說創傷，亦可以藉著象徵符號讓人與創傷保持安全的距離。
- 第二階段是推論性符號建構（discursive symbol-making）。其意思是指藉著符號建構創傷事件發生的因由，並找出需要為此負責的人物。這個做法有其原因：人為了繼續存活，必須找出世界運行的法則和結構。有因由總比沒有因由好，無論這因由的性質如何。
- 第三階段是動態性符號建構（dynamic symbol-making）。指受創者作出重新的想像，轉化受創經驗和舊有世界觀，並建構新的世界觀。[51]

## 1.6 創傷與約拿書

就約拿書的成書背景而言（參「1.3 寫作日期」的討論，頁 7～8），學者指出耶路撒冷被巴比倫圍困以及後來被滅一事，不單對當時代猶太人的自我理解造成了強烈的衝擊，甚至該羣體及其接著的幾代人的身分認同，都受著這創傷經驗所形塑。有學者甚至把公元前八世紀開始的以色列歷史，形容為「一個漫長的戰爭、被擄和散居的歷史」。[52] 而公元前六世紀猶大國因巴比倫入侵而亡國和被擄的事件，尤為重要，成了猶大羣體自我理解的核心事件。[53] 縱然後來部分猶太人得以回歸故土，重建耶路撒冷，成為學者所稱的「聖殿羣體」（temple community），但這並不表示創傷可以因此得到完全醫治。

若約拿書成書於公元前六世紀或更晚的時期，則約拿書的寫作，可說是既出於當時的受創羣體，也是為這羣體而寫。[54] 若約拿書的羣體身分，是一受創羣體，意欲逃避和突然侵擾等創傷特徵，便可見於約拿書作為創傷文學之中了。創傷事件雖不能給完全言說清楚，卻可以藉不同形式出現，而這些形式更往往與該事件可能沒有明顯連繫。所以，創傷文學研究會注意到這些不同形式，並指出它如何反映出原來的創傷事件。所以，這些形式既只是代表而不是真正記述著那創傷事件，但同時卻保留該事件所帶來的影響。[55] 聖經記載的以色列人滅國這創傷經驗，同樣地反映在往後幾百年的文獻中。例如北國以色列在公元前 722 年被亞述所滅的事件，直到公元前三至二世紀的「多俾亞傳」（Tobit），當中仍保留著對尼尼微城負面的看法。[56]

以色列信仰羣體承受著那不能完全言說的創傷經歷，同時也在見證著這個經歷。他們所能做的，就是盡量言說那不能言說的。從這個角度看，受創者藉著先知文學所要做的，就是講述他們受創的經驗，並嘗試重構當中的意義。約拿書可能正是這樣的作品。有學者就把約拿書看為一本象徵性的創傷文學敘事。[57] 約拿書作者透過約拿這個角色，反映出以色列羣體的受創經驗，同時亦展示出他們如何努力求存。若從創傷的詮釋向度出發，讀者可以對作者所描繪的約拿這個角色的行為表現、作者的寫作手法和表達方式，以及對約拿書的信息內容，得出不一樣的看法。而書卷中討論到的種種「神學」問題，例如上帝的公義和憐憫，亦不再只是抽離於時代處境的神學思辯，而是作者在波斯時期，身處於經歷過一次又一次滅國創傷的羣體中所掙扎和所思考的，也就是他們該如何面對上帝和這個世界。他們會問：這個世界是誰在掌權？過去所信靠的神明還是可以理解的嗎？究竟悔改是否還有意義？[58]

## 1.7 約拿書參考書目

### 1.7.1 專著

Achtemeier, Elizabeth. *Minor Prophets I: Hosea-Micah*. NIBC 17. Peabody, MA: Hendrickson, 1996.

Alexander, Jeffrey C. *Trauma: A Social Theory*. Cambridge: Polity, 2012.

Alexander, T. Desmond. “Jonah.” Pages 45～131 in *Obadiah, Jonah, Micah*. Edited by Bruce K. Waltke. TOTC. Leicester: IVP, 1988.

Allen, Leslie. C. *The Books of Joel, Obadiah, Jonah, and Micah*. NICOT. Grand Rapids, MI: Eerdmans, 1976.

Baldwin, Jennifer. *Trauma-Sensitive Theology: Thinking Theologically in the Era of Trauma*. Eugene, OR: Cascade Books, 2018.

Baldwin, Joyce. "Jonah." Pages 543～90 in Volume 2 of *The Minor Prophets: An Exegetical and Expository Commentary*. Edited by T. E. McComiskey. Grand Rapids, MI: Baker, 1993.

Becker, Eve-Marie, Jan Dochhorn and Else Kragelund Holt, eds. *Trauma and Traumatization in Individual and Collective Dimensions: Insights from Biblical Studies and Beyond*. Göttingen: Vandenhoeck & Ruprecht, 2014.

Ben Zvi, Ehud. *Signs of Jonah: Reading and Rereading in Ancient Yehud*. JSOTSup 367. Sheffield: Sheffield Academic Press, 2003.

Berger, Yitzhak. *Jonah in the Shadows of Eden*. Bloomington, IN: Indiana University Press, 2016.

Bewer, Julius A. "Jonah." Pages 1～65 in *A Critical and Exegetical Commentary on Haggai, Zechariah, Malachi, and Jonah*. ICC. Edinburgh: T. & T. Clark, 1911.

Boase, Elizabeth and Christopher G. Frechette, eds. *Bible Through the Lens of Trauma*. Semeia Studies 86. Atlanta, GA: SBL, 2016.

Bob, Steven M. *Go to Nineveh: Medieval Jewish Commentaries on the Book of Jonah: Translated and Explained*. Eugene, OR: Pickwick, 2013.

Bolin, Thomas M. *Freedom Beyond Forgiveness: The Book of Jonah Re-Examined*. JSOTSup 236. Copenhagen International Seminar 3. Sheffield: Sheffield Academic Press, 1997.

Bond, Lucy and Stef Craps. *Trauma*. The New Critical Idiom. Cambridge: Cambridge University Press, 2020.

Brody, Aaron J. *"Each Man Cried Out to His God": The Specialized Religion of Canaanite and Phoenician Seafarers*. HSM 58. Atlanta, GA: Scholars, 1998.

Brown, Erica. *Jonah: The Reluctant Prophet*. Maggid Studies in Tanakh. New Milford: Maggid, 2017.

Calhoun, Lawrence G. and Richard G. Tedeschi. *Facilitating Posttraumatic Growth: A Clinician's Guide*. Mahwah, NJ: Lawrence Erlbaum Associates, 1999.

Carr, David M. *Holy Resilience: The Bible's Traumatic Origins*. New Haven, CT:

Yale University Press, 2014.

Caruth, Cathy, ed. *Trauma: Explorations in Memory*. Baltimore, MD: Johns Hopkins University, 1995.

_________. *Unclaimed Experience: Trauma, Narrative and History*. Baltimore, MD: Johns Hopkins University, 1996.

Cary, Phillip. *Jonah*. BTCB. Grand Rapids, MI: Brazos, 2008.

Cassuto, Umberto M. D. *The Documentary Hypothesis and the Composition of the Pentateuch: Eight Lectures*. Translated by I. Abrams. Jerusalem: Magnes, 1961.

Claassens, L. Juliana M. *Writing and Reading to Survive: Biblical and Contemporary Trauma Narratives in Conversation*. Sheffield: Sheffield Phoenix Press, 2020.

Craig, K. M., Jr. *A Poetics of Jonah: Art in the Service of Ideology*. Columbia, SC: University of South Carolina, 1993.

Crouch, C. L. *Israel and Judah Redefined: Migration, Trauma, and Empire in the Sixth Century BCE*. Cambridge: Cambridge University Press, 2021.

Day, John. *Psalms*. OTG. Sheffield: Sheffield Academic Press, 1990.

Emanuel, Sarah. *Trauma Theory, Trauma Story: A Narration of Biblical Studies and the World of Trauma*. BRPBI. Leiden: Brill, 2021.

Erickson, Amy. *Jonah: Introduction and Commentary*. Illuminations. Grand Rapids, MI: Eerdmans, 2021.

Fretheim, Terence. E. *The Message of Jonah: A Theological Commentary*. Minneapolis, MN: Augsburg, 1977.

Gaines, Janet Howe. *Forgiveness in a Wounded World: Jonah's Dilemma*. StBL 5. Atlanta, GA: SBL, 2003.

Goldingay, John E. *Hosea-Micah*. BCOTPB. Grand Rapids, MI: Baker, 2021.

Golka, Friedemann W. "Jonah." Pages 65 ~ 136 in *Revelation of God: A Commentary on the Books of the Song of Songs and Jonah*. Edited by George A. F. Knight and Friedemann W. Golka. International Theological Commentary. Edinburgh: Handsel, 1988.

Granofsky, Ronald. *The Trauma Novel: Contemporary Symbolic Depictions of Collective Disaster*. New York: Lang, 1995.

Green, Barbara. *Jonah's Journey*, Interfaces. Collegeville, PA: Liturgical Press, 2005.

Gunkel, Hermann. *Introduction to Psalms: The Genres of the Religious Lyric of Israel*. Translated by James D. Nogalski. Macon, GA: Mercer University Press, 1998.

Handy, Lowell K. *Jonah's World: Social Science and the Reading of Prophetic Story*. Bible World. London: Equinox, 2007. Reprinted: New York: Routledge, 2014.

Havea, Jione. *Jonah: An Earth Bible Commentary*. London: T & T Clark, 2020.

Heimerdinger, Jean-Marc. *Topic, Focus and Foreground in Ancient Hebrew Narratives*. JSOTSup 295. Sheffield: Sheffield Academic Press, 1999.

Herman, Judith. *Trauma and Recovery: The Aftermath of Violence-From Domestic Abuse to Political Terror*. New York: Basic Books, 1997.

Hoyt, JoAnna M. *Amos, Jonah, & Micah*. EEC. Bellingham: Lexham, 2019.

Janoff-Bulman, Ronnie. *Shattered Assumptions: Towards a New Psychology of Trauma*. New York: Free Press, 1992.

Jenson, Philip P. *Obadiah, Jonah, Micah: A Theological Commentary*. LHBOTS 496. New York: T & T Clark, 2008.

Jonker, Louis and Douglas Lawrie, eds. *Fishing for Jonah (Anew): Various Approaches to Biblical Interpretation*. Study Guides in Religion and Theology, 7. Stellenbosch: SUN PReSS, 2005.

Joseph, Stephen. *What Doesn't Kill Us: The New Psychology of Posttraumatic Growth*. New York: Basic Books, 2011.

Kamp, Albert. *Inner Worlds: A Cognitive-Linguistic Approach to the Book of Jonah*. Translated by David Orton. Leiden: Brill, 2004.

Kauffmann, Jeffrey, ed. *Loss of Assumptive World: A Theory of Traumatic Loss*. New York: Brunner-Routledge, 2002.

Keil, Carl F. *Minor Prophets*. Translated by J. Martin. Grand Rapids, MI: Eerdmans,

1871.

Kurtz, J. Roger, ed. *Trauma and Literature*. Cambridge Critical Concepts. Cambridge: Cambridge University Press, 2018.

LaCoque, Andre and Pierre-Emmanuel Lacocque. *Jonah: A Psycho-Religious Approach to the Prophet*. Columbia: University of South Carolina, 1990.

Lasine, Stuart. *Jonah and the Human Condition: Life and Death in Yahweh's World*. LHBOTS 688. London: T & T Clark, 2020.

Laub, Dori and Andreas Hamburger, eds. *Psychoanalysis and Holocaust Testimony: Unwanted Memories of Social Trauma*. London: Routledge, 2017.

Lessing, R. Reed. *Jonah*. Concordia Commentary. Saint Louis, MO: Concordia, 2007.

Levinson, Hanne Løland. *The Death Wish in the Hebrew Bible: Rhetorical Strategies for Survival*. SOTSMS. Cambridge: Cambridge University Press, 2021.

Lifshitz, Ze'ev H. *The Paradox of Life Existence: A Commentary on the Book of Jonah*. Northvale: Jason Aronson, 1994.

Limburg, J. *Jonah: A Commentary*. OTL. London: SCM, 1993.

Magonet, Jonathan. *Form and Meaning: Studies in Literary Techniques in the Book of Jonah*. Bible and Literature 8. Sheffield: JSOT, 1976.

Marcus, David. *From Balaam to Jonah: Anti-Prophetic Satire in the Hebrew Bible*. Brown Judaic Studies, 301. Atlanta, GA: Scholars Press, 1995.

Mowinckel, Sigmund. *The Psalms in Israel's Worship*. Translated by D. R. Ap-Thomas. New York: Abingdon, 1967.

Muldoon, Catherine L. *In Defense of Divine Justice: An Intertextual Approach to the Book of Jonah*. CBQ MS 47. Washington, DC: Catholic Biblical Association of America, 2010.

Niditch, Susan. *Jonah: A Commentary*. Hermeneia. Minneapolis, MN.: Fortress, 2023.

Nixon, Rosemary. *The Message of Jonah*. Bible Speaks Today. Leicester: IVP, 2003.

Nogalski, James D. *The Book of the Twelve: Hosea–Jonah*. Smyth & Helwys Bible Commentary. Macon, GA: Smyth & Helwys, 2011.

Perry, Theodore A. *The Honeymoon is Over: Jonah's Argument with God*. Peabody, MA: Hendrickson, 2006.

Person, Raymond F. *In Conversation with Jonah: Conversation Analysis, Literary Criticism, and the Book of Jonah*. JSOTSup 220. Sheffield: Sheffield Academic Press, 1996.

Phillips, Richard D. *Jonah & Micah*. Reformed Expository Commentary. Phillipsburg: P & R, 2010.

Poser, Ruth. *Das Ezechielbuch als Trauma-Literatur*. SVT 154. Leiden: Brill, 2012.

Salters, Robert B. *Jonah and Lamentations*. OTG. Sheffield: Sheffield Academic Press, 1994.

Sasson, Jack M. *Jonah: A New Translation with Introduction, Commentary, and Interpretation*. AB 24B. New York: Doubleday, 1990.

Scialabba, Daniela. *Creation and Salvation: Models of Relationship between the God of Israel and the Nations in the Book of Jonah, in Psalm 33 (MT and LXX) and in the Novel "Joseph and Aseneth"*. FAT2, 106. Tübingen: Mohr Siebeck, 2019.

Shao, Rosa C. *Jonah*. Asia Bible Commentary. Carlisle: Langham Global Library, 2019.

Sharp, Carolyn J. *Irony and Meaning in the Hebrew Bible*. Bloomington, MN: Indiana University Press, 2009.

Sherwood, Yvonne. *A Biblical Text and Its Afterlives: The Survival of Jonah in Western Culture*. Cambridge: Cambridge University Press, 2000.

Simon, Uriel. *Jonah: The Traditional Hebrew Text with the New JPS Translation*. JPS Bible Commentary. Translated by L. J. Schramm. Philadelphia, PA: Jewish Publication Society of America, 1999.

Smith, Billy K., and F. S. Page. *Amos, Obadiah, Jonah*. NAC 19B. Nashville: Broadman & Holman, 1995.

Stuart, Douglas K. *Hosea-Jonah*. WBC 31. Waco, TX: Word, 1987.

Sweeney, Marvin A. *The Twelve Prophets*. Volume 1. Berit Olam. Collegeville: Liturgical, 2000.

Tedeschi, Richard G. and Lawrence G. Calhoun. *Trauma and Transformation: Growing in the Aftermath of Suffering*. London: Sage, 1995.

Tedeschi, Richard G. and Bret A. Moore. *The Posttraumatic Growth Workbook: Coming Through Trauma Wiser, Stronger, and More Resilient*. Oakland: New Harbinger Publications, 2016.

Tedeschi, Richard G., Jane Shakespeare-Finch, Kanako Taku, and Lawrence G. Calhoun. *Posttraumatic Growth: Theory, Research, and Applications*. New York: Routledge, 2018.

Tiemeyer, Lena-Sofia. *Jonah Through the Centuries*. Wiley Blackwell Bible Commentaries. Hoboken, NJ: John Wiley & Sons, 2022.

Timmer, Daniel. C. *A Gracious and Compassionate God: Mission, Salvation and Spirituality in the Book of Jonah*. New Studies in Biblical Theology. Downers Grove, IL: IVP, 2011.

_________. *Obadiah, Jonah and Micah: An Introduction and Commentary*. TOTC 26. London: IVP, 2021.

Trible, Phyllis. *Rhetorical Criticism: Context, Method, and the Book of Jonah*. Minneapolis, MN: Fortress, 1994.

_________. "Jonah." Pages 463～529 in Volume 7 of *The New Interpreter's Bible*. Nashville, TN: Abingdon, 1996.

Tucker, W. Dennis, Jr. *Jonah: A Handbook on the Hebrew Text*. Baylor Handbook on the Hebrew Bible Series. Waco, TX: Baylor University Press, 2006.

Vawter, Bruce. *Job and Jonah: Questioning the Hidden God*. New York: Paulist Press, 1983.

van der Kolk, Bessel A. *The Body Keeps the Score: Brain, Mind, and Body in the Healing of Trauma*. New York: Penguin, 2014.〔=貝塞爾・范德寇：《心靈的

傷，身體會記住》，劉思潔譯。新北市：遠足，2017。〕

Watts, James W. *Psalm and Story: Inset Hymns in Hebrew Narrative*. JSOTSup 139. Sheffield: JSOT, 1992.

Weiss, Tzipi and Roni Berger. *Posttraumatic Growth and Culturally Competent Practice: Lessons Learned from Around the Globe*. Hoboken, NJ: John Wiley & Sons, 2012.

Werdel, Mary Beth and Robert J. Wicks. *Primer on Posttraumatic Growth: An Introduction and Guide*. Hoboken, NJ: John Wiley & Sons, 2012.

Wilhelm, Thorsten. *Holocaust Narratives: Trauma, Memory and Identity across Generations*. New York: Routledge, 2020.

Wolff, Hans W. *Obadiah and Jonah: A Commentary*. Continental Commentaries. Translated by M. Knohl. Philadelphia, PA: Augsburg, 1986.

Youngblood, Kevin J. *Jonah: God's Scandalous Mercy*. Hearing the Message of the Scripture: A Commentary on the Old Testament. Grand Rapids, MI: Zondervan, 2013.

Zlotowitz, Meir. *Yonah/Jonah: A New Translation with a Commentary: Anthologized from Midrashic and Rabbinic Sources*. Brooklyn, NY: Mesorah, 1978.

Zornberg, Avivah Gottlieb. *The Murmuring Deep: Reflections on the Biblical Conscious*. New York: Schocken, 2009.

吳獻章：《其實你不懂我的心：約拿書註釋》。台北：道聲，2013。

李思敬：〈約拿書〉。丘恩處、李思敬、張景祥著：《俄巴底亞書、約拿書、彌迦書》，中文聖經註釋。頁 45 ～ 124。香港：文藝，2002。

黃天相：《俄巴底亞書、約拿書：公義與慈愛》。明道研經叢書。香港：明道社，2007。

黃嘉樑、梁國權、雷建華：《舊約先知書要領》。香港：基道，2007。

謝慧兒：《俄巴底亞書、約拿書》。天道聖經註釋。香港：天道，2014。

## 1.7.2 論文

Angel, Hayyim. "'I Am a Hebrew!': Jonah's Conflict with God's Mercy toward Even the Most Worthy of Pagan." *JBQ* 34 (2006): 3 ~ 11.

Barré, Michael L. "Jonah 2,9 and the Structure of Jonah's Prayer." *Biblica* 72 (1991): 237 ~ 48.

Becker, Eve-Marie. "'Trauma Studies' and Exegesis: Challenges, Limits and Prospects." Pages 15 ~ 29 in *Trauma and Traumatization in Individual and Collective Dimensions: Insights from Biblical Studies and Beyond*. Edited by Eve-Marie Becker, Jan Dochhorn and Else Kragelund Holt. Göttingen: Vandenhoeck & Ruprecht, 2014.

Ben Zvi, Ehud. "What is New in Yehud? Some Considerations." Pages 32 ~ 48 in *Yahwism after the Exile: Perspectives on Israelites Religion in the Persian Era*. Edited by Rainer Albertz and Bob Becking. Assen: Von Gorcum, 2003.

Benckhuysen, Amanda W. "Revisiting the Psalm of Jonah." *Calvin Theological Journal* 47 (2012): 5 ~ 31.

Berger, Benjamin Lyle. "Picturing the Prophet: Focalization in the Book of Jonah." *Studies in Religion* 29 (2000): 55 ~ 68.

Berger, James. "Trauma and Literary Theory." *Contemporary Literature* 38 (1997): 570 ~ 82.

Boase, Elizabeth and Sarah Agnew. "'Whispered in the Sound of Silence': Traumatising the Book of Jonah." *The Bible and Critical Theory* 12 (2016): 4 ~ 22.

Bosma, Carl J. "Jonah 1:9 — An Example of Elenctic Testimony." *CTJ* 48 (2013): 65 ~ 90.

Bührer, Walter. "Der Gott Jonas und der Gott des Himmels." *BN* 167 (2015): 65 ~ 78.

Christensen, Duane L. "Andrzej Panufnik and the Structure of the Book of Jonah: Icons, Music and Literary Art." *Journal of Evangelical Theological Society* 28 (1985): 133 ~ 40.

________. “The Song of Jonah: A Metrical Analysis.” *JBL* 104 (1986): 217～31.

Claassens, L. Juliana. “Facing the Colonizer That Remains: Jonah as a Symbolic Trauma Narrative.” *CBQ* 85 (2023): 36～52.

________. “Finding Words in the Belly of Sheol: Reading Jonah's Lament in Contexts of Individual and Collective Trauma.” *Religions* 13/2 (2022).

________. “Rethinking Humour in the Book of Jonah: Tragic Laughter as Resistance in the Context of Trauma.” *OTE* 28/3 (2015): 655～73.

________. “Surfing with Jonah: Reading Jonah as a Postcolonial Trauma Narrative.” *JSOT* 45 (2021): 576～87.

Clements, Ronald E. “The Purpose of the Book of Jonah.” Pages 16～28 in *Congress Volume, Edinburgh 1974*. Edited by John A. Emerton. SVT 28. Leiden: Brill, 1974.

Coetzee, Johan. “And Jonah Swam and Swam and Swam: Jonah's Body in Deep Waters.” *OTE* 17 (2004): 521～30.

Cohen, Abraham D. “The Tragedy of Jonah.” *Judaism* 21 (1972): 164～75.

Cohen, Jeffrey M. “Jonah's Race to Nineveh.” *Dor le Dor* 16/1 (1987): 10～17.

Cooper, A. “In Praise of Divine Caprice: The Significance of the Book of Jonah.” Pages 144～63 in *Among the Prophets: Language, Imagery and Structure in the Prophetic Writings*. JSOTSup 144. Edited by David J. A. Clines. Sheffield: JSOT, 1993.

Crenshaw, James L. “The Expression *mî-yôḏēaᶜ* in the Hebrew Bible.” *VT* 36 (1986): 274～88.

Crouch, Walter B. “To Question an End, to End a Question: Opening the Closure of the Book of Jonah.” *JSOT* 62 (1994): 101～12.

Cross, Frank M. “Studies in the Structure of Hebrew Verse: The Prosody of the Psalm of Jonah.” Pages 159～67 in *The Quest for the Kingdom of God: Studies in Honor of George E. Mendenhall*. Edited by Herberb B. Huffmon, Frank A. Spina and Alberto Ravinell Whitney Green. Winona Lake, IN: Eisenbrauns, 1983.

Daube, David. “Death as a Release in the Bible.” *NovT* 5 (1962): 82～104.

Davies, G. I. “The Uses of *R* “Qal and the Meaning of Jonah IV 1.” *VT* 27 (1977): 105～10.

Day, John. “Problems in the Interpretation of the Book of Jonah.” Pages 32～47 in *In Quest of the Past: Studies on Israelite Religion, Literature and Prophetism: Papers Read at the Joint British-Dutch Old Testament Conference, Held at Elspeet, 1988*. Oudtestamentische Studiën 26. Edited by A. S. van der Woude. Leiden: Brill, 1990.

Dell, Katherine J. “Reinventing the Wheel: The Shaping of the Book of Jonah.” Pages 85～101 in *After the Exile: Essays in Honour of Rex Mason*. Edited by D. J. Reimer. . Macon, GA: Mercer University Press, 1996.

Downs, David J. “The Specter of Exile in the Story of Jonah.” *Horizons in Biblical Theology* 31 (2009): 27～44.

Dozeman, Thomas B. “Inner-Biblical Interpretation of Yahweh's Gracious and Compassionate Character.” *JBL* 108 (1989): 207～23.

Elata-Alster, G., and R. Salmon. “The Deconstruction of Genre in the Book of Jonah: Toward a Theological Discourse.” *Literature and Theology* 3 (1989): 40～60.

Erikson, Kai. “Notes on Trauma and Community.” Pages 183～99 in *Trauma: Explorations in Memory*. Edited with Introductions by Cathy Caruth. Baltimore, MD: Johns Hopkins University Press, 1995.

Eynikel, Erik. “One Day, Three Days, and Forty Days in the Book of Jonah.” Pages 65～76 in *One Text, A Thousand Methods: Studies in Memory of Sjef van Tilborg*. Edited by Patrick Chatelion Counet and Ulrich Berges. Leiden: Brill, 2005.

Fischer, Irmtraud. “‘Alles andere als zum Lachen’: Das Jonabuch als Anleitung zur Traumatisierungsbewältigung.” Pages 305～14 in *The Books of the Twelve Prophets: Minor Prophets – Major Theologies*. BETL 295. Edited by Heinz-Josef Fabry. Leuven: Peeters, 2018.

Frechette, Christopher G. " The Old Testament as Controlled Substance: How Insight from Trauma Studies Reveal Healing Capacities in Potentially Harmful Texts. " *Interpretation* 69 (2015): 20 ~ 34.

Frechette, Christopher G. and Elizabeth Boase. " Defining 'Trauma' as a Useful Lens for Biblical Interpretation. " Pages 1 ~ 23 in *Bible Through the Lens of Trauma*. Semeia Studies, 86. Edited by Elizabeth Boase and Christopher G. Frechette. Atlanta, GA: SBL, 2016.

Fretheim, Terence E. " Jonah and Theodicy. " *ZAW* 90 (1978): 227 ~ 37.

________. " The Exaggerated God of Jonah. " *Word and World* 27 (2007): 125 ~ 34.

Frolov, Serge. " Returning the Ticket: God and His Prophet in the Book of Jonah. " *JSOT* 86 (1999): 85 ~ 105.

Garber, David G., Jr. " Trauma Theory. " Pages 421 ~ 28 in *The Oxford Encyclopedia of Biblical Interpretation*. Edited by Steven McKenzie. Oxford: Oxford University Press, 2013.

________. " Trauma Theory and Biblical Studies. " *CBR* 14 (2015): 24 ~ 44.

Gillmayr-Bucher, Susanne. " Jonah and the Other: A Discourse on Interpretative Competence." Pages 201 ~ 18 in *Imagining the Other and Constructing Israelite Identity in the Early Second Temple Period*. Edited by Ehud Ven Zvi and Diana V. Edelman. London: Bloomsbury T & T Clark, 2014.

Goldstein, E. " On the Use of the Name of God in the Book of Jonah. " Pages 77 ~ 83 in *Milk and Honey: Essays on Ancient Israel and the Bible*. Edited by Sarah Malena and David Miano. Winona Lake, IN: Eisenbrauns, 2007.

Groenewald, Alphonso. " 'Trauma is Suffering That Remains'. The Contribution of Trauma Studies to Prophetic Studies. " *Acta Theologica* 26 (2018): 88 ~ 102.

Guillaume, Philippe. " The End of Jonah is the Beginning of Wisdom. " *Biblica* 87 (2006): 243 ~ 50.

________. " Rhetorical Reading Redundant: A Response to Ehud Ben Zvi. " *JHS* 9 (2009): 1 ~ 9.

Gunn, David M. and Danna Nolan Fewell. "Jonah and God: The Book of Jonah." Pages 129～46 in *Narrative in the Hebrew Bible*. Oxford: Oxford University Press, 1993.

Halpern, Baruch and Richard Elliott Friedman. "Composition and Paronomasia in the Book of Jonah." *Hebrew Annual Review* 4 (1980): 79～92.

Halton, Charles. "How Big Was Nineveh? Literal versus Figurative Interpretation of City Size." *BBR* 18 (2008): 193～207.

Harviainen, T. "Why Were the Sailors Not Afraid of the Lord Before Verse Jonah 1,10?" *Studia Orientalia* 64 (1988): 77～81.

Holbert, John C. "'Deliverance Belongs to Yahweh!': Satire in the Book of Jonah" *JSOT* 21 (1981): 59～81.

Holloway, Steven W. "Nineveh as Meme in Persian Period Yehud." Pages 267～92 in *Memory and the City in Ancient Israel*. Edited by Diana V. Edelman and Ehud Ben Zvi. Winona Lake, IN: Eisenbrauns, 2014.

Holmstedt, Robert D. and Alexander T. Kirk. "Subversive Boundary Drawing in Jonah: The Variation of אשר and שׁ as Literary Code-Switching." *VT* 66 (2016): 542～55.

Houk, C. B. "Linguistic Patterns in Jonah." *JSOT* 77 (1998): 81～102.

Human, Dirk. "Unbearable Lightness of Being (God). The Challenge of Wisdom Perspectives in the Theology of Jonah." Pages 321～40 in *Schriftprophetie: Festschrift für Jörg Jeremias zum 65. Geburtstag*. Edited by Friedhelm Hartenstein, Jutta Krispenz and Aaron Schart. Neukirchen-Vluyn: Neukirchener, 2004.

Hunter, Alastair. "Jonah from the Whale: Exodus Motifs in Jonah 2." Pages 142～58 in *The Elusive Prophet: The Prophet as a Historical Person, Literary Character and Anonymous Artist*. Oudtestamentische Studiën 45. Edited by Johannes C. de Moor. Leiden: Brill, 2001.

Janzen, David. "Claimed and Unclaimed Experience: Problematic Readings of

Trauma in the Hebrew Bible." *Biblical Interpretation* 27 (2019): 163～85.

Jensen, Philip P. "Interpreting Jonah's God: Canon and Criticism." Pages 229～45 in *The God of Israel*. Edited by R. P. Gordon. University of Cambridge Oriental Publications 64. Cambridge: Cambridge University Press, 2007.

Jeremias, Jörg. "Die Sicht der Völker im Jonabuch (Jona 1 und Jona 3)." Pages 555～67 in *Gott und Mensch in Dialog: Festschrift für Otto Kaiser zum 80. Geburtstag*. BZAW 345. Edited by Markus Witte. Berlin: De Gruyter, 2004.

Kim, Hyun Chul Paul. "Jonah Read Intertextually." *JBL* 126 (2007): 497～528.

Kim, Yoo-ki. "The Function of היטב in Jonah 4 and Its Translation." *Biblica* 90 (2009): 389～93.

Kitz, Anne Marie. "The Hebrew Terminology of Lot Casting and Its Ancient Near Eastern Context." *CBQ* 62 (2000): 207～14.

LaLonde, Suzanne. "Healing and Post-Traumatic Growth." Pages 196～221 in *Trauma and Literature*. Edited by J. Roger Kurtz. Cambridge Critical Concepts. Cambridge: Cambridge University Press, 2018.

Landes, George M. "A Case for the Sixth-Century BCE Dating for the Book of Jonah." Pages 100～16 in *Realia Dei: Essays in Archaeology and Biblical Interpretation in Honor of Edward F. Campbell, Jr. at His Retirement*. Edited by Theodore Hiebert and Prescott H. Williams, Jr. Atlanta, GA: Scholars Press, 1999.

_________. "Textual 'Information Gaps' and 'Dissonances' in the Interpretation of the Book of Jonah." Pages 273～93 in *Ki Baruch Hu: Ancient Near Eastern, Biblical, and Judaic Studies in Honor of Baruch A. Levine*. Edited by R. Chazan, W. W. Hallo and L. H. Schiffman. Winona Lake, IN: Eisenbrauns, 1999.

_________. "The Kerygma of the Book of Jonah: The Contextual Interpretation of the Jonah Psalm." *Interpretation* 21 (1967): 3～31.

Lasine, Stuart. "Jonah's Complexes and Our Own: Psychology and the Interpretation of the Book of Jonah." *JSOT* 41 (2016): 237～63.

Lichert, Claude. "Par terre et par mer! Analyse rhétorique de Jonas 1." *ETL* 78 (2002): 5 ~ 24.

Lohfink, Norbert. " Jona ging zur Stadt hinaus (Jona 4,5). " *BZ* 5 (1961): 185 ~ 203.

Lubeck, Ray J. " Prophetic Sabotage: A Look at Jonah 3:2–4. " *Trinity Journal* 9 (1988): 37 ~ 46.

Mann, Steven T. " Performance Prayers of a Prophet: Investigating the Prayers of Jonah as Speech Acts. " *CBQ* 79 (2017): 20 ~ 40.

Marcus, David. "Nineveh's 'Three Days' Walk' (Jonah 3:3): Another Interpretation." Pages 42 ~ 53 in *On the Way to Nineveh: Studies in Honor of George M. Landes*. American Schools of Oriental Research Books 4. Edited by S. L. Cook and S. C. Winter. Atlanta, GA: Scholars, 1999.

McMullen, Carol A. " Processing Trauma in the Hebrew Bible. " *Consensus* 40.2 (2019): Article 9.

Meredith, Christopher. " The Conundrum of *HTr* in Jonah 1:13. " *VT* 64 (2014): 147 ~ 52.

Moberly, R. W. L. " Preaching for a Response? Jonah's Message to the Ninevites Reconsidered. " *VT* 53 (2003): 156 ~ 68.

Mulzer, M. " ספינה (Jona 1,5) '(gedeckter) Laderaum'. " *BN* 104 (2000): 83 ~ 94.

Muraoka, Takamitsu. " A Case of Diglossia in the Book of Jonah? " *VT* 62 (2012): 129 ~ 31.

Niebuhr, Karl-Wilhelm. " Psalma Outside the Biblical Psalms Collection – The Example of Jonah. " Pages 121 ~ 38 in *Singing the Songs of the Lord in Foreign Lands: Psalms in Contemporary Lutheran Interpretation*. Edited by Kenneth Mtata, Karil-Wilhelm Niebuhr and Miriam Rose. Leipzig: Evangelische Verlangsanstalt, 2014.

Noegel, Scott B. " Jonah and Leviathan: Inner-Biblical Allusions and the Problem with Dragons. " *Henoch* 37 (2015): 236 ~ 60.

Oancea, Constantin. " Imagery and Religious Conversion. The Symbolic Function of

Jonah 1:13.” *Religions* 9/73 (2018): 1 ~ 9.

O’Connor, Kathleen M. “How Trauma Studies Can Contribute to Old Testament Studies.” Pages 210 ~ 22 in *Trauma and Traumatization in Individual and Collective Dimensions: Insights from Biblical Studies and Beyond*. Edited by Eve-Marie Becker, Jan Dochhorn and Else Kragelund Holt. Göttingen: Vandenhoeck & Ruprecht, 2014.

Perry, Theodore A. “Changing God’s Mind: Abraham versus Jonah.” Pages 43 ~ 52 in *Universalism and Particularism at Sodom and Gomorrah: Essays in Memory of Ron Pirson*. Edited by Diana Lipton. Ancient Israel and Its Literature 11. Atlanta, GA: SBL, 2012.

Pesch, R. “Zur konzentrischen Struktur von Jona 1.” *Biblica* 47 (1966): 577 ~ 81.

Poser, Ruth. “No Words: The Book of Ezekiel as Trauma Literature and a Response to Exile.” Pages 27 ~ 48 in *Bible Through the Lens of Trauma*. Edited by Elizabeth Boase and Christopher G. Frechette. Semeia Studies, 86. Atlanta, GA: SBL, 2016.

Potgieter, J. H. “Jonah – A Semio-Structuralistic Reading of a Narrative.” *OTE* 3 (1990): 61 ~ 69.

_________. “The Nature and Function of the Poetic Sections in the Book of Jonah.” *OTE* 17 (2004): 610 ~ 20.

Pyper, Hugh S. “Swallowed by a Song: Jonah and the Jonah-Psalm Through the Looking – Glass.” Pages 337 ~ 58 in *Reflection and Refraction: Studies in Biblical Historiography in Honour of A. Graeme Auld*. SVT 113. Edited by Robert Rezetko, Timothy H. Lim and W. Brian Aucker. Leiden: Brill, 2007.

Reader, William. “The Adverb אוּלַי (‘Perhaps’) in the Piety and Prophecy of the Hebrew Bible and Early Versions.” Pages 127 ~ 71 in *Aramaic in Postbiblical Judaism and Early Christianity*. Edited by Eric M. Meyers and Paul V. M. Flesher. Winona Lake, IN: Eisenbrauns, 2010.

Rees, Anthony. “Getting Up and Going Down: Towards a Spatial Poetics of Jonah.”

*The Bible and Critical Theory* 12 (2016): 40 ~ 48.

Riley, Stephen Patrick. " When the Empire Does Not Strike Back: Reading Jonah in Light of Empire. " *Wesleyan Theological Journal* 47 (2012): 116 ~ 26.

Robinson, B. P. " Jonah's Qiqayon Plant. " *ZAW* 97 (1985): 390 ~ 403.

Ryu, Chesung Justin. " Divine Rhetoric and Prophetic Silence in the Book of Jonah. " Pages 226 ~ 35 in *Oxford Handbook of Biblical Narrative*. Edited by Danna Nolan Fewell. Oxford: Oxford University Press, 2016.

_________. " Silence as Resistance: A Postcolonial Reading of the Silence of Jonah in Jonah 4:1–11. " *JSOT* 34 (2009): 198 ~ 218.

Salberg, Jill. " Jonah's Crisis: Commentary on Paper by Avivah Gottlieb Zornberg. " *Psychoanalytic Dialogues* 18 (2008): 217 ~ 28.

Sauter, G. " Jonah 2: A Prayer out of the Deep. " Pages 145 ~ 52 in *A God So Near: Essays on Old Testament Theology in Honor of Patrick D Miller*. Edited by Brent A. Strawn and Nancy R. Bowen. Winona Lake, IN: Eisenbrauns, 2003.

Schäder, Jo-Mari. " The Symbolic Meaning of the Number of Days Mentioned in the Book of Jonah. " *HTS Teologiese Studies/Theological Studies* 76/4 (2020): a6019.

Seidler, Ayelet. " 'For He Had Told Them' – Mordecai the Jew and Jonah the Hebrew. " *SJOT* 34 (2020): 283 ~ 301.

Shemesh, Yael. " 'And Many Beasts' (Jonah 4:11): The Function and Status of Animals in the Book of Jonah. " *JHS* 10 (2011): Article 6.

Smith-Christopher, Daniel L. " Trauma and the Old Testament: Some Problems and Prospects. " Pages 223 ~ 43 in *Trauma and Traumatization in Individual and Collective Dimensions: Insights from Biblical Studies and Beyond*. Edited by Eve-Marie Becker, Jan Dochhorn and Else Kragelund Holt. Göttingen: Vandenhoeck & Ruprecht, 2014.

Steenkamp, Y. and G. T. M. Prinsloo. " Another Look at Jonah 2. " *OTE* 16 (2003): 435 ~ 52.

Stuart, Douglas K. "'The Great City of Nineveh' (Jon. 1:2)." *Bibliotheca Sacra* 171 (2014): 387 ~ 400.

Stulman, Louis. "Reading the Bible as Trauma Literature: The Legacy of the Losers." *Conversations with the Biblical World* 34 (2014): 1 ~ 13.

Strawn, Brent A. "Jonah's Sailors and Their Lot Casting: A Rhetorical-Critical Observations." *Biblica* 91 (2010): 66 ~ 76.

Strawn, Brent A. "On Vomiting: Leviticus, Jonah, Ea(a)rth." *CBQ* 74 (2012): 445 ~ 64.

_________. "Trauma, Psalmic Disclosure, and Authentic Happiness." Pages 143 ~ 60 in *The Bible Through the Lens of Trauma*. Semeia Studies 86. Edited by Elizabeth Boase and Christopher G. Frechette. Atlanta, GA: SBL, 2016.

Tedeschi, Richard G. and Lawrence G. Calhoun, "Posttraumatic Growth: Conceptual Foundations and Empirical Evidence." *Psychological Inquiry* 15 (2004): 1 ~ 18.

Thomas, David W. "Some Further Remarks on the Superlative in Hebrew." *VT* 18 (1968): 120 ~ 24.

_________. "Unusual Ways of Expressing the Superlative in Hebrew." *VT* 3 (1953): 209 ~ 24.

Tiemeyer, Lena-Sofia. "A New Look at the Biological Sex/Grammatical Gender of Jonah's Fish." *VT* 67 (2017): 307 ~ 23.

_________. "'Peace for Our Time': Reading Jonah in Dialogue with Abravanel in the Book of the Twelve." *JHS* 17 (2017): Article 6.

Tillema, Aron. "The Book of Jonah in Recent Research." *CBR* 21 (2023): 145 ~ 77.

Timmer, Daniel. "Jonah's Theology of the Nations: The Interface of Religious an Ethnic Identity." *Revue biblique* 120 (2013): 13 ~ 23.

van Heerden, Willie. "Psychological Interpretations of the Book of Jonah." *OTE* 16 (2003): 717 ~ 29.

Walker, Alyssa. "Jonah's Genocidal and Suicidal Attitude – and God's Rebuke." *Kairos* 9 (2015): 7 ~ 29.

Walsh, Carey. "The Metaprophetic God of Jonah." Pages 259 ~ 72 in *History,*

*Memory, Hebrew Scriptures: A Festschrift for Ehud Ben Zvi*. Edited by Ian Douglas Wilson and Diana V. Edelman. Winona Lake, IN: Eisenbrauns, 2015.

Walsh, J. T. "Jonah 2,3–10: A Rhetorical Critical Study." *Biblica* 63 (1982): 219～29.

Walton, John H. "The Object Lesson of Jonah 4:5–7 and the Purpose of the Book of Jonah." *BBR* 2 (1992): 47～57.

Watts, James W. "'This Song': Conspicuous Poetry in Hebrew Prose." Pages 345～58 in *Verse in Ancient Near Eastern Prose*. Edited by Johannes C. de Moor and Wilfred G. E. Watson. Neukirchen-Vluyn: Neukirchener Verlag, 1993.

Weimar, Peter. "Jon 2,1–11: Jonapsalm und Jonaerzählung." *BZ* 28 (1984): 43～68.

Wendland, E. "Song from the Seabed — How Sweet Does It Sound? Aspects of the Style, Structure, and Transmission of Jonah's 'Psalm'." *Journal for Semitics* 11 (2002): 211～44.

Wendland, Ernst R. "Text Analysis and the Genre of Jonah (Part 2)." *JETS* 39/3 (1996): 373～95.

Wiseman, Donald J. "Jonah's Nineveh." *Tyndale Bulletin* 30 (1979): 29～51.

Wohlgelernter, Devora K. "Death Wish in the Bible." *Tradition* 19 (1981): 131～40.

## 短註

❶ 關於約拿書的主角是否列王紀下十四章25節所提及的人物和本書的歷史性，可參 JoAnna M. Hoyt, *Amos, Jonah, & Micah*, EEC (Bellingham: Lexham, 2019), 337 ～ 39；R. Reed. Lessing, *Jonah*, Concordia Commentary (Saint Louis, MO: Concordia, 2007), 8 ～ 18；J. Limburg, *Jonah: A Commentary*, OTL (London: SCM, 1993), 28 ～ 31；Susan Niditch, *Jonah: A Commentary*, Hermeneia (Minneapolis, MN: Fortress, 2023), 15 ～ 17；Douglas K. Stuart, *Hosea-Jonah*, WBC 31 (Waco, TX: Word, 1987), 440～ 42；Kevin J. Youngblood, *Jonah: God's Scandalous Mercy*, Hearing the Message of the Scripture: A Commentary on the Old Testament (Grand Rapids, MI: Zondervan, 2013), 30～36。

❷ 第四章記載約拿和耶和華的對話，往往被看為是全書次要的議題。不過，經文卻指出，這個看來是次要的議題才是作者想要探討的主要問題。有關這個次要和主要問題的討論，可參 Walter B. Crouch, "To Question an End, to End a Question: Opening the Closure of the Book of Jonah," *JSOT* 62 (1994): 101～12。

❸ 有關約拿和耶和華不同的世界觀這方面的討論，可參 Carey Walsh, "The Metaprophetic God of Jonah," in *History, Memory, Hebrew Scriptures: A Festschrift for Ehud Ben Zvi*, ed. Ian Douglas Wilson and Diana V. Edelman (Winona Lake, IN: Eisenbrauns, 2015), 266。

❹ 有學者為整卷約拿書築構一個簡單結構的列表，參自 Louis Jonker and Douglas Lawrie eds., *Fishing for Jonah (Anew): Various Approaches to Biblical Interpretation*, Study Guides in Religion and Theology, 7 (Stellenbosch: SUN PReSS, 2005), 88～89。該文作者亦有列出較詳細的對應。

❺ 有學者較多關注到約拿書具體內容而築構的表列，可參 J. Magonet, "Jonah, Book of," in *Anchor Bible Dictionary*, ed. D. N. Freedman (New York: Doubleday, 1992), 3: 937。

❻ 崔菲莉（Phyllis Trible）亦為約拿書建構一個包含具體內容分段的結構，參 Phyllis Trible, *Rhetorical Criticism: Context, Method, and the Book of Jonah* (Minneapolis, MN: Fortress, 1994), 110～11。

❼ 以扇形結構詳細分析約拿書內容的，可參 Duane L. Christensen, "Andrzej Panufnik and the Structure of the Book of Jonah: Icons, Music and Literary Art," *JETS* 28 (1985): 135。

❽ 「在船外」和「在城外」這個用語，參考自 J. H. Potgieter, "The Nature and Function of the Poetic Sections in the Book of Jonah," *OTE* 17 (2004): 618。

❾ 有關約拿書不大可能於公元前704年或以前成書的觀點，可參 Catherine L. Muldoon, *In Defense of Divine Justice: An Intertextual Approach to the Book of Jonah*, CBQMS 47 (Washington, DC: Catholic Biblical Association of America, 2010), 34～35。

❿ 三章8節「各人要回轉離開惡道」這短句只見於耶利米書的討論，可參 George M. Landes, "A Case for the Sixth-Century BCE Dating for the Book of Jonah," in *Realia Dei: Essays in Archaeology and Biblical Interpretation in Honor of Edward F. Campbell, Jr. at His*

*Retirement*, ed. Theodore Hiebert and Prescott H. Williams, Jr. (Atlanta, GA: Scholars Press, 1999), 108。

⑪ 有關約拿書包含後期希伯來文句法或用語詳細的討論，可參 Muldoon, *In Defense of Divine Justice*, 48～62。

⑫ 黃天相指出亞蘭文對舊約書卷的影響或是來自王國成立之前，當時希伯來文仍未成為官方語言。直至被擄之後，亞蘭文才成為以色列人的日常語言。參黃天相：《俄巴底亞書、約拿書：公義與慈愛》（明道研經叢書。香港：明道社，2007），頁 102。

⑬ 有關所列出的幾個後期聖經希伯來文用語，可參 Jack M. Sasson, *Jonah: A New Translation with Introduction, Commentary, and Interpretation*, AB 24B (New York: Doubleday, 1990), 22～23。

⑭ 有關學者從社會或神學發展來論證約拿書是否屬較後期作品的討論，參 Sasson, *Jonah*, 20 ～ 28；Ehud Ben Zvi, *Signs of Jonah: Reading and Rereading in Ancient Yehud*, JSOTSup 367 (Sheffield: Sheffield Academic Press, 2003), 7 n.19。

⑮ 近期持不同意見的學者的討論，可參 Hoyt, *Amos, Jonah, & Micah*, 341～45。

⑯ 有關學者對約拿書更多方面研究的討論，參 Hoyt, *Amos, Jonah, & Micah*, 365～77。

⑰ 有關馬戈利（Jonathan Magonet）使用兩極對立這個角度來審視約拿書主題的討論，可參 Jonathan Magonet, *Form and Meaning: Studies in Literary Techniques in the Book of Jonah*, Bible and Literature 8 (Sheffield: JSOT, 1976), 89～112。

⑱ 詹森（Philip P. Jenson）對約拿書神觀的討論，可參 Philip P. Jenson, "Interpreting Jonah's God: Canon and Criticism," in *The God of Israel*, Gordon University of Cambridge Oriental Publicaltions 64, ed. R. P. Gordon (Cambridge: Cambridge University Press, 2007), 229～45。

⑲ 以斯拉記和尼希米記信息與約拿書信息中有關以色列人與外邦人之間界線這議題的討論，可參 Hoyt, *Amos, Jonah, & Micah*, 394～95。

⑳ 學者對於以斯拉記和尼希米記有關以色列人的界線和約拿書的關注的討論，可參 Landes, "A Case for the Sixth-Century BCE Dating for the Book of Jonah," 106；Muldoon, *In Defense of Divine Justice*, 8～10。

㉑ 有關學者認為約拿書中的上帝是行事變幻，甚至是無原則可言的這方面的討論，可參 Thomas M. Bolin, *Freedom Beyond Forgiveness: The Book of Jonah Re-Examined*, JSOTSup 236, Copenhagen International Seminar 3 (Sheffield: Sheffield Academic Press, 1997), 183；A. Cooper, "In Praise of Divine Caprice: The Significance of the Book of Jonah," in *Among the Prophets: Language, Imagery and Structure in the Prophetic Writings*, JSOTSup 144, ed. David J. A. Clines (Sheffield: JSOT, 1993), 162。

㉒ 對於學者認為應否聚焦於約拿書是強調上帝的憐憫的討論，可參 Muldoon, *In Defense of Divine Justice*, 17。

㉓ 對於學者認為約拿書提供一個悔改的模式這方面的討論，可參 Landes, "A Case for the Sixth-Century BCE Dating for the Book of Jonah," 112。

㉔ 更多對於悔改模式的討論，可參 Ben Zvi, *Signs of Jonah*, 28。

㉕ 學者對近代研究約拿書不同進路的精簡描述，參 Aron Tillema, "The Book of Jonah in Recent Research," *CBR* 21 (2023): 145～77。

㉖ 有關創傷的基本研究，可參 Jeffrey C. Alexander, *Trauma: A Social Theory* (Cambridge: Polity, 2012)；Lucy Bond and Stef Craps, *Trauma* (New York, Routledge, 2019)；Cathy Caruth, *Unclaimed Experience: Trauma, Narrative and History* (Baltimore, MD: Johns Hopkins University, 1996)；Cathy Caruth, ed., *Trauma: Explorations in Memory* (Baltimore, MD: Johns Hopkins University, 1995)；Jeffrey Kauffmann, ed., *Loss of Assumptive World: A Theory of Traumatic Loss* (New York: Brunner-Routledge, 2002)。近代不少學者把創傷理論應用在聖經研究之上，可參考以下文集及相關綜合性及討論方法論的文章：Eve-Marie Becker, Jan Dochhorn and Else Kragelund Holt, eds., *Trauma and Traumatization in Individual and Collective Dimensions: Insights from Biblical Studies and Beyond* (Göttingen: Vandenhoeck & Ruprecht, 2014)；Eve-Marie Becker, " 'Trauma Studies' and Exegesis: Challenges, Limits and Prospects," in *Trauma and Traumatization in Individual and Collective Dimensions: Insights from Biblical Studies and Beyond*, ed. Eve-Marie Becker, Jan Dochhorn and Else Kragelund Holt (Göttingen: Vandenhoeck & Ruprecht, 2014), 15～29；Elizabeth Boase and Christopher G. Frechette, eds., *Bible Through the Lens of Trauma*, Semeia Studies 86 (Atlanta, GA: SBL, 2016)；Sarah Emanuel, *Trauma Theory, Trauma Story: A Narration of Biblical Studies and the World of Trauma*, Brill Research Perspectives in Biblical Interpretation (Leiden: Brill, 2021)；Christopher G. Frechette and Elizabeth Boase, "Defining 'Trauma' as a Useful Lens for Biblical Interpretation," in *Bible Through the Lens of Trauma*, Semeia Studies, 86, ed. Elizabeth Boase and Christopher G. Frechette (Atlanta, GA: SBL, 2016), 1～23；David G. Garber, Jr., "Trauma Theory," in *The Oxford Encyclopedia of Biblical Interpretation*, ed. Steven McKenzie (Oxford: Oxford University Press, 2013), 421～28；David G. Garber, Jr, "Trauma Theory and Biblical Studies," *CBR* 14 (2015): 24～44；Alphonso Groenewald, " 'Trauma is Suffering That Remains': The Contribution of Trauma Studies to Prophetic Studies," *Acta Theologica* 26 (2018): 88～102；Kathleen M. O'Connor, "How Trauma Studies Can Contribute to Old Testament Studies," in *Trauma and Traumatization in Individual and Collective Dimensions: Insights from Biblical Studies and Beyond,* ed. Eve-Marie Becker, Jan Dochhorn and Else Kragelund Holt (Göttingen: Vandenhoeck & Ruprecht, 2014), 210～22；Daniel L. Smith-Christopher, "Trauma and the Old Testament: Some Problems and Prospects," in *Trauma and Traumatization in Individual and Collective Dimensions: Insights from Biblical Studies and Beyond*, ed. Eve-Marie Becker, Jan Dochhorn and Else Kragelund Holt (Göttingen: Vandenhoeck & Ruprecht, 2014), 223～43。

㉗ 關於「創傷」這詞的用法，可參 Becker, " 'Trauma Studies' and Exegesis," 17～18。

㉘ 有關卡路芙（Cathy Caruth）對「創傷」的定義，可參 Caruth, *Unclaimed Experience*, 11；其後有學者如萊卡普拉（Dominick LaCapra）對卡路芙的觀點作出批評，指出她未能區分引發創

傷的事件和創傷的經驗，因為人可以經驗到創傷而不必然經歷過引發創傷的歷史事件，以致容易忽略創傷復原的可能性。有關討論可參 Bond and Craps, *Trauma*, 73～74, 76～79。

㉙ 有關學者把創傷分為五個類別，可參 Jennier Baldwin, *Trauma-Sensitive Theology: Thinking Theologically in the Era of Trauma* (Eugene, OR: Cascade Books, 2018), 31～38。

㉚ 學者認為創傷事件除了從外在發生的事情來定義，也要考慮當事人個人的感知及主觀經驗。這方面的討論可參 Stephen Joseph, *What Doesn't Kill Us: The New Psychology of Posttraumatic Growth* (New York: Basic Books, 2011), 117/644。

㉛ 對於創傷經驗與當事人對世界、對他人和對自己的基本信念及意義系統的影響這方面的詳細討論，可參 Ronnie Janoff-Bulman, *Shattered Assumptions: Towards a New Psychology of Trauma* (New York, The Free Press, 1992)。

㉜ 美國精神病學協會（American Psychiatric Association）於 2013 年出版的《精神疾病診斷與統計手冊》所列患有創傷後壓力失調者會呈現一些相關的徵狀內容，可參 American Psychiatric Association, ed., *Diagnostic and Statistical Manual of Mental Disorders*, 5th ed. (Washington, DC: American Psychiatric Publishing, 2013), 271～72。

㉝ 有學者認為《精神病診斷與統計手冊》提出這類的分析，仍然未能區分兩類的創傷後壓力症候羣，分別是受過一次性的創傷（如經歷天災）或是持久受到創傷（如從小受到虐待）。因此，就很容易從前者的角度來診斷後者，以致診斷出錯，未能真正作出有效的治療。有關這方面的討論，可參 Judith Herman, *Trauma and Recovery: The Aftermath of Violence-From Domestic Abuse to Political Terror* (New York: Basic Books, 1997), 118～22。

㉞ 有關納粹時代猶太人遭到大屠殺的創傷經驗如何影響著下一代猶太人的討論，可參 Dori Laub and Andreas Hamburger, eds., *Psychoanalysis and Holocaust Testimony: Unwanted Memories of Social Trauma* (London: Routledge, 2017)；Wilhelm, *Holocaust Narratives*, 1～23。

㉟ 有關羣體的創傷經驗帶來的兩種正負極力量的探討，可參 Kai Erikson, "Notes on Trauma and Community," in *Trauma: Explorations in Memory*, ed. with introductions by Cathy Caruth (Baltimore, MD: Johns Hopkins University Press, 1995), 186。

㊱ 指出受創者會對羣體作出二分的看法，參 Bessel A. van der Kolk, *The Body Keeps the Score: Brain, Mind, and Body in the Healing of Trauma* (New York: Penguin, 2014) , 64/1114〔=貝塞爾．范德寇：《心靈的傷，身體會記住》，劉思潔翻譯（新北市：遠足，2017），頁 54/1140〕。

㊲ 謝斐．亞歷山大(Jeffrey C. Alexander)對於文化創傷出現的見解，可參 Alexander, *Trauma*, 6。

㊳ 謝斐．亞歷山大對於文化創傷更多的討論，可參 Alexander, *Trauma*, 20。

㊴ 有關創建「創傷後成長」這個用語的資料來源，參自 Joseph,. *What Doesn't Kill Us*, 55/644。有關這方面更多的討論，可參 Suzanne LaLonde, "Healing and Post-Traumatic Growth," in *Trauma and Literature*, ed. J. Roger Kurtz (Cambridge Critical Concepts; Cambridge: Cambridge University Press, 2018)；Lawrence G. Calhoun and Richard G. Tedeschi, *Facilitating Posttraumatic Growth: A Clinician's Guide* (Mahwah, NJ: Lawrence Erlbaum Associates, 1999)；Joseph, *What Doesn't Kill Us*；Richard G. Tedeschi et al., *Posttraumatic Growth: Theory, Research, and Applications* (New York: Routledge, 2018)；

Richard G. Tedeschi and Lawrence G. Calhoun, *Trauma and Transformation: Growing in the Aftermath of Suffering* (London: Sage, 1995);Richard G. Tedeschi and Bret A. Moore, *The Posttraumatic Growth Workbook: Coming Through Trauma Wiser, Stronger, and More Resilient* (Oakland: New Harbinger Publications, 2016);Mary Beth Werdel and Robert J. Wicks, *Primer on Posttraumatic Growth: An Introduction and Guide* (Hoboken, NJ: John Wiley & Sons, 2012);Tzipi Weiss and Roni Berger, *Posttraumatic Growth and Culturally Competent Practice: Lessons Learned from Around the Globe* (Hoboken, NJ: John Wiley & Sons, 2012)。

㊵ 有關赫爾曼(Judith Herman)提及從創傷到復原之路的三個階段,可參 Judith Herman, *Trauma and Recovery: The Aftermath of Violence-From Domestic Abuse to Political Terror* (New York: Basic Books, 1997), 155。

㊶ 關於學者提出幫助受創者復原的要素,可參 Janoff-Bulman, *Shattered Assumptions*, 282, 436。

㊷ 關於受創者得到療癒的兩類別的討論,可參 Baldwin, *Trauma-Sensitive Theology*, 80/220。

㊸ 達德斯基(Richard Tedeschi)及卡浩恩(Lawrence Calhoun)指出創傷後成長的五方面事情,可參 Tedeschi and Calhoun, "Posttraumatic Growth," 6～7。他們早於 1995 年已作過類近的表述,參 Tedeschi and Calhoun, *Trauma and Transformation*, 87～88。

㊹ 對於「創傷文學理論」的討論,可參 J. Roger Kurtz ed., *Trauma and Literature* (Cambridge Critical Concepts; Cambridge: Cambridge University Press, 2018)。

㊺ 對於文學作品內呈現的留白、缺口和重複的內容的討論,可參 Frechette and Boase, "Defining 'Trauma' as a Useful Lens for Biblical Interpretation," 10～11。

㊻ 有關這些創傷文本的敘事的特色,可參 L. Juliana M. Claassens, *Writing and Reading to Survive: Biblical and Contemporary Trauma Narratives in Conversation* (Sheffield: Sheffield Phoenix Press, 2020), 7～8。

㊼ 有關文學作品中的象徵或符號的討論,可參 Frechette and Boase, "Defining 'Trauma' as a Useful Lens for Biblical Interpretation," 11～12;Ronald Granofsky, *The Trauma Novel: Contemporary Symbolic Depictions of Collective Disaster* (New York: Lang, 1995), 6～7。

㊽ 對於以創傷理論的視角來研究聖經的兩個策略的評論,可參 Frechette and Boase, "Defining 'Trauma' as a Useful Lens for Biblical Interpretation," 13～15;另參 David Janzen, "Claimed and Unclaimed Experience: Problematic Readings of Trauma in the Hebrew Bible," *Biblical Interpretation* 27 (2019): 163～85。另有關以心理學進路審視約拿書的研究,可參 Will van Heerden, "Psychological Interpretations of the Book of Jonah," *OTE* 16 (2003): 717～29;Stuart Lasine, *Jonah and the Human Condition: Life and Death in Yahweh's World*, LHBOTS 688 (London: T & T Clark, 2020), 129～39/251;Jonker and Lawrie, eds, *Fishing for Jonah (Anew)*, 171～89。

㊾ 以創傷理論的視角來研究聖經時,研究者會成為間接見證人或間接受創者的討論,可參 Smith-Christopher, "Trauma and the Old Testament," 241～42;Claassens, *Writing and Reading to Survive*, 5。

50 對於文本呈現的象徵化和再象徵化過程與受創者面對和處理創傷的三個階段，可參 O'Connor, "How Trauma Studies Can Contribute to Old Testament Studies," 214～19。

51 另有學者則採用格蘭夫斯基(Ronald Granofsky)的創傷小說理論作為基礎，探察經文所展現的三個與受創者心理變化相似的階段，分別為：(1)碎片化(fragmentation)：嘗試言說那不能言說的創傷；(2)退回(regression)：避免創傷；(3)再聯合(reunification)：把創傷整合在敘事文本中。參 Granofsky, *The Trauma* Novel；另參 Ruth Poser, *Das Ezechielbuch als Trauma-Literatur*, SVT 154 (Leiden: Brill, 2012) 及簡化版在 Ruth Poser, "No Words: The Book of Ezekiel as Trauma Literature and a Response to Exile," in *Bible Through the Lens of Trauma*, ed. Elizabeth Boase and Christopher G. Frechette. Semeia Studies, 86 (Atlanta, GA: SBL, 2016), 27～48。

52 將公元前八世紀開始的以色列歷史形容為「一個漫長的戰爭、被擄和散居的歷史」的討論，可參 Stulman, "Reading the Bible as Trauma Literature: The Legacy of the Losers," *Conversations with the Biblical World* 34 (2014): 3。

53 對於公元前六世紀猶大國亡國和被擄的事件成為猶大羣體自我理解的核心事件的討論，可參 Ehud Ben Zvi, "What is New in Yehud? Some Considerations," in *Yahwism after the Exile: Perspectives on Israelites Religion in the Persian Era*, ed. Rainer Albertz and Bob Becking (Assen: Von Gorcum, 2003), 36～37。近期有關這方面更詳細的研究，可參 C. L. Crouch, *Israel and Judah Redefined: Migration, Trauma, and Empire in the Sixth Century BCE* (Cambridge: Cambridge University Press, 2021)。

54 對於約拿書成書日期與當代受創羣體的關係的討論，參 L. Juliana Claassens, "Finding Words in the Belly of Sheol: Reading Jonah's Lament in Contexts of Individual and Collective Trauma," *Religions* 13/2 (2022): 1～2。

55 伯傑(James Berger)認為創傷文學研究注意的是那些可能表達創傷事件的代表元素，這些元素代表創傷事件同時亦保留該事件的重要性。關於他的評論，可參 James Berger, "Trauma and Literary Theory," *Contemporary Literature* 38 (1997): 572。

56 柳濟誠(Chesung Justin Ryu)引「多俾亞傳」(Tobit)指出內容中仍保留對尼尼微城負面的看法，他的評論可參 Ryu, "Silence as Resistance," 204。

57 將約拿書界定為一本象徵性的創傷文學敘事的討論，參 L. Juliana Claassens, "Facing the Colonizer That Remains: Jonah as a Symbolic Trauma Narrative," *CBQ* 85 (2023): 36～52。另參 Irmtraud Fischer, "'Alles andere als zum Lachen': Das Jonabuch als Anleitung zur Traumatisierungsbewältigung," in *The Books of the Twelve Prophets: Minor Prophets–Major Theologies*, BETL 295, ed. Heinz-Josef Fabry (Leuven: Peeters, 2018), 305～14。

58 關於對約拿書的神學思考，可參 Walsh, "The Metaprophetic God of Jonah," 266。有學者甚至指出整本聖經的出現與以色列人的創傷經驗有著密切的關係，這方面的討論，參 David M. Carr, *Holy Resilience: The Bible's Traumatic Origins* (New Haven: Yale University Press, 2014)。

# 第一篇

## 耶和華第一次差派約拿
## （一 1～二 10）

本書會以耶和華兩次差派約拿去尼尼微城宣講，成為全書的兩篇，並作為經文討論的框架（一1～二10，三1～四11）。第一篇則再分為兩大段，以兩章作討論：首章（即本書第二章）是論述有關約拿拒絕上帝的指派並他與外邦人在船上的敘事（一1～16），另一章（即本書第三章）則是論述約拿在深海中向耶和華作的祈禱（一17～二10）。

# 第二章

# 約拿拒絕並與外邦人在船上（一1～16）

- 耶和華呼召約拿及約拿逃離耶和華
- 耶和華颳起大風及眾人的回應

這一章內容分為兩大部分，第一部分是闡述耶和華呼召約拿，以及約拿逃避耶和華，上了船去他施（一 1～3），第二部分是闡述耶和華颳起大風及眾人的回應（一 4～16）。

## 2.1 耶和華呼召約拿及約拿逃離耶和華（一 1～3）

這段經文可以分為三段作論述。首先，作者要引介敘事的角色約拿（一 1），然後是耶和華對他的任命（一 2），最後是他拒絕任命（一 3）。

**分段大綱（一 1～3）**

一、引介主角約拿（一 1）

二、耶和華的吩咐（一 2）

三、約拿的回應（一 3）

### 2.1.1 引介主角約拿（一 1）

「耶和華的話臨到亞米太的兒子約拿」引介主角約拿出場，至於「耶和華」作為獨立角色則出現在 3 節，而到 4 節才主動地行事。約拿書中就只是這兩位主角有名字，而其他人物角色，即使是尼尼微王，都欠缺名字（除了帶出約拿背景的「亞米太」）。「約拿」（*yônā*$^{h}$）原文意思為「鴿子」。舊約聖經其他書卷亦出現這詞，先知何西阿形容以法蓮如「鴿子愚蠢無知」（何七 11），亦有以鴿子飛往別處這行動來作比喻（詩五十五 6；賽六十 8；何十一 11），又描述鴿子常常哀鳴（賽三十八 14，五十九 11；結七 16；鴻二 7），或是表達親密關係（歌二 14）。有學者認為本書作者以這些特性暗指約拿，不過，約拿書並無任何經文把約拿比喻為鴿子。約拿的父親是「亞米太」，其意思為「耶和華是信實的」或是「我的信實」。❶ 至於這名字是否有其重要性，筆者會於下文作出討論（參段落 1.4「神學主題」，頁 9～11）。

*「和修版」及大部分譯本都沒有將 wayəhî 譯出來，有某些英文譯本如 ESV、JPS 譯作 "now"。*

全卷書原文首個詞是「**那時**」（*wayəhî*；參「思高譯

本」）。這詞如此出現，是為了引入書卷的內容，而這種表達特色，在舊約聖經除了以西結書外（一1），就只見於歷史書（書一1；士一1；得一1；撒上一1；撒下一1；斯一1）。這詞另有一個特色，就是往往帶出書卷所載之內容發生的時間或背景，例如：約書亞記指出事件發生在「摩西死了以後」（書一1）；路得記就指出事情發生在士師統治時期（得一1）；以斯帖記則是亞哈隨魯作王的時代（斯一1）。所以，這詞在約拿書的用法是罕見的。一方面，這詞極少用在先知書中作為引言；另一方面，即使以西結書使用這詞，也是為了引入接下來的事件發生的時間，惟獨約拿書卻沒有帶出任何時間或背景，甚至沒有提及以色列、猶大或亞述等國家名字。如果這詞的特色是帶出某事件，意即類似於在歷史書中的用法，*wayəhî* 這詞於此便指出了約拿書的重點，那就是關於約拿的事迹。這裏的敘事沒有時間標示，表明這裏旨不在說明事件發生的確實時間，而是故事可以發生在任何時代和背景中。在這裏我們看到，除了約拿和耶和華這兩位主角外，全書有的具體名字就只是「尼尼微」（一2，三2、3[x2]、4、5、6、7、11）、「他施」和「約帕」（一3）。經文對他施和約帕並無甚麼描述。當經文論及尼尼微，也只以「大」和「惡」來形容，而沒有提及任何與它相關的歷史記載。所以，我們看到經文不是要著意指出事情發生在亞述帝國管治時期，也許只是以「尼尼微」這名稱來喻指外邦帝國霸權。

首件發生在約拿身上的事情是「〔那時〕耶和華的話臨到」（*wayəhî dəḇar-yhwh ʾel-*；1節）他。這片語多用於先知身上，以帶出上帝對先知的吩咐，如見於撒母耳（撒上十五10）、拿單（撒下七4）、以利亞（王上十七2）、以賽亞（賽三十八4）、撒迦利亞（亞七8）等。不過，這片語作為一卷書的開始，就只見於約拿書（另參耶一4；結一3；該一3）。經文記下惟一具歷史性的資料，就是約拿是「亞米太的兒子」。這明顯是指向列王紀下**十四章23至25**節的記載。按這段經文，約拿是迦特．希弗人亞米太的兒子。當時掌權的以色列王耶羅波安雖然行耶和華眼中看為

*「約阿施的兒子猶大王亞瑪謝第十五年，以色列王約阿施的兒子耶羅波安在撒瑪利亞登基，作王四十一年。他行耶和華眼中看為惡的事，不離開尼八的兒子耶羅波安使以色列陷入罪裏的一切罪。他收回以色列邊界之地，從哈馬口直到亞拉巴海，正如耶和華－以色列的上帝藉他僕人迦特．希弗人亞米太的兒子約拿先知所說的。」（王下十四23～25）*

惡的事，但他卻可以收回以色列邊界的地方，正如約拿所言那樣。這是因為耶和華看見以色列的慘況，不容以色列被滅，所以藉耶羅波安拯救以色列。有學者認為約拿書作者假設讀者知道這些背景資料，也以這角度來閱讀約拿書。

## 2.1.2 耶和華的吩咐（一 2）

耶和華對約拿有三個吩咐，分別由三個動詞表達，就是：

1. 「起來」（*qûm*）：這可視為獨立動詞（independent verb），或是作為助語詞（auxiliary verb）修飾接著的（命令式）動詞「去」（*lēḵ*），以表示迫切性。若是後者，則這兩個動詞組合可解作「快快去」。
2. 「到……去」（*lēḵ ʾel-*）：這個行動的目的地是「尼尼微大城」。尼尼微城是亞述帝國最後的首都，在公元前 612 年被瑪代和巴比倫所滅。❷「城」這個字在約拿書出現八次，都是指尼尼微城。「大」（*gāḏôl*）這形容詞是約拿書鑰字之一，共出現十四次，其出現經文及形容對象表列如下：

| 形容對象 | 經節 |
|---|---|
| 尼尼微城 | 一 2，三 2、3，四 11 |
| 風（*rûaḥ*） | 一 4 |
| 風暴（*saʿar*） | 一 4、12 |
| 害怕 | 一 10、16 |
| 魚 | 一 17 |
| 大臣 | 三 5、7 |
| 不悅 | 四 1 |
| 歡喜 | 四 6 |

從上表可見，「大」這個形容詞用在描述事物或內心感受兩方面。前者有尼尼微城、風、風暴、魚、大臣，而後者則是害怕、不悅和歡喜。使用最多次數的是尼尼微城，亦使全書首尾呼應。值得留意的是，「大」用來形容尼尼微城，可以指其實際面積是大的，但亦可以指它是重要的。❸另外，「大」在約拿書也曾以動詞形式出現，但只有一次，就是「使……長大」（四 10）。

3.　「宣告」（*qārāʾ*）：「向其中的居民宣告」（*ûqərāʾ ʿāleʸhā*）的原文直譯是「向它宣告」，而「它」所指的當然是尼尼微城。值得留意的是，原文使用的介詞「向」（*ʿal*）可帶有針對性的意味（參申十五9），故應理解為「警告」（參「新譯本」）或「宣告警戒」（「呂振中譯本」）。❹

經文接著以「因為」帶出這些吩咐的原因，就是「他們的惡已達到我〔指耶和華〕面前」。「他們」在上下文中應是指尼尼微城的人，與「它」為互用。「惡」（*rāʿāʰ*）這個名詞是約拿書另一個鑰字，原文共出現七次，其分佈如下：

1.　尼尼微人的「惡」（一2）
2.　風暴這「災難」（一7、8）
3.　上帝降的「災難」（三10，四2）
4.　令約拿大大「不悅」（四1）
5.　約拿受的「苦難」（四6）

從上文可見，「惡」可指與道德有關的負面行為，或者不必然與道德有關的災難。另外，同詞根的形容詞可見於描述尼尼微人的「『惡』道」（三10），以及它的動詞見於指「令約拿大大不悅」（四1）——可直譯為「這對約拿是惡」（參段落5.1.1有關「令約拿大大不悅」這句子的析讀，頁175～76）。「達到」原文意思是「上去」（*ʿālāʰ*），作者採用擬人化的方法去形容尼尼微人的惡會向上走，到達耶和華面前，目的是表示這惡得到耶和華的關注。

在舊約聖經中，先知宣告審判列國的神諭時，並不需要親身到列國當中，也有少量例外的情況，例如上帝曾經吩咐以利亞到西頓的撒勒法去（王上十七9），或者耶利米吩咐西萊雅拿著他寫上審判巴比倫的神諭的書卷到巴比倫去，在那處宣讀其上的話，並於讀完後把書卷拴在石上，再投入幼發拉底河中（耶五十一59～64）：先知絕大多數情況下是向以色列人宣告審判列國神諭的，其目的通常有二。第一、警告以色列人，他們也會遭到與外邦人相似的命運；第二、藉著審判列國把安慰帶給受害的以色列人。❺所以，耶和華吩咐約拿親身到外邦人中間作出宣告，可說是很特殊的處理手法，顛覆了以色列先知傳統中宣告審判列國神諭的慣常做法。從這角度看，這吩咐可能也在挑戰約拿要走出他的安舒區(即以色列地和以色列羣體)，到外邦人之地對外邦人作宣講。❻

## 2.1.3 約拿的回應(一 3)

接收過耶和華的話後，3 節就記載約拿的回應。這節經文呈現扇形結構如下(按原文修改「和修版」)：

A　約拿〔起來〕，逃往他施去躲避耶和華。

　B　他下到約帕，

　　C　遇見一條船

　　　D　要往他施去。

　　C'〔他〕付了〔它的費用〕，

　B'　就〔下到它去〕，

A'　與船上的人同往他施，為要躲避耶和華。

這個扇形結構把約拿逃避耶和華一事稍為獨立地標示了出來。A 和 A' 的對應在於兩者都提及「往他施」(*taršîšāʰ*)；另外，A 與 A' 同時出現「躲避耶和華」(*millip̄nê yhwh*)這短句。B 和 B' 則同樣指出約拿「下去」(*yārad̠*)這個行動。C 和 C' 的對應在於論到有關船的事情。最後，中間 D 再次出現「往他施」。經文三次提及「〔逃〕往他施」，而三者分別處於扇形結構的開始、中間和結束位置，再加上兩次「躲避耶和華」出現在開始和結束位置，清楚強調約拿的行動和目的是「躲避耶和華」。

約拿第一個回應行動是「起來」(*qûm*；按原文修改「和修版」)，正是回應上帝對他的第一個吩咐「起來」(*qûm*；參 2 節)。正當讀者以為約拿會繼續遵從上帝的其他吩咐時，經文卻立即轉而説約拿「逃往他施去躲避耶和華」。約拿的遵命原來就止於「起來」這第一個吩咐。約拿「起來」的目的是要「逃」(*b̠āraḥ*)。這個動詞有兩個向度，一是所要逃離的人或事，另一是所要逃往的目的地。在這節，約拿要逃往的目的地是「他施」。學者對他施指到現今何處，持不同意見。不過，舊約聖經多次提及「他施的船隻」(參王上十 22，二十二

48；代下九 21；詩四十八 7；賽二 16，二十三 1、14，六十 9；結二十七 25），並把他施連繫於沿海地區（參詩七十二 10；賽二十三 6；代下二十 36～37），屬於很遙遠的地方（參賽六十六 19），也是每三年就從那處把奇珍異獸運回以色列的地方（王上十 22；代下九 21）。故此，他施應位處以色列遙遠的西面。對比於位處以色列東北面的尼尼微城，他施的地理重點在於其位置與尼尼微相反。他施對以色列來說，確實是個「他者」。所以，約拿選擇逃往他施這個「他者」的地方，強烈表明了他極不願意往尼尼微去。在首三節經文「尼尼微」只出現一次，而「他施」就有三次，明顯反映出約拿選擇他施而逃避尼尼微這一取向。另一方面，約拿要逃離的對象就是耶和華。「躲避耶和華」這短句原文可直譯為「離開耶和華的面」。這個短句表面看來，好像認為尼尼微城有耶和華的同在，所以逃往他施就可離開耶和華。不過，值得留意的是，這用法與一章 2 節提及尼尼微人的惡上到耶和華的面前於原文上的相關之處：

| | | |
|---|---|---|
| 2 節 | 「到我面前」： | 介詞（*lə*）+「面」（*pānîm*）+後綴「我的」（*āy*；指耶和華的） |
| 3 節 | 「離開耶和華的面」： | 介詞「離開」（*min*）+介詞（*lə*）+「面」（*pānîm*）+附屬形名詞（construct noun）「耶和華」 |

若「到我面前」表示得著耶和華的關注，那麼，「離開耶和華的面」就反映約拿主動地「離開」耶和華的關注。所以，重點不在於約拿認為往他施去就可以遠離耶和華的管治，而是表明他拒絕在耶和華的面前服事祂，不願意遵從祂的吩咐。❼ 必須強調的是，在上下文處境中，約拿之所以要「離開耶和華的面」，與上帝差派他去尼尼微是不能分割的。

為了達到這個目的，約拿就先「下」到約帕。學者多理解約帕為現今的雅法（Jaffa），是一個位處巴勒斯坦西面的海港。對當時的讀者來說，約帕予人的印象是個通往遠方陌生世界的出口，是熟悉的世界和陌生的世界的分界線。❽「下」這動詞在約拿書出現四次（一 3[x2]、5，二 6），其主語都是約拿，描述約拿一步步下去的行動。約拿先「下」到約帕，再「下」到船，再「下」到船艙底，最後再「下」到山的根基，到了不能再落下之處。這樣的多次描述，反映約拿「下去」的過程，似帶有象徵性的意義（參段落 2.2.1 對於「下去」的討論，頁 59）。無論如何，從橫向角度來看，約拿往西邊走，遠遠離開東北面的尼尼微；而從縱向角度來看，約拿則不斷向下遠離在上的耶和華。無論縱向還是橫向，約拿都務求與耶和華保持最大的距離。

「遇見」（*wayyimṣāʾ*）原文通常解作「尋找」（*māṣāʾ*）。當時海港的船隻基本上是用來運載貨物去不同的地方，既沒有固定船期，也沒有單純載客的船隻。船隻起航，要在乎以下條件：貨物已完全上載、天氣合適、風向理想、徵兆吉利、船員齊全，以及已向神明舉行獻祭的儀式。所以，遠行的旅客要先尋找與他目的地相同的船隻，然後隨時準備上船。約拿正是這樣做，他需要「尋找」一條正要「**往他施去**」的船，也幸運地他「遇見」了這艘船。沙遜（Jack M. Sasson）將「往……去」（*bāʾāh*）的原文，跟歷代志下九章 21 節的「往他施去」作比較，認為「往……去」不應解作通常的「去」的意思，而應是「剛來」。所以，約拿書記載的這條船，是剛從他施「回來」，且很快便再起程往他施去的。若是這樣，水手就要在很短的時間內預備好各樣物資再出發，而約拿也很幸運地遇到這艘快開往他施的船。❾ 接著，約拿「付了它的費用」，就是付了船費。一般而言，當時的乘客需自行負責行程中所需的食物。若這趟旅程需時數月，那麼約拿就可能要付費給船主預備所需的糧食。❿「與船上的人同往他施」中的「與船上的人」（*ʿimmāhem*），在原文是由介詞「與」（*ʿim*）及第三身陽性複數代名詞後綴（*-hem*）組成，並無具體指明他們是甚麼人，如此就表明了在這處他們的身分並不重要。直至 5 至 6 節作者才說明他們包括「水手」和「船長」兩類人。既然他們都是「船上的人」，所以約拿就是和他們「往」，而不是「逃」到他施了。

> 「往他施去」（*bāʾāh taršîš*）原文由分詞「往……去」（*bāʾāh*）和「他施」（*taršîš*）組成。

經文在這裏沒有提及約拿逃離耶和華的原因。學者多對約拿這個不遵命的行動給予負面評價，認為約拿是出於自我中心、思想狹窄、對外邦人不夠包容等原因，才拒絕往尼尼微作宣講。學者鮮有考慮約拿不遵命這個行動有否其他值得諒解、甚至可視為合理的原因。

## 2.2 耶和華颳起大風及眾人的回應（一 4～16）

學者對這段落有不同的整理方法。綜合他們的觀點，可以分為兩類：第一類是按情節佈局，第二類是以扇形結構來梳理內容。

**第一，按情節佈局為結構框架**

第一個結構以風浪作為主線來整理經文，列出如下：⓫

1. 風浪的出現（一 4 ～ 10）
2. 風浪愈加洶湧（一 11 ～ 12）
3. 風浪愈加洶湧撲向眾人（一 13 ～ 14）
4. 風浪停止（一 15 ～ 16）

以上分段，基本以風浪的出現、加劇，而至最後停止這一過程來細分經文，不過這個分段方法並未考量到經文中的重要角色（如約拿和水手等）在過程中的反應及互動。崔菲莉（Phyllis Trible）則把經文分段整理如下：⓬

1. 風浪出現在海上（一 4）
2. 風浪對水手和約拿的影響（一 5）
3. 船長的嘗試（一 6）
4. 水手的決定（一 7）
5. 水手與約拿的交談（一 8 ～ 9）
6. 繼續嘗試去避開災難（一 10 ～ 13）
7. 危機的解除（一 14 ～ 16）

以上分段基本按著情節的發展來處理經文。雖然崔菲莉在每一分段中都詳加分析作者的遣詞用字，但這些細緻的分析卻未能反映在分段的標題中，以致未能幫助讀者從標題對經文有進一步的認識。

**第二，按扇形結構為結構框架**

更多學者採用扇形結構來理順這段經文。費特姆（Terence. E. Fretheim）所提出的分段結構，則基本是以敍事及對話作為框架的：⓭

| | |
|---|---|
| A | 敘事框架(一4～5上)<br>1. 上帝「拋」起大風，風浪就開始(4節)<br>2. 水手懼怕，哀求自己的神明(5節上) |
| B | 敘事：提出請求(一5下～6)<br>1. 約拿沉睡(5節下)<br>2. 船長請求約拿求告神明，以致不會滅亡(6節上)<br>3. 船長宣認神明的主權自由(6節下) |
| C | 對話(一7～9)<br>1. 水手彼此説話要找出肇事者(7節上)<br>2. 報告：約拿被抽出來(7節下)<br>3. 水手向約拿查詢(8節)<br>4. 約拿回應：我敬畏(9節) |
| C' | 對話(一10～12)<br>1. 水手向約拿提問要找出所犯何事(10節上)<br>2. 報告：約拿所犯的事(10節下)<br>3. 水手向約拿查詢(11節)<br>4. 約拿回應：我知道(12節) |
| B' | 敘事：提出請求(一13～14)<br>1. 水手嘗試划回陸地(13節)<br>2. 水手向上帝祈求不會滅亡(14節上)<br>3. 水手宣認上帝的主權自由(14節下) |
| A' | 敘事框架(一15～16)<br>1. 水手「拋」約拿下海，風浪就止息(15節)<br>2. 水手懼怕耶和華，向祂獻祭許願(16節) |

這個結構的優點在於能夠找出好些用詞上及主題上對應的地方：

*雖然「懼怕」有對比，但卻忽略了10節提及的「那些人就大大懼怕」都出現「懼怕」。*

- 用詞上對應的地方：「拋」(4//15節)、水手的「**懼怕**」(5節上//16節)、「不會滅亡」(6節上//14節上)；
- 主題上對應的地方：A和A' 這首尾呼應就分別記載了風浪的開始和結束；B和B' 則是面對風浪時各人的回應；另外C和C' 是水手和約拿的對話。

不過，以敘事或對話作為分段的切入點，似乎未能與經文內容完全配合。例如：把7節下和10節下看為對話，似乎並不適合；在B和B' 這兩部分「敘事」中，卻出現了講話(雖非對話)的內容。有學者提出更詳細分段的扇形結構：[14]

| | | |
|---|---|---|
| A | 4～5節a | 風浪興起使眾人懼怕 |
| B | 5節b | 眾人徒勞的祈禱 |
| C | 5節c | 眾人徒勞的努力 |
| D | 5節d | 約拿毫不關心 |
| E | 6節 | 約拿被召喚去幫忙 |
| F | 7節 | 發現肇事者 |
| G | 8節 | 查問肇事者的背景 |
| H | 9～10節a | 約拿宣告自己的身分，使眾人更為懼怕 |
| G' | 10節b | 查問所犯何事 |
| F' | 10節c | 發現所犯何事 |
| E' | 11節 | 約拿被提問如何能幫忙 |
| D' | 12節 | 約拿提出解決方案 |
| C' | 13節 | 眾人徒勞的努力 |
| B' | 14節 | 眾人有效的祈禱 |
| A' | 15～16節 | 風浪止息使眾人懼怕耶和華 |

這個分段方式是從內容出發，指出經文所鋪陳出來的內容可以是相似的（A//A'、C//C'、E//E'、F//F'、G//G'）或者相反的（B//B'、D//D'），並同時展示出事情的發展過程。不過，部分對應內容卻值得商榷。例如：假若F和F'是對應的段落，那麼G和G'的對應就顯得有點牽強。

基於以上學者提出的意見，筆者嘗試以「危機」及其「解決方法」這個角度出發，提出後頁結構作為進一步討論之用。

後頁的結構分析，大致上保留了扇形結構的模式，但沒有將經文包含的不同元素過分細分。A和A'的對應在於描述風浪這個危機的出現和消除，以及眾人對它的回應是甚麼。B和B'的對應在於面對滅亡的可能性，船長或水手的請求（解決危機的方法）和約拿的回應。於前者，約拿並沒有理會船長的請求，但於後者，則回應了水手的請求。這兩段經文都用上表達相同的短句「使我們不致滅亡」（6節上）、「不要……使我們滅亡」（14節上），以及表明船員對上帝/耶和華主權的尊重，而這兩點也只出現在B和B'段中。雖然B'的內容比B長，令致B和B'看起來不大對稱，但作者正是藉這表達方式來傳遞信息（參下頁60～63、83～87的分析）。位於中間的C段落記載水手找出了風浪的起

| | |
|---|---|
| A | 危機的出現及眾人的回應(一 4～5)<br>1. 上帝「拋」大風向海,風浪開始(4 節)<br>2. 水手「懼怕」、哀求神明、「拋」貨下海(5 節上)<br>3. 約拿下艙、躺臥、沉睡(5 節下) |
| B | 回應滅亡危機:約拿的抽離與船長的請求(一 6)<br>1. 船長請求約拿向神明祈求,以致不會滅亡(6 節上)<br>2. 船長宣認神明的主權自由(6 節下) |
| C | 水手找出危機的肇事者(一 7～10)<br>1. 水手以抽籤找出肇事者為約拿(7 節)<br>2. 水手向約拿查詢他的身分及約拿的回應(8～9 節)<br>3. 水手「懼怕」及向約拿提問以找出他所行(10 節) |
| B’ | 回應滅亡危機:約拿的建議與水手的請求(一 11～14 節)<br>1. 水手向約拿查詢解決方法及約拿的回應(11～12 節)<br>2. 水手嘗試划回陸地(13 節)<br>3. 水手向耶和華祈求不會滅亡(14 節上)<br>4. 水手宣認耶和華的主權自由(14 節下) |
| A’ | 危機的消除及水手的回應(一 15～16)<br>1. 水手「拋」約拿下海,風浪止息(15 節)<br>2. 水手「懼怕」耶和華、向祂獻祭、向祂許願(16 節) |

因是約拿,以及他所行的是甚麼事情。須留意的是,水手「懼怕」這一主題分別出現在首、尾和中間(A、A’ 和 C)這三個段落中,貫穿著整個 4 至 16 節的段落。筆者會按以上結構,將整段經文分為五個段落分析。

## 分段大綱(一 4～16)

一、危機的出現及眾人的回應(一 4～5)

二、回應滅亡危機:約拿的抽離與船長的請求(一 6)

三、水手找出危機的肇事者(一 7～10)

四、回應滅亡危機:約拿的建議與水手的請求(一 11～14)

五、危機的消除及水手的回應(一 15～16)

## 2.2.1 危機的出現及眾人的回應（一 4～5）

4 節上出現了新的角色「耶和華」，並帶出了一個眾人都要面對的危機。「耶和華在海上颳起大風」（*wyhwh hēṭîl rûaḥ-gədôlāh ʾel-hayyām*）原文是「耶和華拋一個大風向海」。原文句子格式為連接詞加名詞，再加一個動詞（句式是 *waw* + *X* + ***qatal***），即連接詞（*waw*）加名詞（*aʾdōnāy*），再加一個動詞（*hēṭîl*）。有學者認為這格式的出現，並不是用來表達這句子在敘事上後於上句（即「約拿與眾人往他施之後，耶和華使海上出現風暴」），也不是表達這句與上句有因果關係（即「因為約拿逃走，所以耶和華使海上有風暴」），亦不是要帶出對比（即「約拿逃走，但耶和華拋出大風」），而是為了補充背景資料，即「約拿與眾人在船上，耶和華使海上出現風暴」，用以幫助讀者繼續閱讀下去。亦有學者認為這是要帶出新角色——耶和華的出現。⓯「拋」（*ṭûl*）原文在舊約聖經出現了十四次，多指一些暴力的行動，而約拿書這一章就已出現了四次（一 4、5、12、15），下文 15 至 16 節的析讀會再詳細說明這詞的特別之處（參段落 2.2.4.4，頁 85～87）。因為耶和華把「大風」（*rûaḥ-gədôlāh*）拋向海，所以「海就狂風大作」（*wayəhî saʿar-gādôl bayyām*），「狂風」（*saʿar-gādôl*）原文可直譯為「大風暴」，整個句子直譯為「就有一個大風暴出現在海中」。值得留意的是，經文用了不同字眼來標示來自耶和華的「風」（*rûaḥ*）和出現在海中的「風暴」（*saʿar*；它的陰性名詞是 *səʿārāh*）；前者在舊約聖經中也常常解作「靈」，而後者可以代表上帝的同在（伯三十八 1）或者祂用以攻擊人的工具（詩八十三 15；耶二十三 19）。但「大風暴」在舊約聖經除了約拿書，就只出現於耶利米書二十五章 32 節，那裏代表耶和華帶來的大災難。從這看來，讀者可以預計約拿一干人等會面對很大的困難。面對這突如其來的風暴，經文記載了不同人或物的反應，依次是船（一 4 下）、水手（一 5 上）和約拿（一 5 下）。

> *qatal* 是希伯來文文法結構一個用語，指那個動詞是以完成式陽性第三身單數表達。「颳起」（*hēṭîl*）這動詞正是以這格式表達。

**第一，船的反應（4 節下）**

船的狀況是「船幾乎破裂」（*wəhāʾŏniyyāh ḥiššəḇāh ləhiššāḇēr*）。這短句可

直譯為「那船想著自己會受到破壞」。所以，我們看到原文採用了擬人法來表達，意即那船彷彿會有人類的那種擔憂；此外，原文甚至用上了諧音來強調「想著自己」（*ḥiššəḇāʰ*）、「**會受到破壞**」（*ləhiššāḇēr*）這事。這句子原文的格式與4節上相同，同為連接詞（*waw*）加名詞「船」（*hāʾŏniyyāʰ*），再加一個動詞「想著自己」（*ḥiššəḇāʰ*）。這裏的目的是引入新的角色「船」，並以它為動詞的主語，描述它有自己的行動。

*「會受破壞」（ləhiššāḇēr）原文不是一個 qatal 動詞，而是一個附屬形不定詞（infinitive construct）。*

**第二，水手的反應（5節上）**

若參考以西結書，在船上工作的除了「水手」，還有「划槳的」人和「掌舵的」人（參結二十七29），但約拿書作者卻似乎用「水手」一詞來泛指船員。他們面對大風暴時有三個反應，分別是「懼怕」、「各人哀求自己的神明」和「他們把船上的貨物拋進海裏，為要減輕載重」。雖然經文沒有明言，但上下文清楚指出水手懼怕的是海中的大風暴。「懼怕」（*yārāʾ*）原文一詞在約拿書共出現四次（一5、9、10、16），筆者會於15至16節的析讀作進一步分析（參段落2.2.4.4，頁85～87）。他們「懼怕」，所以他們就向自己的神明「哀求」。「哀求」（*zāʿaq*）一般指人在困境中的呼喊。這詞在約拿書只出現過兩次，都是指外邦人面對困難時的呼叫（一5，三7）。「自己的神明」（*ĕlōhāyw*）原文直譯是「他的神」，似乎意指出他們各有自己敬拜的神明。不過，無論向多少個神明哀求，他們的情況仍沒有改變。於是，他們依靠自己的經驗，決定把船上的貨物「拋」（5節）到海裏，「為要減輕載重」，這似是指水手的目的是要減輕船的重量，以致他們可以在風暴中較容易操控船隻。「為要減輕載重」（*hāqēl mēʿălêhem*）此短句原文可以直譯為「為要使他們〔或它們〕輕一些」，代名詞原文是複數「他們／它們」，可見其重點不是那條船（單數名詞；「和修版」的「減輕重量」似是這個理解）。若這複數是指物件「它們」，則上下文只有複數的「貨物」，但句子便成為「把貨物拋向海裏，為要減輕『貨物』」，在表達上是不大有意義的重複。舊約聖經其他書卷亦出現過類似於「為要使他們〔或它們〕輕一些」的原文表達（參出十八22；王上十二10；代下十10），其意思都是指讓人可以減輕一些工作，做事輕省一些。因此，若果約拿書這裏是指「他們」，意思即為「叫水手輕省一些」（「呂振中譯本」譯作：「要使他們輕鬆些」），似乎較切合經文表達的意思。所以，經文所指的，應是藉著把貨物拋進海裏，水手控制船隻的工作便可以輕鬆一些。也有學者認為水手把貨物進海裏，是為要平息海的怒氣。⑯ 值得留意的是，作者刻意把耶和華的行動與水手的行動作出了幾乎相同的描述：

| | | |
|---|---|---|
| 4 節 | 「耶和華拋……向海」 | *wyhwh hēṭîl … ʾel-hayyām* |
| 5 節 | 「他們……拋進海裏」 | *wayyāṭilû … ʾel-hayyām* |

作者似是藉著這樣的表達，指出水手在模仿耶和華的行動。

**第三，約拿的反應（5 節下）**

當經文仍沒記下水手的反應對風暴帶來甚麼影響以先，就立刻記載了約拿同時作出的三個行動，分別是：「下到艙底」、「躺臥」及「沉睡」（一 5 下）。「約拿……下到艙底」（*wəyônāʰ yāraḏ ʾel-yarkəṯê hassəp̄înāʰ*）的原文句法，跟 4 節上、下相同，都是連接詞（*waw*）加名詞「約拿」（*yônāʰ*），再加動詞「下到」（*yāraḏ*）。這裏並不是指水手的三個回應行動後，約拿就接著作出行動，其目的同樣是要提供背景資料（參前文，頁 60）。所以，有譯本採用過去完成式來翻譯此句：“Jonah, meanwhile, had gone down into the hold of the ship and had lain down, and was fast asleep”（NRSV；另參 *Tanak*）。

作者首先提及約拿「下」的行動，也是書中第三次提及約拿的這個行動（參一 3[x2]）。「艙底」（*yarkəṯê hassəp̄înāʰ*）原文為「船的底部」，而「船」（*səp̄înāʰ*）在聖經只出現過一次，其原文與出現在約拿書三次的「船」（*ʾŏniyyāʰ*）不同。其詞根（*sp̄n*）解作「遮蓋」，可能是指有甲板遮蓋下層的船。⑰「底部」（*yərēḵāʰ*）通常理解為「極處、盡頭」（參士十九 1〔以法蓮山區的「邊界」〕；撒上二十四 3〔洞裏的「深處」〕；王下十九 23〔黎巴嫩的「頂端」〕）。所以，這裏是指「船的最底處」，約拿「下」到的地方原來就是船的最底部分。

約拿的第二個行動是「躺臥」（*wayyiškaḇ*）。值得留意的是，舊約聖經往往以「躺臥」與「起來」作為相對的行動。例如：參孫「睡到半夜」，然後「在半夜起來」，其中「睡」的原文和約拿書的「躺臥」（*šākab*；士十六3）相同。⓲

*「沉睡」在舊約聖經的另外一個用法，是指在熟睡中接受啟示（名詞：參伯四13，三十三15；動詞：但八18）。*

約拿第一次的「起來」（參3節），似乎就被這裏的「躺臥」抵消了。而且，約拿不單是「躺臥」，還「沉睡」（*rādam*）了。「**沉睡**」這動詞在舊約聖經只出現七次，意指「熟睡」，甚至去到一個程度，對外在事情毫無知覺（參士四21；但八18，十9）。創世記二章21節使用同詞根（*rḏm*）的名詞（*tardēmā*[h]）來形容亞當熟睡的情況，而耶和華在這情況下取下他的肋骨。約拿書在此的「沉睡」（*wayyērāḏam*），與經文幾次描述約拿「下去」（*wayyēreḏ*），原文在讀音及字形上都很接近，作者以此強調約拿「下去」的行動。由3節開始，經文至此已三次記載約拿「下去」（一3[x2]、5）。有學者認為，約拿身體的「下去」，代表著約拿屬靈的「陷落」，與上帝距離愈來愈遠。不過，約拿的「下去」亦可能反映他沒有很強的生存意志。事實上，「沉睡」一詞也可以有「死亡」的意思（參詩七十六6）。約拿的行動表示他寧願選擇死亡也不願去尼尼微（參段落2.2.4.1對一章12節的析讀，頁76～80）。約拿求死的意圖也見於四章3、8節，所以，作者一直都在展示約拿尋死一事。值得留意的是，耶和華令海中起了大風暴一事，其實對此時的約拿在心意上並無任何直接影響。

水手和約拿各有三個行動，筆者把兩者作出比較。水手的行動表列如下：

| 「和修版」的用字 | 原文音譯 | 原文字數 |
|---|---|---|
| 水手都懼怕 | *wayyîr*ʾ*û hammallāḥîm* | 2 |
| 各人哀求自己的神明 | *wayyizʿăqû* ʾ*îš* ʾ*el*-ʾ*ĕlōhāyw* | 4 |
| 他們把船上的貨物拋進海裏，為要減輕載重 | *wayyāṭilû* ʾ*eṯ-hakkēlîm* ʾ*ăšer bo*ʾ*ŏniyyā*[h] ʾ*el-hayyām ləhāqēl mēʿălêhem* | 9 |

面對風暴，水手先是內心「懼怕」，但他們並沒有停留在此，而是以外在行動回應。這外在行動先是向神明祈求，然後進一步把貨物拋走，讓自己可以更好操控船隻。按原文使用的字數來看，我們可以見到用字愈來愈多，作者也許以此反映水手的行動愈來愈激烈。相比之下，經文卻沒有記下約拿有甚

麼內心反應。而且，約拿也沒有採取甚麼行動來抗衡風暴。經文以遞減用字的方式來記載他的三個行動，藉此表達他的活動愈來愈少，直到最後是完全的寂靜（編按：括號內為主語，不算入字數）：

| 「和修版」的用字 | 原文音譯 | 原文字數 |
|---|---|---|
| （約拿）卻下到艙底 | (*wəyônā^h^*) *yāraḏ ʾel-yarkəṯê hassəpînā^h^* | 4 |
| 躺臥 | *wayyiškaḇ* | 1 |
| 沉睡 | *wayyērāḏam* | 1 |

學者對約拿從起來逃跑到沉睡在艙底的行動，有好些不同的理解。有學者認為，約拿對於上帝施恩予尼尼微城，赦免他們的罪行一事，感到極之不滿。他們批評約拿停留在狹隘的以色列民族主義之中，拒絕接受尼尼微是可以得著上帝憐憫的，並否定上帝對普世人類的恩典。與這些觀點相關的是，有學者認為約拿這樣做，是要保存先知的尊嚴多於對人的關愛。若尼尼微人相信上帝而悔改，那麼約拿所宣告的審判就會落空，人就會認為他是個假先知（參申十八22），故此約拿寧可逃跑，也不願意被人這樣批評。值得留意的是，經文至此，無論明示或暗示，都沒有提出任何約拿逃跑的原因。作者在此似是刻意保持沉默，而上述學者對經文的理解，往往只是從往後約拿書三、四章的內容所推測而得。

## 2.2.2 回應滅亡危機：約拿的抽離與船長的請求（一6）

6節出現「船長」（*raḇ haḥōḇēl*）這個角色，原文可直譯為「掌繩長」，意指負責操控船纜的人。這稱謂也可見於以西結書（結二十七8、27、28、29），一般翻譯為「掌舵的」（參「和修版」、「呂振中譯本」）。所以，他比其他「水手」地位為高，是第二個對約拿講話的角色。他「到」（*wayyiqraḇ*）約拿那裏，原文是他「走近」約拿，應是指他下到艙底約拿所在之處，然後對約拿說話。他先詢問約拿「怎麼還在沉睡呢？」「怎麼」（*ma^h^-lləḵā*）作為提問時，可用來查詢對象有甚麼需要（參創二十一17；書十五8；士十八3；王上一16；王下六28；帖五13）或是他的狀態是怎樣（參撒下十四5；王上十九9），基本上這

## 創傷與約拿

現代讀者確實較容易忽略經文原來的歷史處境，抽離地認同上帝對人類的普世大愛這種大道理，亦因而認定約拿也當有同樣的認同。具體歷史處境中讀者的反應其實是不容忽視的。若果約拿書如上文所言，是著於猶大亡國之後，那麼當時代的猶太人就已經是經歷過亞述和巴比倫所施加的滅國之痛的羣體，再加上後來被波斯帝國的強權所管治，約拿書的讀者們，對約拿的逃走和寧死也不願到尼尼微城傳道的行動，很可能就會生出與現代讀者截然不同的理解了。

約拿書中的約拿是個孤獨的人。整個故事就只有他一個以色列人。書中他所遇見的盡都是外邦人。不但如此，從敍事開始直至結束，約拿都不是身處自己的地方。無論是在約帕、在開往他施的船上、在大海中、在魚腹裏、在尼尼微城內以及在城外，約拿均非身處其本國。他的「本國」，只有在他的回憶和講話中出現(參四2)。約拿可説是一個流放中的孤獨者。從創傷的角度看，創傷的經歷會叫受創者與周遭的人事物產生疏離感。不但如此，約拿一直要面對著「大城、大風、大風暴」，這會令他生出一種力不能勝的無力感。這與其當時代讀者面對帝國強權的感覺是相似的。⓳

約拿書的讀者因著經歷過民族創傷，會較容易將約拿的逃走理解為：約拿害怕和拒絕去面對尼尼微城這個民族創傷的根源，以免自己再受到傷害。彷彿約拿一聽到尼尼微城這個名字，便會對耶和華的吩咐全不理會，決定逃走不幹似的。約拿書的讀者不會如現代讀者那樣，抽離地否定約拿逃走的決定，反而可能會以同理心待之。此外，約拿「逃」到他施這處跟尼尼微相反方向的地方，就是要決意避開有可能給他帶來創傷的地方和人物。他多次的「下去」行動，反映了創傷者不斷把自己從周圍的環境中自我抽離出來——既抽離於上帝，也拒絕和他人(船員)建立連繫。⓴ 從約拿書一章開始，一直到四章，經文所描述的約拿，均表現出一副失去求生意志的樣子。現代讀者片面地指控約拿執意違背上帝的命令，對約拿的行動作出道德批判，卻忘記了創傷是可以造成違令的這個背景。如果我們漠視受創者的心理狀態，缺乏對他們的同理心，甚至認定受創者目前的狀況是咎由自取的——那不是因著他們頑梗悖逆嗎？這些判斷可能是對受創者所施加的第二次傷害。事實上，亦有學者從被殖民化的羣體經驗出發，指出約拿書的讀者，作為苟活在壓迫他們的帝國管治下的羣體，是絕對不難認同約拿的逃走行動的。㉑

都是在不尋常的情況之下作出的提問。「還在沉睡」（*nirdām*）原文是分詞，也可理解為名詞，作呼格用，故這提問可翻譯為「沉睡的人，你怎麼呀？」然後，船長就吩咐約拿「起來」及「求告」他的神明。有別於水手「哀求」（*zāʿaq*）他們的神明，船長並沒有請約拿「哀求」他的神明，反而使用「求告」一詞。值得留意的是，「求告」原文就正是一章 2 節耶和華吩咐約拿「宣告」的那個詞。因此，當耶和華吩咐約拿「起來」（*qûm*）及「宣告」（*qārāʾ*）時，船長也同樣地請約拿「起來」（*qûm*）及「求告」（*qārāʾ*）。這樣的用詞顯明了船長不經意間就成為上帝的代言者，向約拿發出同樣的命令，令約拿即使一心要睡覺也不得不再次聽見上帝的吩咐。㉒ 也就是說，船長這裏邀請一位似乎毫不理會周遭事情的人作出行動，去回應正在發生的事情。

水手向他們的神明哀求，結果沒有果效；船長則請約拿向他的神明「求告」，認為「或者神明顧念我們」。船長使用「或者」（*ʾûlay*）一詞，表明了船長不認為求告神明就必然會蒙神明應允所求。所以，這用詞既顯示出船長的期盼或者他對神明主權的尊重，亦可看成無能者在強權之下所能作出的反應。因此，經文顯明了一種張力，就是人所能做到的熱切請求和人的無能為力兩者之間的張力。他們可以做的，就只能是全然期盼神明會憐憫他們。「顧念」（*yiṯʿaššēṯ*）這詞在舊約聖經只出現一次，按上下文，這詞這裏的意思應是正面的。若神明顧念、關注他們，他們就可以「不致滅亡」（*wəlōʾ nōʾḇēḏ*）。對船長來說，無論約拿的神明是否直接和風暴有關，重要的是這神明顧念他們，讓他們可以存活。

## 2.2.3 水手找出危機的肇事者（一 7～10）

### 2.2.3.1 水手以抽籤找出肇事者為約拿（一 7）

雖然經文沒有明言約拿有否按船長請求而行，但船上眾人接著的行動似是指出約拿仍維持他的「不行動」。面對突如其來的風暴，水手和船長的即時反應是向他們所信靠的神明祈求，期望神明會救拔他們。但當這個行動未見即時果效，他們就轉而尋找風暴的起因或肇事者，期望可以從源頭解決問題。事實上，經歷災難帶來的創傷後，受創者會嘗試找出事情發生的原因。這一方面當然是希望解決到災殃的肇因，致使災難不會重演；另一方面，找出原因這個行動，其實反映出受創者認為世界應有其運作的規律，即凡事必有因由。尋找原因的行動，就是拒絕接受世界是無序或失序的，拒絕接受過一個無序或失序的人生。

「船上的人彼此說」(*wayyōʾmərû ʾîš ʾel-rēʿēhû*；7 節)，其原文應譯作「他們各人對自己的朋友說」，顯示出這是一個集體的行動。「朋友」(*rēaʿ*)原文與「惡」(*rāʿāh*)子音相同(*r ʿ*)，似是相關語。「來吧」(*ləḵû*)原文詞根(*hlḵ*)，跟一章 2 節耶和華吩咐約拿「去」(*lēḵ*)尼尼微城的相同。耶和華吩咐約拿「去」，約拿卻沒去，但水手卻彼此呼籲大家「去」，似是按耶和華的吩咐而行。到目前為止，外邦水手已多次模仿耶和華的行動：「拋進海裏」、「起來」、「宣告」、「去」。

接著，他們決定用「抽籤」的方式，其目的是「看看這災難臨到我們是因誰的緣故」，「看看」(*wənēḏʿāh*)原文應直譯為「讓我們知道」。「籤」(*gôrāl*)這詞原文在短短一節就出現三次，強調這做法對水手的重要性。「抽籤」(*wayyappilû gôrālôṯ*)原文是「他們使籤跌下來」。除了這個動詞外，舊約聖經會用到不同的動詞在「籤」身上，包括「給」(利十六 8)、「投」(書十八 6)、「擲」(書十八 8；珥三 3)、「上來」(書十八 11)、「出來」(書十九 1)、「拋」(箴十六 33)，和「出現」(書十五 1)。有學者認為之所以使用不同動詞，可能跟採用了不同物件作為籤有關。[23] 抽籤是尋求神明心意的方法之一，可以用於以下幾個情況中：

- 解決紛爭(箴十八 8)；
- 分配人或物(奴隸：珥三 3；鴻三 10；地土城鎮：書十四 2，二十一 4 等；衣服：詩二十二 18)；
- 選出人或物作特殊用途(贖罪日的山羊：利十六 8；歸屬不同班次：代上二十四 5；提供木柴：尼十 35；住在耶路撒冷的人：尼十一 1；參戰：士二十 9；成為君王：撒上十 19～21〔但原文沒有採用「籤」一詞〕；月分：斯三 7)；
- 找出作了某些事情的人(拿一 7；亞干：書七 14～18〔原文沒有直接採用「籤」一詞〕；約拿單：撒上十四 42〔原文沒有採用「籤」一詞〕)。

值得留意的是，在舊約聖經的記述中，採用抽籤方法的多是以色列人，而外邦人使用這個方法的，除約拿書外，見於其他書卷的共只出現五次（斯三7，九24；珥四3；俄11；鴻三10）。在這五段經文中，前四段都是與以色列有關，而只有那鴻書三章10節是無關乎以色列的。因此，有學者認為水手使用抽籤這個方法，而不是其他近東的占卜方法，表明了作者將水手描繪為類似於以色列人。㉔ 採用這個方法，水手最終找出肇事者就是約拿。不過，究竟約拿是否知道水手這個抽籤的結果呢？經文未有直接交代（參接下來8節上的討論）。

### 2.2.3.2 水手向約拿查詢他的身分及約拿的回應（一8～9）

接著，水手與約拿有三次對話（一8～9、10、11～12），分別以「他們對約拿說」、「對他說」、「他們就問他說」開始，但其實三者的原文同樣是「他們對他說」（*wayyōʾmərû ʾēlāyw*；一8、10、11）。其中首尾兩次約拿直接回應他們，並分別以「他說」、「他對他們說」作為開始，但其實原文同樣是「他對他們說」（*wayyōʾmer ʾălêhem*；一9、12）。未討論他們之間的對話以先，我們也許會問：他們是在船的哪處對話？經文對此保持沉默。可能是因為對話的地點並不重要。反而該留意的是，經文也沒有提及約拿作過甚麼，去逆轉他一連串「下去」的行動，也許這才是重點所在。筆者會於12節再提及這點（參段落2.2.4.1，頁76）。

第一次的對話內容（一8～9）有其獨特結構，現先表列如下（按原文稍修改「和修版」），下文再加以說明。

| | |
|---|---|
| X | 他們對〔他〕說：（「和修版」將「他」譯作「約拿」） |
| A | 「請你告訴我們，這災難臨到我們是因誰的緣故呢？ |
| B | 你做甚麼行業？你從哪裏來？你是哪一國的人？屬哪一族？」（8節） |
| X’ | 他〔對他們〕說： |
| B’ | 「我是希伯來人， |
| A’ | 我敬畏耶和華，天上的上帝，祂創造了滄海和陸地。」（9節） |

X 和 X’的對應是明顯的，表明接著的內容是涉及水手的提問和約拿的回應。水手的五個問題可分為兩部分。第一部分（A）是問「因誰的緣故」，也有兩次「我們」，亦關注到這位「誰」的作為與「我們」的關係。第二部分（B）包含四個問題，這些問題都沒有任何「我們」，但卻有「你」這個元素：「你」的職業是甚麼？「你」從哪裏來？「你」屬於哪個國家？「你」是哪個民族？「你」一字所指的當然是約拿，關注的就是約拿的身分。約拿的回應也可以分為兩部分。第一部分（B’）說明他的身分，他是「希伯來人」，而第二部分（A’）則是他所敬畏的神明是「耶和華，天上的上帝，祂創造了滄海和陸地」。下文將說明 A 和 B 如何分別對應 A’和 B’。

**第一，水手第一部分的提問（8 節上）**

在這部分的提問裏，水手的首個提問「這災難臨到我們是因誰的緣故呢？」顯得有點奇怪，因為水手是經過抽籤才找出約拿這位肇事者的。沙遜認為這短句不應該理解為一個真正的提問，而是要理解為一從屬子句（relative clause），意思就是「請你——這使災難臨到我們的人——告訴我們……」。[25] 不過，我們要留意的是，同一個提問「這災難臨到我們是因誰的緣故」在 7 節其實已出現過，而兩者的原文用字確實是稍有分別的（7 節：*bəšelləmî hārāʿā*$^{h}$ *hazzōʾṯ lānû*；8 節：*baʾăšer ləmî-hārāʿā*$^{h}$ *hazzōʾṯ lānû*）；但在「和修版」上兩個問題用字相同）。留意當中「因誰的緣故」於 7 節是 *bəšelləmî*，於 8 節是 *baʾăšer ləmî-*，當中的關係代名詞（relative pronoun）「誰」（7 節 *še*；8 節 *ʾăšer*）用上了兩個不同寫法，但於原文兩者的意思其實相同。不過，有人亦因此認為這兩個提問既用上了兩個不同的關係代詞，就可以對這兩個問題有不同的理解。

不過，著名日籍聖經學者村岡崇光（Takamitsu Muraoka）認為這裏關係代名詞的差異，只是一個「**雙言現象**」（diglossia）；但荷姆施泰特（Robert D. Holmstedt）及柯克（Alexander T. Kirk）卻有不同意見，透過論證指出「誰」這個關係代名詞的兩個寫法，都先後出於水手及約拿口

*「雙言現象」是指兩種方言或兩種不同的語言，在使用單一語言的社會背景下，被同時用上。按村岡崇光的理解，水手其中一個提問，是使用了約拿本土的慣用語。*

中（*še*：於一章 7 節見於水手口中，而在一章 12 節見於約拿口中；*ʾăšer*：於一章 8 節見於水手口中，而在一章 9 節見於約拿口中），是因他們藉著互相使用對方的說話方式，以表示友好。㉖ 總括而言，雖然 7 節及 8 節「這災難臨到我們是因誰的緣故」的原文稍有差異，但其意思及語境沒有明顯差異，故此除非有特別原因證明，也許不應把 8 節的提問理解為從屬子句，得出沙遜這樣的詮釋。

另有學者認為水手重複這個提問，不是要從約拿口中得到一些他們仍未掌握的資訊，而是要當事人約拿親口承認自己是犯事者，並講出所犯何事。㉗ 類似的情況可見於亞干（書七 10～21）或約拿單事件（撒上十四 24～46）。在這兩個事件中，亞干或約拿單都是經過「選」或製籤而被人認出來的肇事者（參書七 18；撒上十四 42）。他們被認出後，都被要求講出自己做了甚麼事（書七 19；撒上十四 43）。不過，若從約拿在 9 節的回應看，他並沒有承認風暴是因他而起，也沒有講出他所犯何事。直至 10 節，作者才指出水手知道約拿「躲避耶和華」，因為「他告訴了他們」（段落 2.2.3.3 會解釋這個倒敘法的用意，頁 72～76）；及至到了 12 節，約拿才提到大風暴是因他的緣故而出現（參段落 2.2.4.1，頁 76～80）。因此，水手在 8 節的提問，可能不是期望約拿親自承認他所犯的是甚麼事情。進一步而言，若水手在 8 節的提問是要當事人承認自己是犯事者，便得假設約拿知道水手已認定他是犯事者，水手才要約拿承認自己所犯的事。但若果約拿並不知道抽籤結果，或不知道水手認定他是犯事者，那麼，約拿就較易把這個提問理解為水手在查問是哪一位神明帶來這個災難，而不是要約拿自己承認過犯。事實上這較切合 9 節的回答（參下文對 9 節的析讀，頁 70～72）

**第二，水手第二部分的提問（8 節下）**

B 部分有四個提問。第一個提問「你做甚麼行業？」中「行業」（*məlāʾkāh*）原文可泛指任何工作（參出二十 9），也特指在聖所中與聖物有關的工作（參出三十五 21）。這字的詞根（*mlk*）與「使者」（*malʾak*）相同，故可解作「任務」，㉘ 重點是關注約拿這個行程的任務或目的是甚麼，這個理解較符合上下文的處境。另外三個問題的關注，包括約拿的本鄉（「你從哪裏來？」）、國家（「你是哪一國的人？」）和民族（「屬哪一族？」）。

**第三，約拿第一部分的回應（9 節上）**

面對這四個問題（B），約拿就簡單以「我是希伯來人」作為回應（B'），而這只是針對水手這四個提問的後三個。至於約拿有否回答第一個問題（「你的行程的任務是甚麼？」），則在 10 節下似有解答（詳參下段 2.2.3.3，頁 72）。「希伯來人」這個稱謂原文在舊約聖經共出現三十五次，是對以色列人一種古舊的稱謂，在約拿書出現一次，在五經共出現二十二次，在撒母耳記上出現八次，另外四次出現在歷代志上及耶利米書（代上二十四 27；耶三十四 9[x2]、14）。約拿使用這個稱謂是要強調他的身分，表示他確實是來自一個與船員有別的民族，也因此有不同的信仰和所依靠的神明。「希伯來人」這個民族和耶和華有密切的關係，而當這個關係有破損，約拿對自己作為「希伯來人」的身分認同也同樣出現疑問。

**第四，約拿第二部分的回應（9 節下）**

對應於水手 A 部分的提問，約拿的回應是：「我敬畏耶和華，天上的上帝，他創造了滄海和陸地」（A'）。按原文字序，它的寫法應該是「耶和華天上的上帝／我敬畏／就是他創造了滄海和陸地」。所以，約拿先講出這神明的名字是「耶和華」，指出祂是「天上的上帝」，是他敬畏的神明。「天上的上帝」（*ʾĕlōhê haššāmayim*）這個稱謂除了出現於創世記（創二十四 3、7），也出現在波斯時期的文獻中（參代下三十六 23；拉一 2；尼一 4、5，二 4、20；另參詩一三六 26），而亞蘭文與此相近的稱謂，亦出現於同時期作品（參拉五 12，七 12、21、23；但二 18）（參 1.3「寫作日期」的相關討論，頁 7～8）。有學者認為這個稱謂是針對當時腓尼基人所信奉的「天上的巴力」。[29] 約拿最後才說這神明「創造了滄海和陸地」。「天上的上帝」強調這位神明是超越的，而祂造「滄海和陸地」則帶出祂是臨在的。「滄海和陸地」是以部分代表全部（merism）的一種文學修辭手法，即以海和陸地代表所有的受造物。除了這裏，在約拿書中出現這種表達手法的地方有：「日」和「夜」（一17）、「大」和「小」（三5）、「人」和「牲畜」（三7，四11）、「牛」和「羊」（三7）。在舊約聖經中，除了約拿書這裏，同時提及「海」和「陸地」的（*yabbāšā^h*；或譯作「乾地」），就只有兩個處境。第一個是在創世敍事裏。在那裏上帝把水聚在一起，令乾地露出來（創一9～10）。第二個是以色列人出埃及時，摩西向海伸杖，使水分開，讓以色列人經過「海」中，走在「乾地」上（出十四16、22、29，十五19；尼九11；詩六十六6），而這事件似乎在重演上帝在創世時的作為，叫當時的以色列人經歷上帝的能力。雖然如此，舊約聖經卻從未宣稱耶和華是「創造海和陸地」的神明（詩篇有類似的表達，但沒有明確說明；參詩九十五5）。一般而言，舊約聖經多形容耶和華創造「天和地」（*šāmayim wāʾāreṣ*；參創十四19、22；詩一一五15，一二一2，一二四8，一三四3，一四六6）。所以，約拿書這裏宣稱耶和華創造海和陸地，在舊約聖經可說是獨一無二的。約拿於此，不是在作出一個一般猶太人會作出的認信——即「耶和華是造天和地的神明」，而是約拿針對水手所面對的處境而作出的，也就是說，水手當時也許會想到自己究竟可否從海上返回陸地呢？不過，約拿這處沒有採用以色列人對耶和華的傳統宣認，而是強調這位神明的身分在於創造海和陸地，這看似增加了耶和華與以色列人的距離。㉚「我敬畏」原文使用獨立代名詞「我」（*ʾānî*）加上分詞「敬畏」（*yārēʾ*），這分詞的用法應是指持續的情況。㉛所以，約拿要表達的，是他的「敬畏」並非只是一時的行動，而是持續的「敬畏」。值得留意的是，「敬畏」這詞與水手的「懼怕」，原文是相同的（詳參下段2.2.3.3對10節「第一個小部分」的相關討論，頁72～73）。不過，嚴格區分這兩個意思，即約拿究竟是敬畏耶和華，還是懼怕耶和華，未必如此重要，畢竟對神明的敬畏，必然也包含對祂的懼怕。不過，無論如何，這裏透過分詞的運用，似是表達出約拿自己對耶和華的敬畏（或懼怕）是持續的，而水手的懼怕是一時的。

若參考上述扇形結構的對應元素，B和B’的對應是明顯的，都與約拿的個人身分有關。值得留意的是，在原文中B’和A’的首個詞分別為「希伯來人」和「耶和華，天上的上帝」，顯明這是約拿想要強調的，也同時是他認為可以回應水手詢問的資料。A’的資料並不直接與約拿的身分有關，因此，約拿這樣回覆，很可能反映出約拿把水手的問題(A)看為是：他們實際上是在查詢是哪一位神明帶來這「災難」。㉜按此，當水手知道是因約拿的緣故而有風暴臨到他們，他們就進一步想知道實際上是哪一位神明令到風暴產生。事實上，最初海上狂風大作時，這些水手就立時向「自己的神明」哀求，這表明了一點，就是他們認為這趟風暴是與神明有關的，而這也同樣是船長的理解。所以，他們向約拿查明是甚麼神明令到這災難臨到他們，就很合情合理了。而約拿認為水手的提問，是在查探哪位神明引起風浪，也是很自然的想法。

## 2.2.3.3 水手「懼怕」及向約拿提問以找出他所行(一10)

水手和約拿的第二個對話(一10)可分為三個小部分，並以倒敘方式來表達。第一部分是描述水手的狀況：「那些人就大大懼怕」，並向約拿提問「你做的是甚麼事呢？」；第二部分的描述，即水手知道約拿逃避耶和華，實際事件是發生在第一部分之前的；第三部分的描述則是最早發生的，就是約拿告訴了水手他逃避的事。若重新按時序表達，事情是這樣的：約拿告訴水手他逃避上帝，然後水手知道約拿逃避上帝，再後來水手大大懼怕並與約拿講話。

**第一，第一個小部分**

第一個小部分的句子「那些人就大大懼怕」原文是有兩個「懼怕」，第一個是動詞「懼怕」(*yārēʾ*)，第二個是名詞「大懼怕」(*yirʾāh gədôlāh*)，句子可直譯為「那些人懼怕一個大懼怕」。原文動詞的賓語與動詞採用了同詞根的詞，在文法上這用法稱之為「同根詞直接受格」(cognate accusative)，是典型的希伯來文表達手法。5節提及水手「懼怕」，而這裏則加強為「大大懼怕」，反映出一個進程。再者，這裏是第一次把船上的人稱為「那些人」(*hāʾănāšîm*)，這稱謂應包括水手和船長。值得留意的是，自5節引介「水手」後，經文一直都用「他們」來描述水手(及船長)的各樣行動。但當約拿作出宣認後(9節)，經文就改用「那些人」來指涉他們。相關經文表列如右頁(按原文修改「和修版」)。

| 經節 | 「和修版」經文 |
| --- | --- |
| 10 節 | **那些人**就大大懼怕，對他說：「你做的是甚麼事呢？」原來**他們**（原文是「那些人」）已經知道他在躲避耶和華，因為他告訴了他們。 |
| 13 節 | 然而**那些人**竭力划槳…… |
| 16 節 | **那些人**就大大懼怕耶和華…… |

這個改動的用意，也許可以在 10 節的上下文找到：這可能是用來對比 9 節所提及的神明，即作者刻意將人的無能與神明的大能作出比較。13 及 16 節使用「那些人」，也可以作相若的理解。其次，水手說的「你做的是甚麼事呢？」（*mah-zzōʾṯ ʿāśîṯā*；10 節），可以是一個查問資料的真正提問，亦可以是一個感歎句。首先，「和修版」把原文翻譯為「你做的是甚麼事呢？」，是把原文理解為一個真正的提問。從字面上看，這是查問約拿究竟做了甚麼事，以致風暴臨到他們。不過，經文接著指出，約拿先前已告訴他們他在躲避耶和華，所以字面的理解似乎並不成立。若接受「和修版」的詮釋，把原文視為一個提問的話，那水手問的，可能並不是字面上的理解，即約拿做了甚麼事，而可能是約拿為何做這樣的事（參「新譯本」：「你為甚麼這樣作呢？」）。不過，類似的句子在舊約聖經其他地方，是指到講話者對對方做過的事表達驚訝、恐懼、憤怒或指責，多於向對方查問資料（參創三 13，十二 18，二十六 10，二十九 25，四十二 28；出十四 5、11；士二 2，十五 11；傳二 2）。㉝因此，將原文理解為感歎句或許是更佳的詮釋，即「你竟然做了這樣的事情！」，以表達水手的詫異或恐懼（參「呂振中譯本」：「你幹的這事是甚麼事阿！」；NRSV: "What is this that you have done!"）。㉞

**第二，第二個小部分**

這個小部分提出了補充資料，指出「原來他們已經知道他在躲避耶和華」。「原來」（*kî*）的原文為「因為」，為要引介出原因。「原來他們已經知道……」的原文句子格式，是介詞加動詞（*X* + *qatal*），即介詞「因為」（*kî*）及一個動詞「他們已經知道」（*yāḏʿû*）。經文這裏採用這種句法，目的是提供背景資料。「他們」的原文是「那些人」（*hāʾănāšîm*）。「他在躲避耶和華」原文的詞序先是「離開耶和華的面」(*millip̄nê yhwh*),後才是「他正逃避」(*hûˀ ḇōrēªḥ*),反映出水手特別關注的,是約拿所要逃離的對象,多於逃離這個行為。那麼,水手大大懼怕的原因,究竟是這位創造了海和陸地的耶和華(緊接著9節的內容),抑或是約拿竟然逃避這樣的一位神明呢?若參照水手的說話(「你竟然做了這樣的事情!」)和作者的描述(「離開耶和華的面他正逃避」),似乎「約拿竟然逃避這樣的一位神明」才是令水手大大懼怕的事情。水手大大懼怕的,是約拿竟然做出逃避這位有大能的神明的行動,並因此令到眾人面對生命的危險。水手發覺他們原來被捲進了這個神人較量的漩渦當中。

**第三,第三個小部分**

第三個小部分「因為他告訴了他們」,再用「因為」(*kî*)來說明水手知道,是因為約拿自己告訴了他們。我們自然會留意到的是,約拿是在甚麼時候告訴水手他正在逃避耶和華呢?在9節他的信仰宣認和水手懼怕之間?抑或是在9節他的宣認之前呢?事情發生的次序究竟是怎樣呢?如果參沙遜對事件的重組則如下:㉟

1. 約拿回應水手的提問(9節);
2. 約拿解釋為甚麼他上船,即「他告訴了他們」的內容(10節);
3. 所以水手「知道他在躲避耶和華」(10節);
4. 他們就大大懼怕(10節);
5. 並驚訝講出「你竟然做了這樣的一件事!」(10節)。

不過,按照沙遜的重構,值得問的是:為何約拿會在宣認耶和華之後,再向眾人坦白講出自己正在逃避耶和華呢?為何有這樣的需要呢?其目的是甚麼呢?若查看上文,水手在8節四個關於約拿個人身分的提問,約拿在9節似乎沒有回應其中的第一個提問;而到了10節,作者才讓讀者知道,約拿原來已回答這個查詢他行程目的的提問。㊱ 所以,8至9節的結構可以再補充如右頁(按原文稍修改「和修版」):

| | | |
|---|---|---|
| X | | 他們對〔他〕說： |
| | A | 「請你告訴我們，這災難臨到我們是因誰的緣故呢？ |
| | B | $B_1$ 你行程的任務或目的是甚麼？ |
| | | $B_2$ 你從哪裏來？你是哪一國的人？屬哪一族？」（8節） |
| X' | | 他〔對他們〕說： |
| | B' | $B_2$' 「我是希伯來人， |
| | | $B_1$' （離開耶和華的面我正逃避〔插入自10節〕） |
| | A' | 我敬畏耶和華，天上的上帝，他創造了滄海和陸地。」（9節） |

作者為甚麼選擇用倒敘法來道出約拿告知水手他逃避上帝這事？作者為何不直接把真相放在約拿對水手所說的話中？㊲事實上，讀者從一開始便知道約拿逃避上帝這事（一3），所以這事只是向水手等人隱藏，直至約拿向他們說明。作者之所以採用這個倒敘手法，目的也許是要帶出約拿與水手對神人關係兩種截然不同的看法，而這兩種看法分別在9節及10節中表達出來。㊳讀者從起初就已經知道約拿在逃避上帝，而約拿仍宣稱他「敬畏」上帝（9節）。在約拿眼中，他逃避上帝，跟他敬畏上帝，是沒有衝突的，因為敬畏上帝並不等於要遵從所有上帝的吩咐；反過來說，不遵從上帝某些吩咐，也不表示這人不敬畏祂，而這正是約拿的神觀的獨特之處，也就是說，約拿可以敬畏上帝，同時卻在逃避上帝。另一方面，透過倒敘法，作者刻意把約拿向他們道出自己逃避上帝一事，從之前的對話中抽出來，以特別帶出他們所持的不同看法（10節），也就是說，在水手眼中，一個人逃避這位創造海和陸地的神明，根本是不可思議的事情，既令人詫異，也令人恐懼。藉著這個寫作手法，作者帶出了兩種截然不同的神觀，並使兩者形成了更為鮮明的對比。作者要挑戰讀者思考兩者的差異。這些外邦人水手認為神明的作為，是人所不能對抗或逃避的，因為神明有祂的主權，也不需要按人的心意而行（參6、14節）。然而，自稱為希伯來人的約拿，卻以行動表明敬畏上帝的人，不一定要按上帝的吩咐而行，也就是說，敬畏上帝和逃避上帝可以是沒有矛盾的。

### 創傷與約拿

當船長請約拿向神明呼求，約拿沒有作出任何回應；當水手向約拿提問，約拿卻作出回應，並和水手三次交談。為甚麼會這樣呢？

約拿從船長的口中聽到「起來」和「求告」，可能令他再次聽見耶和華的吩咐似的（參上文段落 2.2.2，頁 63～65）。有人認為耶和華正是要刻意藉著船長提醒約拿，祂曾向他發出呼召。不過，也許正因為約拿彷彿從船長口中再次聽到耶和華對他的呼喊，才拒絕作出任何回應。對於需要抽離——甚至需要對一切均無動於衷的僵住——才能保護到自己的受創者來說，周遭一些原本看似無關的事，已有可能成為入侵性之元素，引發受創的情緒，更何況船長恍似正在重複耶和華的呼召！而且，船長在呼籲約拿求告自己的神明，可約拿要極力逃避的，正是這位神明的面！他當然不可能向這位帶給自己創傷的神明求助吧！

有別於船長，水手藉抽籤找出了災難的源頭。這反映出受創者的一種常有做法，就是總想找出災難的原因，以解釋災難的發生，叫他們仍能相信世界是有序的，是有其運行規律的，而由此他們亦同時有機會避免重蹈覆轍，讓災難重演。水手抽籤之後，便開始了約拿和水手前後共三次的談話。雖然水手抽籤抽出約拿來了，可他們並無加以指責，反與約拿一起尋找災難起因，查問他的身分，表達對他的關注。約拿之所以會回應水手的提問，也許正因為他們也是一羣經歷著患難的人，而願意大家一起去探討災難的因由，且關注到他這個人而不只是吩咐他要作甚麼去回應，也不只是著眼於功能性地處理當前的問題。約拿從抽離到選擇回應，既可能出於同理心，但更可能是約拿認為水手可以「同理」他的感受。如此，水手無意間可能成了受創者約拿的同行者。而且，約拿向水手講出自己的經歷，即他正在逃避耶和華，可以視之為約拿嘗試向那些他認為可以同理他感受的人，講出自己的創傷，亦由此開始離開那種不斷「下去」的抽離，踏出處理創傷的第一步。

## 2.2.4 回應滅亡危機：約拿的建議與水手的請求（一 11～14）

### 2.2.4.1 水手向約拿查詢解決方法及約拿的回應（一 11～12）

經文接著記載水手和約拿的第三輪對話（11～12 節）。水手既然透過抽籤找出災難的源頭，他們自然會期望可以找到適當的方法來解決問題。11 節「海浪越來越洶湧，他們就問他說：『我們當向你做甚麼，才能使海浪平靜呢？』」

原文詞序與「和修版」不同，稍微修改後可直譯如下：「他們對他說：『我們當向你做甚麼，才能使海浪平靜呢？』〔因為〕海浪越來越洶湧。」其中的「平靜」（*wəyištōq*）一詞，原文在舊約聖經共出現四次，約拿書兩次（一11、12），另外兩次，一次指風浪平靜（詩一〇七30），另一次則指火的熄滅（箴二十六20）。關於約拿書這節內容，有兩點要留意：

**第一，有關「海浪平靜」的意義**

> 「新譯本」譯作「才能叫風浪平靜」，也同樣漏譯原文最後一個字。

「和修版」的「海浪平靜」（*wəyištōq hayyām mēʿālênû*）這句中，**沒有將原文最後一個詞**（*mēʿālênû*）**譯出來**，它是一個帶代名詞後綴的複合介詞。這複合介詞基本上有兩個可能的理解，分別是「為著我們」（參「思高譯本」：「海為我們而平靜」；另參 NRSV: "may quiet down for us"）㊴，或是「在我們四圍」（參 *Tanak*: "to make the sea calm around us"）。㊵ 前者的重點在於對「我們」有否好處，後者則在「我們」於空間上的關係。因為上下文處境所關注的，是風暴對船員的衝擊，所以前者的解釋可能性較大。

**第二，有關「〔因為〕海浪越來越洶湧」的意義**

「和修版」把「〔因為〕海浪越來越洶湧」放在句子之首，視之為敍事者的描述，而不是出自水手之口。若是這樣，這句子是用來解釋一點，就是為甚麼船員要問約拿，他們應該如何做才可以令風暴離開他們。不過，亦有學者視這句為水手所講的話，即是「他們對他說：『我們當向你做甚麼，才能使海浪平靜呢，〔因為〕海浪越來越洶湧？』」㊶ 若是這樣，這句子就更能表達出水手關注到情況之危急。以上兩種理解都有其理由，不容易作最終定案。

「海浪越來越洶湧」（*hayyām hôlē<u>k</u> wəsōʿēr*）的原文是「那海」（*hayyām*）在「行走中」（*hôlē<u>k</u>*）和「風暴中」（*wəsōʿēr*）。「行走中」原文是一個分詞，與之同詞根（*hl<u>k</u>*）的動詞（*hāla<u>k</u>*）亦曾在約拿書一章出現（2節的「去」、7節的「來吧」）；「風暴中」原文亦是一個分詞（*sōʿēr*；參11、13節），與之同詞根（*sʿr*）的名詞（*saʿar*）也出現於約拿書（4節的「狂風」，12節的「大風浪」）。「行走中」可作助動詞，故理解為「風暴越來越大」。「風暴」分別出現在敘事和講話中；「風暴」作為分詞在13節則很清楚是在敘事之中。以上觀察可表列簡述如下：

| | 事 | 講話 |
|---|---|---|
| 「風暴」名詞（*saʿar*） | 海就狂風大作（一4） | 你們遭遇這大風浪（一12） |
| 「風暴」分詞（*sōʿēr*） | 風浪越來越大，撲向他們（一13） | 海浪越來越洶湧（一11）（若屬講話的一部分） |

所以，若把上文11節中的分詞視為水手講話內容的一部分，則「風暴」作為名詞及分詞均分別在敘事和講話中各出現一次。或許這個理解，可以印證上文的推斷，即「〔因為〕海浪越來越洶湧」並不是敘事者的描述，而是出自水手的口。

既然水手知道約拿躲避耶和華，也知道這風暴出自耶和華，他們很自然地就問約拿「我們當向你做甚麼」，期望做些甚麼跟約拿相關的事，可以叫風暴「平靜」下來，不再「沖撞著他們」（參段落2.2.4.2第三點，頁82～83）。當水手發出這提問，約拿才意識到水手認定風浪跟他有關。既然如此，約拿回應的第一部分就針對這點。他以兩個命令式動詞（「抬起來」、「拋進海裏」）和一個祈願式動詞（「海就會平靜了」）來回應水手（12節）。祈願式動詞是用來表達它之前那兩個命令的目的。有關「抬起來」（*śāʾûnî*）及「拋進海裏」（*wahăṭîlūnî*）這兩個行動，會於析讀15節作詳細分析（參段落2.2.5.1，頁87～90）。至於「海就會平靜了」（*wəyištōq hayyām mēʿălêḵem*），「和修版」的翻譯也與11節相似，沒有將原文最後一個複合介詞（*mēʿălêḵem*）譯出來。在原文中，**約拿的用詞和水手的用詞幾乎相同**（按原文稍為修改「和修版」）：

*參「思高譯本」：「海為我們而平靜」（11節）及「海就會為你們平靜下來」（12節）。*

| | |
|---|---|
| 11節 | 海會平靜為我們（*wəyištōq hayyām mēʿālênû*） |
| 12節 | 海會平靜為你們（*wəyištōq hayyām mēʿălêḵem*） |

在原文中兩句的差異，只是在於代名詞後綴「我們」（*-nû*）和「你們」（*-ḵem*）這兩個介詞（*ʿāl*）的後綴。這反映出約拿的回應，是刻意對應水手所關注的事的。

約拿這個建議應該如何理解，學者有不同觀點。有學者認為，約拿的建議表明他願意一人做事一人當，甚至勇於自我犧牲，因為他知道只要自己被拋下海中，風暴就會止住，而水手也會因此而得安全。㊷ 不過，這個講法並不成立。首先，一直以來，約拿對水手的安危或者風暴的制止，似乎並沒有太大的關注。㊸ 風暴開始時，水手的回應跟約拿的行動正好相反。當水手努力做著各樣事情跟風暴對抗，約拿只一次又一次地下到船的最低點，並在艙中「沉睡」。甚至，當船長請求約拿向他的神明呼喊，約拿也沒有任何反應。經文展示的，是一個抽離的約拿，甚或可以說的是，在創傷中的約拿亦無力去關注其他人。其次，水手似乎並不認為把約拿拋到海中，他們就會得安全。水手擔心的是，即使海浪如約拿所言般止住，他們仍會因為「流無辜人血的罪」而滅亡（參專欄「『無辜的血』的含意」的解釋，頁85）。所以，約拿的建議其實令水手處於兩難之間：若不把約拿拋下海，則風暴可能會摧毀他們；若把約拿拋下海，則他們可能會因流無辜人的血而滅亡。最後，若約拿真的這麼有承擔，為何他自己不主動跳下海？約拿主動這樣做，不是可以解決到水手的問題嗎？當然，也有學者指出，自殺並不是當時所容許的行為，㊹ 不過，約拿書作者也許另有看法（參段落2.2.5.1對15節的析讀，頁87～90）。

約拿以「我知道」開始，承認「你們遭遇這大風浪是因我的緣故」。這句子與上文水手的查詢可並列如下：

| 經節 | 「和修版」的用字 | 原文音譯 | 原文字數 |
|---|---|---|---|
| 7節 | 這災難臨到我們是因誰的緣故 | *bəšelləmî hārāʿāh hazzōʾṯ lānû* | 4 |
| 8節 | 這災難臨到我們是因誰的緣故 | *baʾăšer ləmî-hārāʿāh hazzōʾṯ lānû* | 5 |
| 12節 | 你們遭遇這大風浪是因我的緣故 | *ḇəšellî hassaʿar haggāḏôl hazzeh ʿălêḵem* | 5 |

從約拿回應的用語，可以有以下一些觀察：

*「成長中的片語」意思指每次重複一個片語，就再加上新的字眼。*

- 從上表可見，句子原文在用詞上是逐步加多，這是一種「**成長中的片語**」（growing phrase）的例子，這專用

詞是由馬戈利(Jonathan Magonet)創建的。㊺

- 7、8 節中的「我們」,其指涉的對象必然包括提問的水手(和船長),但在水手眼中,很可能也包括約拿在內。然而,約拿的回應是「你們」而不是「我們」,似乎不在意這個風浪對他個人的影響。
- 7、8 節「臨到」是使用介詞「到」(*lə*),而 12 節「遭遇」使用的介詞則是「到、對」(*ʿal*)。水手起初似乎認為,風浪並不是特別針對他們而出現,但約拿卻使用另外一個可以帶有攻擊性意味的介詞,認為風浪確實是針對著水手的。
- 水手把發生在海上的「大風浪」(*hassaʿar haggāḏôl*)理解為「這災難」(*hārāʿāh hazzōʾṯ*;7、8 節),但從上表可見,約拿卻沒有視「這大風浪」(*hassaʿar haggāḏôl hazzeh*)為「這災難」。約拿在水手認定這風暴是跟他有關後,才承認「這大風浪」之所以攻擊水手,確實是因他而起,可他卻不稱之為一個「災難」。

從以上的分析可見,約拿吩咐水手把他「拋」下海,其出發點並不是對水手的關注,也不代表他悔改,而更可能是:至此,約拿可能認為,這是他最能夠逃避耶和華的方法,也就是說,他寧願死也不想去尼尼微。㊻

## 2.2.4.2 水手嘗試划回陸地(一 13)

水手沒有即時接受約拿的建議,他們反而作出另些行動:「竭力划槳,想要把船靠回陸地」(一 13)。這短句有三點可以留意:

**第一,「竭力划槳」**

「竭力划槳」(*ḥāṯar*)原文只有有一個動詞「划槳」。這個動詞在舊約聖經另外再出現過七次(伯二十四 16;結八 8[x2],十二 5、7、12;摩九 2)。在這些經文中,這個詞的基本意思為「挖、掘」,其上下文多指向人在黑暗中用力挖掘的行動,為要突破某些阻礙物,致使在別人不知情下逃離某個地方或進到想要去之處。阿摩司書九章 2 節甚至指人要「挖透」到陰間那裏以躲避上帝,雖然最終也被上帝拉了出來。從這詞的用法看，水手的行動似乎是想避開耶和華，並突破當前的阻礙，期望可以從災難中逃脫。他們的行動雖與約拿相近，但原因卻是不同。㊼

## 創傷與約拿

創傷的經驗往往破壞受創者的世界觀，叫原本有意義的世界變得難以理解，當中的因果關係可能亦會變得難以掌握。約拿正是在這種可控和不可控的張力中掙扎求存。當約拿知道水手把災難歸咎於他，他就「欣然」接受這個歸因，承認大風暴攻擊水手是衝著他而來。約拿之所以選擇接受這樣的歸因，也許是希望在眼前因果難料的世界中，努力保有控制權，那怕只是一點點的。與其相信神明會隨己意行善行惡，其道德規範也不為人所透悉，不如把事情的發生歸咎自己，以圖可以在一個「有秩序」的世界中好好自處。與其奢求要控制眼前這個不可控的世界，不如控制那個更易掌握的自己好了。值得留意的是，如上文所言，作者提及耶和華把大風拋向海中時（4 節；參段落 2.2.1 的析讀，頁 59～60），刻意不將這行動與約拿逃跑一事扯上關係。也就是説，風暴雖出自耶和華，但其原因卻不為人所知曉或明白。既是這樣，約拿寧願相信風暴的出現是有其原因——這個原因就是他自己——而拒絕相信神明無緣無故刮起大風暴來攻擊水手，自是可以理解的。在約拿身上，我們可以看見往往會出現在受創者身上的抽離和自責現象。㊽

另外，值得留意的是，無論約拿或者水手有否把風暴視作災難，關鍵的是約拿和水手都同意一點，就是這風暴臨到水手，確是因約拿的緣故，縱然水手此前亦知道帶來風浪的是耶和華。不過，鮮有人提及的是：這景況對水手公平嗎？為何水手要承擔約拿行事的惡果呢？有人可能會怪罪約拿，認為他叛逆上帝，結果累及他人，因此約拿要為他人的遭遇負責。然而，人亦可以問：若是這樣，神明就不是以公義待人了，因祂容讓甚或令無辜者受累。水手受害，變成了上帝處理約拿這個「問題」時所產生的「附帶損害」（collateral damage）！而另一點值得留意的是：約拿和水手都沒有對這此提出質疑，沒有指控神明不公！他們對神明的行事方式，只有接受的分兒……神明因其絕對的權威（或霸權），沒有、也不能成為他們怪罪的對象，結果是指責的對象這角色就只能完全由人來承擔。如上所言，人因此就得以在自己的能力範圍內，掌握到自己的行事權——甚至求死，以此回應創傷。

**第二，「靠回」**

「靠回」（*ləhāšîḇ*）這動詞字幹是 *šûḇ*，意思是「轉回」，是附屬形不定詞，並以介詞 lə 作前綴。它的詞幹是 hiphil，該作使役用法，故「思高譯本」的「想回到海岸」這譯法頗值得商榷。

「靠回」（*ləhāšîḇ*）原文的意思是「要使……轉回」，「思高譯本」譯作「想回到海岸」，這譯法頗值得商榷。不過，原文並沒有「船」一詞，也沒有清楚講出他們「划槳」是要把甚麼「轉回陸地」，故這短句按原文可直譯為「他們挖掘，要使甚麼轉回陸地」。這個刻意略去賓語的做法，可能與他們「划槳」行動的目的有關。上文指出，水手認為逃避神明是不可思議的，既是如此，那就不便明言要帶甚麼回陸地了，無論是船、約拿，或水手自己。水手這樣做的目的，未必是想要保存約拿的命，而是想避免因拋約拿下海而承受「流無辜人血」的罪（14 節）。不過，經文或許有更深一層的意思（雖然奧恩施亞〔Constantin Oancea〕認為「轉回」一詞暗指水手轉回向上帝，反映他們歸信上帝。不過，經文似乎並沒有這個含意。[49]）

**第三，「陸地」**

「陸地」（*hayyabbāšā*$^{h}$）在約拿書共出現三次（一 9、13，二 11〔「和修版」二 10〕）。約拿宣認耶和華是造海和「陸地」的（一 9），所以，當水手想著要把甚麼轉回到「陸地」時，意即他們要從海轉到陸地，這似是指他們要整全地經驗耶和華的創造。後來大魚把約拿吐在「陸地」（二 11），表明約拿同樣經歷了從海轉到陸地，並從那處地方啟程前往尼尼微。因此，透過掘挖的行動，水手似是把約拿轉回往尼尼微的路上。雖然水手企圖透過努力挖掘以找出逃生的方法，但卻朝向了經驗到耶和華的創造，並同時無意間將約拿送上往尼尼微的路上去。這情況就像船長在不知情下，重複著上帝對約拿的吩咐那樣（參一 6）。

最終水手「因風浪越來越大，撲向他們」，以致他們無法回到陸地。「因風浪越來越大，撲向他們」的原文與 11 節幾乎相同（按原文稍修改「和修版」）：

| 經節 | 「和修版」修改版 | 原文音譯 |
| --- | --- | --- |
| 11 節 | 因海的風暴越來越大 | *kî hayyām hôlēḵ wəsōʿēr* |
| 13 節 | 因〔海的風暴〕越來越大，撲向他們 | *kî hayyām hôlēḵ wəsōʿēr ʿălêhem* |

比較兩節經文，13 節多了最後一個詞「撲向他們」（*ălêhem*），這詞原文可解作「沖撞著他們」。這也是一個「成長中的片語」的例子。值得留意的是，風暴臨到水手這講法，原只是出自水手和約拿口中（一 7、8、12），但當水手「竭力划槳」後，作者就把「海的風暴越來越大」改為「〔海的風暴〕越來越大，撲向他們」。風浪確實攻擊著水手，只是我們要留意，「撲向他們」的風浪，是在水手企圖避開耶和華——像約拿那樣——之後才發生的。

## 2.2.4.3 水手向耶和華祈求不會滅亡（一 14 上）

既然水手無法返回陸地，他們只能按照約拿的建議行事。不過，水手卻先「求告耶和華」。船長曾呼籲約拿「求告」（*qārāʾ*）他的上帝（6 節），但約拿並沒有這樣做。反之，水手卻從早前「哀求」（*zāʿaq*）自己的神明轉為現在「求告」（*qārāʾ*）耶和華這位神明，他們似乎與後者的關係，漸趨緊密。這個祈求由以下三個元素組成：50

| 三個元素 | 「和修版」經文 |
| --- | --- |
| 稱呼的對象 | 耶和華啊， |
| 祈求的內容 | 求求祢不要因這人的性命使我們滅亡，<br>不要使流無辜人血的罪歸給我們； |
| 祈求的原因 | 因為祢一耶和華隨自己的旨意行事。 |

水手呼喊「耶和華」的名字，這裏是耶和華這稱呼在約拿書中惟一一次出自外邦人之口的地方（另一次出現在約拿口中；參四 2）。「耶和華」之前，在原文有一虛詞「**求求祢**」（*ʾānnāh*）。此詞乃表達一種懇求的語氣，多用在困難的情況中，期盼臨到講者的困難可以除去（參王下二十 3；尼一 5、11；詩一一六 4、16，一一八 25；賽三十八 3；但九 4；拿一 14，四 2）。51 接著，

*「和合本」、「新譯本」譯作「我們懇求祢」；「呂振中譯本」、「思高譯本」譯作「求祢」。*

水手發出兩個祈求，都是以「不」(ʾ*al*)開始的，分別為「不要因這人的性命使我們滅亡」和「不要使流無辜人血的罪歸給我們」。第一個祈求可直譯為「不要讓我們滅亡，因這人的性命」。類似短句「不要讓我們滅亡」(ʾ*al-nāʾ nōʾḇəḏāh*)曾出現在6節船長的講話中，而在約拿書一章也只有這兩處地方出現「滅亡」一詞，同時也只有這兩處地方同時提及「求告」耶和華以及船長或水手向約拿提問解決困境的方法，明顯6節和14節上這兩段經文出現對應是刻意的。「這人的性命」(*nep̄eš hāʾîš hazzeh*)明顯是指約拿，但是經文使用「這人」(*hāʾîš hazzeh*)來指約拿，是獨一無二的，因為在約拿書中，除了這裏以外，從未使用「人」(ʾ*îš*)來稱呼約拿。若扣連於早前稱呼水手為「那些人」(參10、13節)，經文似是強調他們，即約拿和水手，都只不過是人，有別於神明耶和華(參段落2.2.3.3的析讀，頁72～75)。「性命」(*nep̄eš*；另參二6、8，四3、8)原文一般可解作「生命、性命」，但也可理解為「咽喉」(參民二十一5)或「頸項」(參詩一〇五18)。

水手在這裏所祈求的，就是不要「因」約拿這一個人所作的事，使他們受累，在神明所施加的風暴中滅亡。「因」(*bə*)原文為介詞，亦可解作「一起」。若是這樣，水手的祈求就是：他們不願與約拿「一起」滅亡，意思就是說，他們即使相信約拿應該會滅亡，他們卻不願與他一起承受這個命運。

水手的第二個祈求可直譯為「不要把無辜的血放在我們之上」。既然水手從抽籤(7節)及從約拿自己口中(12節)，得知約拿是風暴的源頭，那麼約拿就不應該是「無辜」的。若是這樣，水手的祈求是甚麼意思呢？「無辜人血」(*dām [han] nāqîʾ*；原文直譯是「無辜的血」)原文在舊約聖經出現過二十一次。「把無辜的血放在……」的意思很可能是指殺死不應該死的人。所以，水手似乎不大肯定約拿是否該死，也對他們是否應該殺害約拿有些遲疑。[52]水手所祈求的，就是他們把約拿拋到海中而引致其死亡這一行動的惡果，不會臨到他們身上。從這個角度來看，水手的遲疑，並不(只)是出於道德感，也出於怕自己受到牽連。

### 「無辜的血」的含意

「無辜人血」(*dām [han] nāqî*ʾ；直譯作「無辜的血」)原文在舊約聖經出現了二十一次（申十九10、13，二十一8、9，二十七25；撒上十九5；王下二十一16，二十四4[x2]；詩九十四21，一〇六38；箴六17；賽五十九7；耶二34，七6，十九4，二十二3、17，二十六15；珥三19；拿一14）。耶利米書十九章4節的原文（*dam nəqiyyīm*）略有不同，可直譯為「無辜人的血」。沙遜認為「無辜的血」是指殺人的行動，重點不在於受害者是個怎樣的人；而「無辜人的血」這講法所強調的，才是受害者是無辜的。[53]

前段所列的經文，其中有幾段對理解約拿書這處經文特別有幫助。申命記十九章1至10節提及設立逃城，讓無意殺人者可以走到逃城，免得報血仇的人把他殺害，致「無辜的血」流到地上。所以，縱然無意殺人者確實殺了人，但「其實他是不該死的，因為他與被殺者素無仇恨」(申十九6)，所以把他殺了，也是流「無辜的血」。按撒母耳記上十九章5節記述，約拿單指出，若他父親掃羅殺死大衛，就是「無緣無故殺大衛」，犯了「無辜的血」的罪。耶利米書二十六章記載眾人爭論先知耶利米是否該死，有祭司和先知認為耶利米「該死」，也有官長和百姓說他「不該死」(耶二十六11、16)。耶利米則指出，若有人把他殺了，他們就是把「無辜的血放在他們之上」(耶二十六15)。[54]

## 2.2.4.4 水手宣認耶和華的主權自由(一14下)

最後，水手提出祈求，原因是「因為祢──耶和華隨自己的旨意行事。」(14節下)。這句話原文由兩短句組成，就是「因為祢──耶和華」及「〔祢〕隨自己的旨意行事」。第一個短句「因為祢──耶和華」(*kî-*ʾ*attā*ʰ *yhwh*)是水手在呼喊「耶和華」的名字後，再一次強調他們講話的對象是「耶和華」，是約拿所宣告「創造」海和陸地的那一位神明(9節)。因此，原文更可能應該翻譯為「因為祢是耶和華」。第二個短句「〔祢〕隨自己的旨意行事」(*ka*ʾ*ăšer ḥāpaṣtā* ʿ*asiṯa*)可直譯為「祢照祢喜悅的行事」。這句子有兩個動詞「祢喜悅」(*ḥāpaṣtā*)和「〔祢〕行事」(ʿ*āśîṯā*)，兩者原文都是 *qal* 形詞幹完成式動詞，在這裏可以有兩個看法。第一，將之理解為純粹過去式，意即耶和華曾經按自己的心意行事，而在上下文中，指的就是祂使風暴臨到他們。第二，將之理解為「格言式完成式」

(gnomic perfect),意思是講出恆常的真理。所以,耶和華按己意行事是祂慣常的做法,而不是特指使風浪臨到他們這單一事件。筆者採納第二個看法,因為水手正是以此作為他們目前祈求的原因。「行事」(*ʿāśāʰ*)的原文詞根(*ʿśh*)在約拿書一章以下的經節中出現(以粗體字/下加線表示;另參三10[x2],四5)。

| 經節 | 「和修版」經文 |
|---|---|
| 9節 | 耶和華,天上的上帝,他<u>**創造了**</u>滄海和陸地。 |
| 10節 | 你**做**的是甚麼事呢? |
| 11節 | 我們當向你**做**甚麼⋯⋯? |
| 14節 | 隨自己的旨意**行事**。 |

「做、行事」在首尾兩節的主詞都是「耶和華」,而中間兩節的主語是「人」。藉著採用同一個動詞,經文將人的無能和神明的大能作出對比。舊約聖經亦有類似於第二短句的經文,共四段(參詩一一五3,一三五6;傳八3;賽四十六10)。除了傳道書的經文是指涉君王外,其餘三段經文都是指耶和華。這四段經文的共通點在於指出這位具權威者是有能力按己意行事的。詩篇和以賽書亞的經文指出耶和華創造大自然,勝過其他神明,或者耶和華勝過人手所做的偶像,惟有祂可以照自己的心意行事。從這些經文看來,水手宣認耶和華大有能力,重點不在於耶和華按約拿所行的去報應他,而是耶和華的作為不在人的估算之內。若將這些經文與約拿書一章6節船長所講的話作出比較,便會看到這些外邦人都強調耶和華的主權。船長指出人是可以或應該求告神明,但卻以「或者」帶出,以表示神明如何回應人的求告,完全是神明自己的決定,祂不一定要顧念祈求的人。同樣地,水手在14節就指出神明行事是按祂所喜悅的,而不是按人的求告。水手和船長的共通點是他們都認信神明有其主權,可隨己意行事,無論是行善還是行惡。水手和船長兩者的分別是,船長初時仍未知曉這位神明就是耶和華,而後來他們(「這些人」)則肯定這位有主權和能力的神明就是耶和華。不過,水手也就只管求告耶和華,無法肯定這位神明會否使他們滅亡,或者是否會把「無辜的血」放在他們身上。所以,我們可以進一步說,水手其實是「被迫殺害」約拿,而迫使他們這樣做的就是耶和華,而他

們亦不能肯定，即使他們照著做，耶和華會否放過他們！

13 至 14 節給插進 12 節約拿建議和 15 節水手執行建議的敘述之中，其功用也許是要帶出一點，就是描繪出水手如何比船長更無法肯定神明的行事方式，並且愈發恐懼這位神明。55

## 2.2.5 危機的消除及水手的回應（一 15～16）

這段經文可以分兩個主題作分析：一是危機消除的過程（15 節），另一是水手經過這危機之後的回應（16 節）。

### 2.2.5.1 水手「抛」約拿下海，風浪止息（一 15）

水手向耶和華作出求告過後，就按約拿的建議做了（按原文稍改「和修版」）：

| 12 節 | 你們把我抬起來，〔把我〕抛進海裏， | 〔海會平靜為你們〕， |
|---|---|---|
| 15 節 | 他們把約拿抬起來，〔把他〕抛進海裏， | 海的狂浪就平息了 |

經文明顯指出水手的行動完全對應約拿的建議：「抬起來」、「把我/把你」、「抛進海裏」。

「抬起來」(*nāśā*ʾ) 指把約拿提起到某一個高度，目的是要把他抛到海裏去。這詞很少用於把人抬起的處境中。筆者在上文曾指出，此前的經文從沒記載過約拿有作過甚麼，去逆轉「下去」的行動（參段落 2.2.1，頁 62），所以，這裏「抬起來」的行動只是約拿的一個建議，執行的是水手，而不是他自己。二章 6 節則提及約拿「下去」到山的根基，但把他的性命「拉上來」(*wattaʿal*) 的卻是耶和華（參段落 3.3.2.4「拉上來」的分析，頁 116～18）。所以，約拿自己主動的行動是「下去」，但其逆轉的行動，即上來或上升的行動，卻沒有由他自己主動行出來，而需要由水手或耶和華施行。56 這樣，也就解釋了上文 12 節的提問，即為何約拿不自行跳海自殺。

## 創傷與約拿

一個經歷創傷的人，容易不自覺地耽溺在創傷之中；不斷的「下去」，正是受創者的經歷。上文指出受創者得以復原的要素可以分為天賦和資源兩類(參 1.5.3，頁 16)。所以，要把「下去」的行動逆轉為「上來」，個體的主動行為和別人的幫助是必須的。惟有這樣，受創者才能走出陰霾，從創傷中慢慢康復，甚至經驗到「創傷後成長」(post-traumatic growth)。57 然而，若沒有好好處理引起創傷的核心問題，而只是用各樣方法，急於把受創者拉「上來」(正如水手的做法)，這樣就未必能夠幫助受創者了。

15 節再次出現「拋」(*ṭûl*)，這詞在約拿書共出現四次，現臚列如下(依原文稍修改「和修版」)：

| 節數 | 主語 | 賓語 | 「和修版」修改版 |
|---|---|---|---|
| 4 節 | 耶和華 | 大風 | 耶和華把大風「拋」進海裏 |
| 5 節 | 水手 | 貨物 | 他們把船上的貨物拋進海裏 |
| 12 節 | 水手 | 約拿 | 〔你們要把我〕拋進海裏 |
| 15 節 | 水手 | 約拿 | 〔他們把他〕拋進海裏 |

值得留意的是，在這四次出現「拋」的短句中，也同時出現「進海裏」(*ʾel-hayyām*)。而且，除了第一次出現是以耶和華作為主語外，其餘三次都是以水手作為主語。透過這種表達手法，水手給描繪為模仿耶和華的行動的人，縱然他們不是有意為之。前文一章 6 節的析讀也曾提到船長對約拿說「起來」和「求告」，跟耶和華一章 2 節對約拿的吩咐相同。這種表達方式有兩點值得我們留意：

- 第一，作者刻意指出，與耶和華相似的，竟不是耶華和的先知約拿，而是剛剛認識耶和華的外邦水手和船長！這些外邦人模仿上帝，向約拿作出相類似的呼籲，或者作出相類似的行動。要解決耶和華把大風「拋進海裏」所引發的大風暴，眾人就只能靠模仿祂「拋進海裏」的行動，才得免於難。如此，似乎只能採用耶和華的行動模式，才能回應祂的行動。也就是說，這裏似是暗指耶和華以祂的絕對主權規範了人的行動，即人必須怎樣做才可以得到祂的正面回應。此外，有學者認為，水手既把貨物拋進海裏，後來同樣將約拿拋進海裏，就是在表明約拿像船上無用的貨物一樣，只會令船上眾人身陷險境。[58]

- 第二，對約拿來說，他一次又一次被迫經歷上帝施加於他身上的行動，完全失去了控制權。從船長的呼籲到水手的行動，約拿在在都聽到又看見上帝施加在他身上的行動。約拿這裏的經歷，也常見於受創者身上，就是跟創傷事件有關的片段，可能會不由自主地經常出現在於夢境或回閃之中。

雖然水手的行動（15 節）對應著約拿的建議（12 節），但特別的是，經文卻以不同的字眼來表達這行動的結果。約拿說的是「海就會平靜了」（12 節；直譯為「海會平靜為你們」；那是對 11 節船員講話「海浪平靜」的回應，參段落 2.2.4.1，頁 76～77），但當約拿被拋進海裏之後，作者的記述卻是「海的狂浪就平息了」（15 節），這短句原文可直譯為「那海就停住，離開它的憤怒」。作者的表達手法有四點值得留意：

- 在舊約聖經中，只有這裏用上擬人法去描寫海「停住」（*ʿāmaḏ*；通常譯作「站住」）。舊約聖經亦有將「水」擬人化，如「水」會「站住」。「水站住」就如祭司站在約旦河中，從上流下來的「水」就「站住」，成為壁壘那樣（參書三 13）；「水站住」亦指涉耶和華的創造，那時「水站住在眾山之上」（詩一○四 6）。
- 「憤怒」（*zaʿap̄*；「和修版」譯作「狂浪」）在舊約聖經中共出現六次，其中三次指人的憤怒（代下十六 10，二十八 9；箴十九 12），兩次指上帝的憤怒（賽三十 30；彌七 9），只有在這裏用擬人法表明海有「它的憤怒」，而指涉的應是海中風暴的狀況。有些學者認為這是要反映耶和華的憤怒，[59] 但作者卻未有在約拿書一章提及耶和華的憤怒（甚至是刻意沒有提及？）。耶和華的憤怒到了約拿書三章才出現（三 9），但卻是出自尼尼微王的口。
- 約拿提及海會「平靜」，但作者則沒有重複使用這個動詞，改為使用「停住」

（站住）。

- 約拿認為「海會平靜為你們」，強調的是海是不會再衝擊「你們」，但經文記載的則只是海止住了「它」的憤怒，完全沒有關注到「你們」。

總結而言，透過字眼上的轉換，表明海雖然平靜了，但它卻不是依照約拿心意而「平靜」的，而海止住「它的憤怒」也與水手（的行動）無關。也就是說，這是上帝自己的作為，與任何人的行動無關，祂也沒有按人的心意行事。

### 2.2.5.2 水手「懼怕」耶和華、向祂獻祭、向祂許願（一 16）

當風暴開始時，水手有三個回應（5 節）；風暴停止後，水手同樣也有三個回應（16 節），分別是「大大懼怕耶和華」、「向耶和華獻祭」和「許願」。在 5 節，水手的回應是由內心的「懼怕」開始，轉移到外在愈來愈激烈的行動，而用以表達這些行動的字數也愈來愈多（參段落 2.2.1 第二點出現的表列，頁 61）。到了 16 節，他們同樣以內心「大大懼怕」開始，轉移到外在的行動，而這些行動卻愈來愈「不激烈」，而用來表達水手回應的字數，也是愈來愈少的。

| 「和修版」的用字 | 原文音譯 | 原文字數 |
|---|---|---|
| 那些人大大懼怕耶和華 | *wayyîrʾû hāʾănāšîm yirʾā$^{h}$ gəḏôlā$^{h}$ ʾeṯ-yhwh* | 6 |
| 向耶和華獻祭 | *wayyizbəḥû-zeḇaḥ lyhwh* | 3 |
| 許願 | *wayyiddərû nəḏārîm* | 2 |

前兩個動作清楚指出了相同的對象「耶和華」。因此，讀者或會期望第三個動作是「向耶和華許願」（參民二十一 2，三十 3；申十二 11）。不過，作者沒有這樣做。究其原因，可能是為了減少字數，以顯明水手動作上的減緩。同時，藉著字數上的遞減，敘事者讓水手慢慢淡出敘事。一章 5 節提及水手「懼怕」，接下來是愈加強烈的行動；而 16 節中水手的「懼怕」增強了，可接下來的卻是逐漸減緩的行動。

在 4 至 16 節中，「懼怕」（*yārēʾ*）這個動詞共出現四次，其中三次是表達水手的反應（另外一次是約拿「懼怕」或「敬畏」耶和華；參 9 節），現列出如下：

| 經節 | 「和修版」的用字 | 原文音譯 | 原文字數 |
|---|---|---|---|
| 5 節 | 水手都懼怕 | *wayyîrʾû hammallāḥîm* | 2 |
| 10 節 | 那些人就大大懼怕 | *wayyîrʾû hāʾănāšîm yirʾā$^{h}$ gədôlā$^{h}$* | 4 |
| 16 節 | 那些人就大大懼怕耶和華 | *wayyîrʾû hāʾănāšîm yirʾā$^{h}$ gədôlā$^{h}$ ʾeṯ-yhwh* | 6 |

這又是一個「成長中的片語」的例子。在 5 節，水手起初感到「懼怕」是因為面對大風暴，船要被毀。這些水手應是見過風浪的人，所以這裏的懼怕可能意味著他們所面對的風暴，應比平時遇見的為大。到了 10 節，水手的懼怕加強了。不過，懼怕的對象，已經不再是風浪本身，而是他們知悉竟然有人（約拿）會選擇逃避自己所懼怕（即「敬畏」）的神明（即「耶和華」），不去遵從這位神明的吩咐。這種懼怕，較面對自然現象所生的懼怕，更加令人恐懼。值得留意的是，在這兩次記載中，經文其實並沒有明言水手懼怕的對象是甚麼。當水手將約拿拋進海裏後，風浪平息了，但這行動並沒有令水手不再懼怕，反而令水手認清他們應該懼怕的對象是誰。16 節不單記載了水手大大懼怕，還清楚指出水手所懼怕的對象就是耶和華。16 節的「大大懼怕」，其原文結構與 10 節相同，都是有兩個「懼怕」：第一個是動詞「懼怕」（*wayyîrʾû*），第二個是名詞「大懼怕」（*yirʾā$^{h}$ gədôlā$^{h}$*；參 2.2.3.3 第一點，頁 72）。第一個動詞「懼怕」有兩個賓語，一個是「大懼怕」，另一個是「耶和華」。因此原句難以直譯，不過「和修版」的譯文已反映出原文意思。於此，水手「懼怕」對象的轉變，讓我們看出「懼怕的對象」與「懼怕的程度」的關係：人對大自然威力感到懼怕，也許是常見的；但竟然有人選擇逃避神明，這令人感到更加畏懼。不過，最讓人大大懼怕的，是耶和華這位創造海及陸地的神明，因祂會迫使人做出令別人喪命的行動！

水手的第二個行動是「向耶和華獻祭」（*wayyizbəḥû-zeḇaḥ lyhwh*），原文可直譯為「他們獻〔祭〕一個〔獻〕祭給耶和華」，當中動詞（*wayyizbəḥû*）和賓語（*zeḇaḥ*）的詞根相同（*zbḥ*）。學者對他們獻祭的地點有不同看法，有認為可能是在船上獻祭的，也有認為他們是後來在停泊海港的祭壇上獻祭的。[60]「獻」

（*zāḇaḥ*）是指宰殺動物作為祭牲之用，他們獻上的很可能是感謝祭，表示對耶和華拯救的感謝。當時代的人把祭牲帶在船上，並在船上獻祭，並非甚麼不尋常的事。61

獻祭後的第三個行動是「許願」（*wayyiddərû nəḏārîm*），62 原文可直譯為「他們許〔願〕一些願」。「願」（*neḏer*）作為名詞，多指許願者向神明承諾會做某些事，以回報神明應允許願者的祈求。許願者所祈求的，往往是危難中、或者預計會面對的困難之中，可以得著神明的拯救。63 還願的方式多是獻上祭物。經文完全沒有提到水手要求神明做些甚麼事情，也沒有記下還願的方式。故此，其具體的內容也許並不重要，重要的是「許願」這個行動；而且「願」是一個複數名詞，反映所許的願不是只有一個，而是多個。有學者把水手的獻祭和許願這兩個行動，理解為對耶和華的衷心感謝和信靠。不過，在他們「大大懼怕耶和華」的背景之下，獻祭也可理解為：討好那位可以因約拿一人而置水手性命於不顧、甚至迫使水手將約拿拋下海中的神明。許願報答神明，本是回應在危險中得著幫助的一種行動；不過，若危險來自這位神明本身，而且危險的出現也不是因著他們的任何過錯，那麼向這位神明許願，很可能表示：他們因未能預計到會否還要面對更多來自這位神明的危險，只好事前先行許願了。64 若是這樣，水手這裏的許願，也就不能單純理解為他們此後會繼續信靠、或者轉而單單信靠這位神明了！

## 溫習及思考問題

1. 約拿書開首語 *wayəhî* 有何特點？作者以此作開首語，又有何特殊意義？
2. 作者如何描述約拿的背景？你認為作者如此有限地提供他的背景資料，有何用意？就你個人而言，上帝又如何使用你的個人背景來塑造你？
3. 作者以哪三個動詞去描述耶和華對約拿的三個吩咐？這三個吩咐有何不同的層次？你如何理解上帝在約拿身上的吩咐？這記述令你更認識上帝麼？為甚麼？
4. 「大」是約拿書的其中一個鑰詞，它在書中哪些地方出現過？又用來形容甚麼？「惡」是約拿書另一個鑰詞，「和修版」如何翻譯這詞？

5. 約拿對耶和華的吩咐有何回應？你覺得作者為甚麼並未有交代約拿逃走的原因？你個人認為約拿為何要逃走？你又有沒有想過要逃離上帝的面呢？為甚麼呢？
6. 面對突如其來的風暴，船（一4下）、水手（一5上）和約拿（一5下）各自有何反應？如果要你代入其中一個角色，你會選擇哪個？你的反應跟作者的記述是否相同？為甚麼？
7. 從創傷的角度看，你對1至5節約拿逃避創傷的經歷有甚麼感覺？你有類似的經歷嗎？若有，你跟約拿的反應有何異同呢？
8. 從水手的提問和約拿的回應中，你看到水手最懼怕的是甚麼？你認為約拿內心又帶著甚麼創傷？
9. 水手如何解決他們所面對的困境？你如何理解他們對耶和華的求告？他們在尋求一位怎樣的神明？

## 短註

❶ 有關約拿父親名字的討論，可參 Philip P. Jenson, *Obadiah, Jonah, Micah: A Theological Commentary*, LHBOTS 496 (New York: T & T Clark, 2008), 43；Jack M. Sasson, *Jonah: A New Translation with Introduction, Commentary, and Interpretation*, AB 24B (New York: Doubleday, 1990), 69。其意思為「我的信實」的則可參 Amy Erickson, *Jonah: Introduction and Commentary*, Illuminations (Grand Rapids, MI: Eerdmans, 2021), 23。

❷ 有關尼尼微在舊約聖經中的記敍的討論，可參 Steven W. Holloway, "Nineveh as Meme in Persian Period Yehud," in *Memory and the City in Ancient Israel*, ed. Diana V. Edelman and Ehud Ben Zvi (Winona Lake, IN: Eisenbrauns, 2014), 267～92。

❸ 用「大」來形容尼尼微城的討論，可參 Jenson, *Obadiah, Jonah, Micah*, 43；JoAnna M. Hoyt, *Amos, Jonah, & Micah*, EEC (Bellingham: Lexham, 2019), 415。

❹ 對於2節「向其中的居民宣告」的介詞「向」不同用法，可參 Douglas K. Stuart, "'The Great City of Nineveh' (Jon. 1:2)," *Bibliotheca Sacra* 171 (2014): 387～400。

❺ 先知向以色列人宣告審判列國神諭的目的，可參黃嘉樑、梁國權及雷建華：《舊約先知書要領》（香港：基道，2007），頁207～18。

❻ 即使耶和華基本上不會吩咐先知親身到外邦人中間作宣告，但仍須留意的是，被擄到巴比倫之地的先知以西結，卻面對完全相反的情況。耶和華指出，以西結對「說話艱澀、言語難懂的許多民族」宣告，他們竟會聽從他；反而他對以色列家作宣告，他們卻不肯聽從他（結三4～9）。

❼ 對於約拿往他施是為了拒絕在耶和華面前服事祂這方面的討論，可參 Meir Zlotowitz, *Yonah/*

*Jonah: A New Translation with a Commentary: Anthologized from Midrashic and Rabbinic Sources* (Brooklyn, NY: Mesorah, 1978), 84；Uriel Simon, *Jonah: The Traditional Hebrew Text with the New JPS Translation,* JPS Bible Commentary, trans. L. J. Schramm (Philadelphia, PA: Jewish Publication Society of America, 1999), 5～6。另外，同樣的用詞也用在該隱身上，說他「離開耶和華」(***millip̄nê yhwh***；創四 16)。

❽ 有關漢迪(Lowell K. Handy)對約帕這城的簡述，以及他所提供約拿書時期社會文化背景的有趣研究資料，可參 Lowell K. Handy, *Jonah's World: Social Science and the Reading of Prophetic Story*, Bible World (London: Equinox, 2007; Rep.: New York: Routledge, 2014)。

❾ 有關 3 節「往……去」(*bāʾāh*)原文的意思，可參 Sasson, *Jonah*, 82～83。

❿ 有關當代航行所計算日期的資料，參 Handy, *Jonah's World*, 68～70。

⓫ 以風浪作為出發點來整理一章 4 至 16 節經文結構的，可參 D. Stuart, *Hosea-Jonah*, WBC 31 (Waco, TX: Word, 1987), 455。

⓬ 崔菲莉(Phyllis Trible)對一章 4 至 16 節的結構分析，可參 Phyllis Trible, *Rhetorical Criticism: Context, Method, and the Book of Jonah* (Minneapolis, MN: Fortress, 1994), 131～47。

⓭ 有關費特姆(Terence. E. Fretheim)對一章 4 至 16 節的結構分析，可參 Terence. E. Fretheim, *The Message of Jonah: A Theological Commentary* (Minneapolis, MN: Augsburg, 1977), 73～74。揚布(Kevin J. Youngblood)按費特姆的結構做了一些修改如下(稍修改)：

A　敘事　耶和華憐憫的憤怒(一 4 上～5 上)
　B　敘事及查問　忽視耶和華的憐憫是無用的(一 5 下～6)
　　C　對話(一)　約拿宣告耶和華有主權的憐憫(一 7～9)
　　C'　對話(二)　船員懼怕耶和華有主權的憐憫(一 10～12)
　B'　敘事及查問　逃避耶和華的憐憫是無用的(一 13～14)
A'　敘事　耶和華不斷的憐憫止息他的忿怒(一 15～二 1)

有關揚布的討論，參 Kevin J. Youngblood, *Jonah: God's Scandalous Mercy*, Hearing the Message of the Scripture: A Commentary on the Old Testament (Grand Rapids, MI: Zondervan, 2013), 70。

⓮ 對約拿書有詳細分段的扇形結構修改自西敏(Uriel Simon)，參 Simon, *Jonah*, xxviii。一些較早期的學者亦有類似的嘗試，可參 Norbert Lohfink, "Jona ging zur Stadt Stadt hinaus (Jona 4,5)," *BZ* 5 (1961): 201；R. Pesch, "Zur konzentrischen Struktur von Jona 1," *Biblica* 47 (1966): 578；Jonathan Magonet, *Form and Meaning: Studies in Literary Techniques in the Book of Jonah*, Bible and Literature 8 (Sheffield: JSOT, 1976), 57；Ernst R. Wendland, "Text Analysis and the Genre of Jonah (Part 2)," *JETS* 39/3 (1996): 374 ～ 75。另外，理克特(Claude Lichert)把經文分為一章 4 至 7 節、8 至 10 節、11 至 16 節作扇形結構，參 Claude Lichert, "Par terre et par mer! Analyse rhétorique de Jonas 1," *ETL* 78 (2002): 17。

⓯ 學者認為「耶和華在海上颳起大風」原文句子格式 *waw* + *X* + *qatal*(連接詞+名詞+動詞)，是為了補充背景資料的。參 Frederic Clarke Putnam, *A New Grammar of Biblical Hebrew*

(Sheffield: Sheffield Phoenix Press, 2010), section 25.6 "Disjunctive Clauses"；J-M §155nc。另有學者認為這句法是用以引介新角色出場的，參 Dennis W. Tucker Jr., *Jonah: A Handbook on the Hebrew Text*, Baylor Handbook on the Hebrew Bible Series (Waco, TX: Baylor University Press, 2006), 18；黃天相：《俄巴底亞書、約拿書：公義與慈愛》（香港：明道社，2007），頁 120 註 28。

⑯ 有學者則認為水手把貨物 向海裏，是要平息海的怒氣。這方面的討論可參 Sasson, *Jonah*, 94；Carl J. Bosma, "Jonah 1:9 — An Example of Elenctic Testimony," *CTJ* 48 (2013): 77。

⑰ 有關「船」（*səp̄înāʰ*）的詞義，可參 M. Mulzer, "ספינה (Jona 1,5) '(gedeckter) Laderaum'," *BN* (2000): 83～94。

⑱ 舊約聖經往往會將「躺臥」（*wayyiškaḇ*）與「起來」作為相對的行動。類似的對比，參：創十九 33、35；民二十四 9；申六 7，十一 19；得三 14；撒上三 6；撒下十三 31；王上十九 5；伯七 4，十四 12；詩四十一 8；箴六 9；賽四十三 17。

⑲ 將約拿面對「大城、大風、大風暴」的經歷看為是面對帝國強權的感覺的討論，可參 Irmtraud Fischer, "'Alles andere als zum Lachen,': Das Jonabuch als Anleitung zur Traumatisierungsbewältigung," in *The Books of the Twelve Prophets: Minor Prophets – Major Theologies*, BETL 295, ed. Heinz-Josef Fabry (Leuven: Peeters, 2018), 313。

⑳ 有學者認為約拿的行為反映出他患上抑鬱症，這方面的討論可參 Abraham D. Cohen, "The Tragedy of Jonah," *Judaism* 21 (1972): 164～75；Jill Salberg, "Jonah's Crisis: Commentary on Paper by Avivah Gottlieb Zornberg," *Psychoanalytic Dialogues* 18 (2008): 217～28。

㉑ 把約拿的行為簡單歸因為他性格的問題而忽視外在環境對他的影響，這可稱之為「基本歸因謬誤」（fundamental attribution error）。這方面的討論可參 Stuart Lasine, "Jonah's Complexes and Our Own: Psychology and the Interpretation of the Book of Jonah," *JSOT* 41 (2016): 238。從被殖民化的羣體經驗解讀約拿逃走這方面的討論，可參 Chesung Justin Ryu, "Silence as Resistance: A Postcolonial Reading of the Silence of Jonah in Jonah 4:1～11," *JSOT* 34 (2009): 199～200。

㉒ 將「起來」（*qûm*）及「宣告」/「求告」（*qārā*）對應，看為將船長的話是上帝再次吩咐約拿。這方面的討論可參 Amy Erickson, *Jonah: Introduction and Commentary*, Illuminations (Grand Rapids, MI: Eerdmans, 2021), 252。

㉓ 學者認為向籤所做的不同動作，跟籤的種類有關。這方面的討論可參 *TDOT* s.v. "גּוֹרָל *gôrāl*," 2.450～56；Sasson, *Jonah*, 109。較近期的討論，可參 Anne Marie Kitz, "The Hebrew Terminology of Lot Casting and Its Ancient Near Eastern Context," *CBQ* 62 (2000): 207～14。

㉔ 從水手抽籤的方法，有學者認為水手類似於以色列人的行為。這方面的討論可參 Brent A. Strawn, "Jonah's Sailors and Their Lot Casting: A Rhetorical-Critical Observations," *Biblica* 91 (2010): 66～76。

㉕ 將水手的首個問題「這災難臨到我們是因誰的緣故呢？」（8 節）理解為從屬子句的討論，參 Sasson, *Jonah*, 112～13。

26 有關村岡崇光（Takamitsu Muraoka）及荷姆施泰特（Robert D. Holmstedt）與柯克（Alexander T. Kirk）對 7、8 節「誰」這個關係代名詞不同寫法的討論，可參 Takamitsu Muraoka, "A Case of Diglossia in the Book of Jonah?" *VT* 62 (2012): 129 ～ 31；Robert D. Holmstedt, and Alexander T. Kirk. "Subversive Boundary Drawing in Jonah: The Variation of אשר and ש as Literary Code-Switching," *VT* 66 (2016): 542～55。

27 認為重複提問是要當事人承認所犯之事的看法，可參黃天相：《俄巴底亞書、約拿書》，明道研經叢書（香港：明道社，2007），頁 125；謝慧兒：《俄巴底亞書、約拿書》，天道聖經註釋（香港：天道，2014），頁 190。

28 對於「行業」的詞義，可參 *TDOT* s.v. "מְלָאכָה *məlāʾḵā*$^{h}$," 8:329。

29 學者對於 9 節「天上的上帝」這稱謂是與當時腓尼基人所信奉「天上的巴力」的關係，可參 Sasson, *Jonah*, 118；Youngblood, *Jonah*, 78。

30 對於約拿宣告的那位神明的討論，可參 Serge Frolov, "Returning the Ticket: God and His Prophet in the Book of Jonah," *JSOT* 86 (1999): 93。

31 9 節「敬畏」（*yārēʾ*）這分詞用法的討論，可參 Tucker, *Jonah*, 32。

32 對於水手第一次提問看為是查問哪一位神明帶來這「災難」的討論，可參 George M. Landes, "Textual 'Information Gaps' and 'Dissonances' in the Interpretation of the Book of Jonah," in *Ki Baruch Hu: Ancient Near Eastern, Biblical, and Judaic Studies in Honor of Baruch A. Levine*, ed. R. Chazan, W. W. Hallo and L. H. Schiffman (Winona Lake, IN: Eisenbrauns, 1999), 279～80；Jenson, *Obadiah, Jonah, Micah*, 51～52。

33 將 10 節「你做的是甚麼事呢？」理解為一個提問這方面的討論，可參 Youngblood, *Jonah*, 79。

34 將 10 節「你做的是甚麼事呢？」詮釋為感歎句這方面的討論，可參 Sasson, *Jonah*, 120；Tucker, *Jonah*, 34。

35 沙遜重組 9 至 10 節事件的討論，可參 Sasson, *Jonah*, 121～22。不過，揚布則認為 9 節其實是約拿講話的撮要，原來的講話應該包括了他逃避耶和華一事。參 Youngblood, *Jonah*, 80。

36 有學者認為約拿講出他逃避耶和華一事是在 9 節之前，參 Tucker, *Jonah*, 34。另有學者甚或認為那是在他在下船前後，參 T. Harviainen, "Why Were the Sailors Not Afraid of the Lord Before Verse Jonah 1,10?" *Studia Orientalia* 64 (1988): 64；R. Reed. Lessing, *Jonah*, Concordia Commentary (Saint Louis, MO: Concordia, 2007), 111。

37 有關探討倒敍法在約拿和末底改事件中的使用如何影響故事的鋪排，可參 Ayelet Seidler, "'For He Had Told Them' – Mordecai the Jew and Jonah the Hebrew," *SJOT* (2020): 283～301。

38 8 至 9 節的倒敍法另一層面的討論，可參 J. H. Potgieter, "Jonah – A Semio-Structuralistic Reading of a Narrative," *OTE* 3 (1990): 62。

39 揚布認為 11 節的代名詞後綴的複合介詞（*mēʿālênû*）解作「為著我們」，參 Youngblood, *Jonah*, 67。

40 將 11 節的代名詞後綴的複合介詞解作「在我們四圍」，參 Tucker, *Jonah*, 36。

41 將 11 節看為是出自水手的口的觀點，可參 Sasson, *Jonah*, 108；Lessing, *Jonah*, 111。

42 有學者認為 12 節約拿的建議是表示他願意一人做事一人當。這方面的討論可參 George M. Landes, "The Kerygma of the Book of Jonah: The Contextual Interpretation of the Jonah Psalm," *Interpretation* 21 (1967): 22～23；黃天相：《俄巴底亞書、約拿書》，頁 132；謝慧兒：《俄巴底亞書、約拿書》，頁 199。

43 有學者認為約拿對水手並無太大關注的觀點，可參 Serge Frolov, "Returning the Ticket: God and His Prophet in the Book of Jonah," *JSOT* 86 (1999): 89。

44 約拿當時代對自殺的觀點，參 Jenson, *Obadiah, Jonah, Micah*, 54。

45 有關「成長中的片語」的出處，參 Magonet, *Form and Meaning*, 31～33。

46 至於約拿寧願死也不去尼尼微這觀點，可參 Landes, "Textual 'Information Gaps' and 'Dissonances' in the Interpretation of the Book of Jonah," 282；John C. Holbert, "'Deliverance Belongs to Yahweh!': Satire in the Book of Jonah" *JSOT* 21 (1981): 68。

47 學者對 13 節水手「划槳」的原因的其他討論，參 Christopher Meredith, "The Conundrum of *ḥtr* in Jonah 1:13," *VT* 64 (2014): 147～52。

48 有關受創者出現抽離和自責這兩個現象的討論，可參 Sarah Emanuel, *Trauma Theory, Trauma Story : A Narration of Biblical Studies and the World of Trauma*, BRPBI (Leiden: Brill, 2021), 22。

49 有關奧恩施亞（Constantin Oancea）對「轉回」的詮釋，參 Constantin Oancea, "Imagery and Religious Conversion. The Symbolic Function of Jonah 1:13," *Religions* 9/73 (2018): 1～9。

50 有學者將 14 節水手的祈求分為三個元素，其詳細討論可參 Lessing, *Jonah*, 135。

51 有關虛詞「求求祢」（*ʾānnāh*）的用法，可參 Sasson, *Jonah*, 132。

52 對於水手認為約拿是否該死的討論，參 Lessing, *Jonah*, 136。

53 有關沙遜對「無辜人血」的解釋，參 Sasson, *Jonah*, 134。

54 有關「無辜」一詞更詳細的討論，可參 *TDOT* s.v. "נָקָה *nāqâ*," 9:558～61。

55 奧恩施亞不贊成 13 至 14 節的功用是要描述水手如何比船長更無法肯定神明的行動。她認為這兩節的功用是描述水手如何更接近耶和華。她的討論可參 Oancea, "Imagery and Religious Conversion"。

56 有關約拿的「下去」和「上來」，可參 Anthony Rees, "Getting Up and Going Down: Towards a Spatial Poetics of Jonah," *The Bible and Critical Theory* 12 (2016): 40～48。

57 有關「創傷後成長」的初步討論，可參 Suzanne LaLonde, "Healing and Post-Traumatic Growth," in *Trauma and Literature*, ed. J. Roger Kurtz, Cambridge Critical Concepts (Cambridge: Cambridge University Press, 2018)；Lawrence G. Calhoun and Richard G. Tedeschi, *Facilitating Posttraumatic Growth: A Clinician's Guide* (Mahwah, NJ: Lawrence Erlbaum Associates, 1999)；Judith Herman, *Trauma and Recovery: The Aftermath of Violence-From Domestic Abuse to Political Terror* (New York: Basic Books, 1997)；Stephen Joseph, *What Doesn't Kill Us: The New Psychology of Posttraumatic Growth* (New York: Basic Books, 2011)；Richard G. Tedeschi et al., *Posttraumatic Growth: Theory, Research, and Applications* (New York: Routledge, 2018)；Richard G. Tedeschi and Lawrence G. Calhoun, *Trauma and Transformation: Growing in the Aftermath of Suffering* (London: Sage,

1995)；Richard G. Tedeschi and Bret A. Moore, *The Posttraumatic Growth Workbook: Coming Through Trauma Wiser, Stronger, and More Resilient* (Oakland: New Harbinger Publications, 2016)；Mary Beth Werdel and Robert J. Wicks, *Primer on Posttraumatic Growth: An Introduction and Guide* (Hoboken, NJ: John Wiley & Sons, 2012)；Tzipi Weiss and Roni Berger, *Posttraumatic Growth and Culturally Competent Practice: Lessons Learned from Around the Globe* (Hoboken, NJ: John Wiley & Sons, 2012)。

58 揚布視水手「拋」這行動為拋掉沒用的東西。他的見解可參 Youngblood, *Jonah*, 81。

59 揚布認為 15 節的「憤怒」，是反映耶和華的憤怒。參 Youngblood, *Jonah*, 84。

60 水手獻祭的地點有指是在船上，另有指出可能是在停泊的海港。前者參 Handy, *Jonah's World*, 51；後者參 Youngblood, *Jonah*, 85。

61 將祭物帶上船這討論，可參 Sasson, *Jonah*, 139 ～ 40；Daniela Scialabba, *Creation and Salvation: Models of Relationship between the God of Israel and the Nations in the Book of Jonah, in Psalm 33 (MT and LXX) and in the Novel "Joseph and Aseneth"*, FAT 2, 106 (Tübingen: Mohr Siebeck, 2019), 53。

62 舊約聖經中亦有其他經卷記述這類三個行動的回應，如以賽亞書記述「耶和華就被埃及所認識。在那日，埃及人要認識耶和華，獻牲祭和素祭敬拜他，並向耶和華許願還願」（賽十九 21）。除約拿書外，舊約聖經中也只有以賽亞書這處經文提及外邦人向耶和華許願。然而，較通常出現的次序會是先許願，後以獻祭還願（參申十二 11；詩五十 14，六十六 13～14；箴七 14）。

63 關於「願」（*neḏer*）的詞義，可參 *TDOT* s.v. "נָדַר *nāḏar*," 9:245, 250。

64 有關 16 節水手「許願」內容的討論，參 Erickson, *Jonah*, 226。

# 第三章

# 約拿在深海中向耶和華祈禱（一17～二10）

- 耶和華安排大魚吞吃約拿
- 約拿留在魚腹中三日三夜
- 約拿從魚腹中求告耶和華
- 耶和華吩咐那魚吐出約拿

約拿書一章17節至二章10節的結構，可以從形式或內容來考慮。若從「問題—解決」這個形式來組織經文，可得出以下結構：

1. 問題：約拿被魚所吞下（一17）
2. 解決：
   a. 約拿在魚腹向耶和華呼求（二1～9）
   b. 耶和華吩咐那魚吐出約拿（二10）

不過，以上分段結構沒有關注到內容用字或主題的對應。若較多關注這些方面，則可用以下扇形結構來表達：

A　耶和華安排大魚吞下約拿（一17上）
　B　約拿留在魚腹中三日三夜（一17下）
　B'　約拿從魚腹中求告耶和華（二1～9）
A'　耶和華吩咐那魚吐出約拿（二10）❶

*二章1節「和修版」譯為「在魚腹中」，但「新譯本」則是「從魚腹中」。*

A和A'的對應在於同樣是神明作出吩咐，但大魚的行動則是相反的（「吞吃」對比「吐出」）。B和B'的對應是約拿作為行動的主角，但他的狀態則相反（「**在魚腹中**」對比「從魚腹中」）。下文將按這個扇形結構來析讀這段經文。❷

## 3.1 耶和華安排大魚吞吃約拿（一17上）

當風浪的問題得到解決，故事的敘述就回到了15節上所提及的仍未解決的事情，就是約拿被拋進海裏之後，會怎麼樣。一章17節承接了這一情節，記載耶和華接下來的行動：祂「安排」（*mānāʰ*）了一條「大魚」（*dāḡ gāḏôl*）。❸約拿書中提及耶和華「安排」不同的事物，共有四次（「大魚」：一17、「蓖麻」四6、「蟲」四7、「東風」四8），而這裏是第一次。「安排」這個動詞在舊約聖經共出現二十八次，多解作「數點」（參創十三16；民二十三10；撒下二十四1），但也可理解為「安排、分派」（參代上九29；伯七3；詩六十一7；但一5、

10、11)。後者便是約拿書中的用法。而在舊約聖經中，這用法只出現在較後期的作品(另參 1.3「寫作日期」的討論，頁 7～8)。❹

耶和華「安排」大魚的目的，就是「吞吃約拿」。「吞」(*bālaᶜ*)這詞既可指普通吞咽的行動(參創四十一 7；伯七 19)，但較多是喻指「吞滅、毀滅」(參出十五 12；民十六 13；詩三十五 25)。雖然有學者認為上帝「安排」大魚吞下約拿，是要把他從海裏「拯救」出來，❺ 但上帝這樣的安排，真的只為了拯救這個刻意求死的約拿那麼簡單、那麼正面？一來約拿似乎並不在乎死亡，「拯救」對他真有這麼大的意義，致使他在魚腹中改換心意，大大感恩？二來有學者指出，「吞吃」這詞在舊約聖經中的用法是負面的，約拿被大魚「吞吃」而似乎沒造成身體損害，是十分鮮有的，故較難把大魚「吞吃」約拿一事看為是正面的拯救。❻

此外，近東文化對魚的種類有一定的理解，但這卻不見於以色列文化。❼ 近東文化同時亦認為海裏存在著海怪。這條「大魚」令人聯想到聖經所提及的「大魚、海怪」(*tannîn*；伯七 12；詩七十四 13，一四八 7；賽二十七 1，五十九 1；耶五十一 34；結二十九 3，三十二 2)，或是作為海怪中一種的「力威亞探」(Leviathan；伯三 8；「和合本」譯作「鱷魚」，「呂振中譯本」譯作「大鱷魚」；NRSV 和 *Tanak* 則音譯為“leviathan”)，那是令人驚恐的生物(參伯四十一章)。洛依基(Scott B. Noegel)指出，約拿書有不少用字，均與舊約聖經中的海怪(或力威亞探)傳統有關。❽ 特別值得留意的是，耶利米書五十一章 34 節把巴比倫王比喻為「大魚」(*tannîn*)「吞下」(*bālaᶜ*)以色列人，其用法與約拿書這裏最為接近。由此看來，約拿被這大海怪吞下，他所要面對的不可知的驚嚇，絕對遠超可能溺斃海中所引起的恐懼。麥梅倫(Carol A. McMullen)指出，約拿被大魚「吞吃」本身就是一件創傷性事件。❾ 若耶和華令海中出現的大風暴，沒能令約拿害怕，或令約拿直接回應祂，那麼，祂就「安排」大海怪把約拿吞下，目的是非要他作出回應不可。

## 3.2 約拿留在魚腹中三日三夜(一 17 下)

「大魚」既把約拿吞下，經文接著便記載了這事的後果，那就是約拿在「魚腹中三日三夜」。經文沒有再稱這條魚是「大」魚。「腹」(*mēʿeh*)可指內臟(參撒下二十10),也可指身體帶出後裔的那部分(參創十五4),或者情感所在之處(參賽十六11;耶四19)。我們要特別留意的是,經文所說的約拿在魚腹中「三日三夜」,更進一步表明了,對約拿而言,被大魚「吞吃」,意味著的就是死亡,而不是拯救。⑩

「三日三夜」(*šəlōšāh yāmîm ûšəlōšāh lêlôṯ*)這片語在舊約聖經只另見於撒母耳記上三十章12節。撒母耳記上三十章記載亞瑪力人侵奪尼革夫和洗革拉,擄去城內的人口和牲畜。大衛就帶人去追趕他們。大衛等人在途中遇見了一個原是作亞瑪力人奴僕的埃及人,他「三日三夜沒有吃餅,沒有喝水」。大衛等人給他食物,並從他口中得知亞瑪力人的去向。這埃及人所過的「三日三夜」,代表著一段當事人面臨死亡的時間,縱然其後死亡的危機得以解決。類似的片語,可見於以斯帖記四章16節的「三晝三夜」(*šəlōšeṯ yāmîm laylāh wāyôm*;直譯為「三日,夜和日」)。以斯帖記四章記載末底改得悉哈曼計劃要屠殺猶太人後,便請求以斯帖違例去晉見君王,為猶太人的安危在君王面前請命(斯四9)。以斯帖回覆末底改,請他召集猶太人為她禁食「三晝三夜」,事實上她其後確實可以順利見到君王並得免於死。同樣地,這處「三晝三夜」也代表著一段當事人面臨死亡的時間,而其後死亡的危機得以解決。在所引的這兩段經文中,經過「三日三夜」這段時間之後,原先可能命危的主角,最終都可免難。這樣看來,約拿書一章17節約拿在魚腹中「三日三夜」的講法,似乎也有類似的含意,那代表著一段時間,期間面對著死亡的危機,但最終約拿被大魚吐在陸地上,生命得免於難(二11)。此外,另有學者認為「三日三夜」與近東神話中人死後下到陰間,並在第三天復活這個主題有關(參何六2)。⑪

## 3.3 約拿從魚腹中求告耶和華(二1～9)

經文記述約拿「從魚腹中」所做惟一的事情,就是向耶和華祈禱(二1),並且經文稱耶和華為「他的上帝」(*ʾĕlōhāyw*)。「他的上帝」在約拿書中只出現兩次,另一次是在一章5節,那時在大風浪中各水手向「他的神」(*ʾĕlōhāyw*)哀求,而這處則是約拿在魚腹中「向……他的上帝祈禱」。約拿終於都與水手一樣，向「他的上帝」發聲，但他不是「哀求」他的上帝，而是向祂「祈禱」（*wayyitpallēl*）。「祈禱」這詞在約拿書中只另見於四章2節，其主語同樣是約拿，祈禱的對象也是耶和華。

### 魚的性別

有關魚的性別這方面的討論，近期仍有學者提出。⓬「魚」在約拿書出現三次，但其原文並非完全一樣。「魚」在一章17節及二章10節是陽性詞（*dāg*），但在二章1節則是陰性詞（*dāgāʰ*）。有部分學者認為這是出於抄寫錯誤，但其他學者則從不同進路出發，解釋這個差異的原因。現簡單綜合如下：

1. 寫作風格：有學者認為，轉變性別是要達致喜劇效果；另有學者認為，採用「魚」的陰性詞，是用來比對約拿在「船」（*hāʾŏniyyāʰ*；一4下）或在「陰間」（*šəʾôl*；二2）這兩個陰性詞；亦有學者認為，作者採用陽性或陰性詞，只是反映作者不知道魚的性別，而無特殊意思。
2. 語文用法：有學者認為陰性詞可理解為一集合名詞，解作「一羣魚」（參創一26、28；出七18、21等）；而陽性詞則指個別的魚；亦有學者認為陰性詞（*dāgāʰ*）應該理解為陽性詞（*dāg*）的長停頓形式詞（long pausal form），故其實不是陰性。
3. 拉比詮釋：按一些猶太拉比的詮釋，約拿先被一條雄性魚吞吃，但約拿在其寬闊的腹內感到自在，故上帝差派一條懷孕而腹中有三十六萬五千條小魚的雌性魚，去說服雄性魚把約拿吐出，然後雌性魚再吞下約拿。在雌性魚腹內，約拿覺得非常擠迫，感到害怕，所以向上帝祈求拯救。

以下會先討論約拿書這個以詩歌體裁寫成的禱文的特色，然後再分析這禱文的內容。

## 3.3.1 約拿禱文的特色

按現代學者對約拿書這則禱詞的分類，有認為約拿的祈禱屬於感謝詩（thanksgiving psalm），亦有認為屬哀悼詩（lament psalm）。⓭感謝詩可分為個人感謝詩和羣體感謝詩兩類。學者多認為詩篇中的感謝詩，共十一首（詩十八，三十，三十二，三十四，四十，四十一，六十六，九十二，一一六，一一八，一三八篇）。感謝詩是詩人因為得蒙上帝的具體幫助或拯救，而在羣體面前獻上感謝和讚頌的詩篇。⑭ 感謝詩可包含以下三個主要元素：

- 引言：詩人宣告他要感謝上帝；
- 詩人的記述：記述的內容包括詩人過去的苦困、他在危難中向上帝的呼求，以及上帝施行拯救；
- 結語：詩人在羣體中獻上讚頌。

不過，學者亦指出，以上各個元素都可以有多種變體，也不必然所有元素都會出現在個別的感謝詩中。約拿的祈禱就明顯欠缺詩人向耶和華請求救助及呼籲聽眾感謝上帝這兩個元素。

至於哀悼詩，舊約聖經裏詩篇中有約三分之一屬於哀悼詩，⑮ 亦可分為個人及集體兩類。詩篇中有不少個人哀悼詩（詩三，五～七，十三，十七，二十二，二十五～二十八，三十一，三十五，三十八～三十九，四十二～四十三，五十一，五十四～ 五十七，五十九，六十一，六十四，六十九～七十一， 八十六，八十八，一〇二，一〇九，一二〇，一三〇，一四〇～一四三篇），而集體的哀悼詩數量則相對較少（詩四十四，七十四，七十九～八十，八十三篇等）。哀悼詩一般有以下五個元素：

- 向上帝呼求；
- 描述詩人的困苦；
- 詩人確認對上帝的信靠；
- 祈求上帝施行拯救；
- 以讚美宣告上帝聆聽他的請求，甚或還願。

感謝詩和哀悼詩的主要分別在於，前者讚美上帝曾施行拯救，後者則在困苦中哀求上帝施行拯救。約拿的禱告，同時跟個人感謝詩和個人哀悼詩的模式相似，其用詞與不少這兩類詩篇也接近。約拿的祈禱一方面提及上帝曾經把他拯救出來（二 6），即是上帝已經施行拯救；另一方面則宣告他自己將會獻祭和還願（二9），內容似乎反映他仍在困難之中。約拿書作者似乎有意把感謝詩和哀悼詩的元素結合在一起。⑯

這首詩的另外一個特色是結集了不少詩篇其他詩章的內容。以下列出一些作為參考：⑰

| 約拿詩篇的用詞 | 與詩篇用詞上相近的經文 |
| --- | --- |
| 2 我在患難中求告耶和華， | 三4，十八6，一一八5，一二〇1 |
| 他就應允我； | 三4，一一八5，一二〇1 |
| 我從陰間的深處呼求， | 一三〇1～2 |
| 祢就俯聽我的聲音。 | 三十一23，一一六1，一四五19 |
| 3 祢將我投下深淵， | 六十九2，一〇二11， |
| 直到海心； | |
| 大水環繞我， | |
| 祢的波浪洪濤漫過我身。 | 四十二7下，六十九2下 |
| 4 我說：「我從祢眼前被驅逐， | 三十一22 |
| 然而我仍要仰望祢的聖殿。」 | |
| 5 眾水環繞我，幾乎淹沒我； | 十八4～5，六十九1，一一六3 |
| 深淵圍住我； | 十八6，八十八17 |
| 海草纏繞我的頭。 | |
| 6 我下沉到山的根基， | |
| 地的門閂將我永遠關住。 | |
| 耶和華－我的上帝啊， | |
| 祢卻將我的性命從地府裏救出來。 | 三十3，七十一20，一〇三4 |
| 7 我心靈發昏時， | 一〇七5，一四二3，一四三4 |
| 就想起耶和華。 | |
| 我的禱告進入祢的聖殿， | 五7，十八6，八十八2 |
| 達到祢面前。 | |
| 8 那信奉虛無神明的人， | 三十一7 |
| 丟棄自己的慈愛； | |
| 9 但我要以感謝的聲音向祢獻祭。 | 五丨14，23，一〇七22，一一六17 |
| 我所許的願，我必償還。 | 二十二26，六十一9，六十六13，一一六18 |
| 救恩出於耶和華。 | 三8 |

## 約拿詩篇與約拿敘事

有學者將約拿的禱詞稱為「約拿詩篇」，而有別於詩篇中的個別詩篇，「約拿詩篇」的一個特別之處是它置於敘事之中。不少學者將研究焦點放在這首詩跟其上下文之敘事，於用字、情節、角色描述等各方面的關係，探討兩者在這些層面上是否有衝突，並進而論證：這首詩是否與敘事同時創作出來？抑或是後加於敘事之中？還是上下文之敘事乃按這首詩而建構出來？[18] 因本文只考量約拿書的最後形式（final form），故不討論這些歷史性問題。此外，有學者研究置於敘事之中的詩歌的特色後，提出以下四個觀察：[19]

第一，詩歌的內容未必符合上下文敘事的歷史時空。以出埃及記十五章「摩西之歌」為例，詩歌的上半部（1～10 節）歌頌耶和華在紅海中殺滅以色列的敵人，反映出埃及記十四章 21 至 31 節的內容，但十五章的下半部（11～18 節）卻「預視」了耶和華在曠野拯救以色列人和領他們進迦南地之事，明顯後者遠超過出埃及記所載內容的歷史時空。

第二，與第一點相近的是，敘事中的感謝詩也未必乎合敘事歷史時空。它往往置放在詩人得到上帝幫助之前。

第三，詩歌對敘事情節並沒有任何影響，也似乎沒有擔當任何敘事的角色。

第四，詩歌可以用來詮釋敘事，強調某些敘事主題或者提供一些描述主角的一些資料。

## 3.3.2 約拿的禱告（二 2～9）

| | | |
|---|---|---|
| A | 從陰間向耶和華呼求（二 2） | 我在患難中求告耶和華，他就應允我；<br>我從陰間的深處呼求，祢就俯聽我的聲音。 |
| B | 被投下深淵但卻望見耶和華的聖殿（二 3～4） | 祢將我投下深淵，直到海心；大水環繞我，祢的波浪洪濤漫過我身。<br>我說：「我從祢眼前被驅逐，然而我仍要仰望祢的聖殿。」 |
| C | 主動下到最深之處（二 5～6 上） | 眾水環繞我，幾乎淹沒我；深淵圍住我；海草纏繞我的頭。我下沉到山的根基，地的門閂將我永遠關住。 |
| B’ | 被耶和華拉上來並禱告來到聖殿（二 6 下～7） | 耶和華－我的上帝啊，祢卻將我的性命從地府裏救出來。我心靈發昏時，就想起耶和華。我的禱告進入祢的聖殿，達到祢面前。 |
| A’ | 認信救恩出自耶和華（二 8～9） | 那信奉虛無神明的人，丟棄自己的慈愛；<br>但我要以感謝的聲音向祢獻祭。我所許的願，我必償還。<br>救恩出於耶和華。 |

不同學者按著體裁、音節、韻律或內容，對這首詩提出大不相同的分段方式。筆者主要以內容對應作為出發點，用扇形結構對這段經文加以分析如左頁的列表。⑳

A 和 A' 有多項對應。首先是兩者都包含對耶和華第三身和第二身的稱謂，而且形成扇形結構：

| | | |
|---|---|---|
| X | 第三身 | 我在患難中求告耶和華，祂就應允我；（2 節上） |
| Y | 第二身 | 我從陰間的深處呼求，祢就俯聽我的聲音。（2 節下） |
| Y' | 第二身 | 但我要以感謝的聲音向祢獻祭。我所許的願，我必償還。（9 節上） |
| X' | 第三身 | 救恩出於耶和華〔即祂〕。（9 節下） |

上述這種表達方式，令整首詩的開始和結束的主角都變成了耶和華。其次是它的內容都提及詩人的「聲音」（*qôl*；Y//Y'），而這詞在全卷約拿書中只出現在這兩處地方。「耶和華」與「聲音」的出現亦形成了扇形結構。最後，是內容上的呼應，在 A 中，詩人向耶和華求助；而在 A'，詩人就因得到幫助而宣告會回報耶和華。

B 和 B' 都是以第二人稱來稱呼耶和華，並各有兩個部分，形成了平行結構如下：

| | |
|---|---|
| P | 祢將我投下深淵，直到海心；大水環繞我，祢的波浪洪濤漫過我身。（3 節） |
| Q | 我說：「我從祢眼前被驅逐，然而我仍要仰望祢的聖殿。」（4 節） |
| P' | 耶和華－我的上帝啊，祢卻將我的性命從地府裏救出來。（6 節下） |
| Q' | 我心靈發昏時，就想起耶和華。我的禱告進入祢的聖殿，達到祢面前。（7 節） |

P 和 P' 都是發生在約拿身上的事，甚至可以理解為以第二身講述耶和華的行動（參下文段落 3.3.2.2 的釋經）。在 P 中，詩人被投到海的深處；但在 P' 中，詩人則被耶和華從地府拉上來，跟發生在約拿身上的事情正好相反。Q 和 Q' 正是詩人對在 P 和 P' 中發生在自己身上的事之回應，並以第一身來表達，而這回應都是與「到祢的聖殿」（*ʾel-hêḵal qoḏšeḵā*）有關的。

上文的 C 部分中，約拿使用之前已出現過三次的「下去」（一 3[x2]、5）來描述自己的行動(「下沉」),並藉著「深淵」、「山的根基」指出他已下到海底的極處,甚至「門閂」把他「永遠關住」在那裏。值得留意的是,從段落 3.3.1 約拿詩篇與其他詩篇之比較的表列中可見(參頁 105),全詩惟有在 C 部分(5~6 節上)中絕大部分地方均沒有類似經文出現在其他詩篇中。同時,全詩中只有這部分(5~6 節上)沒有提及耶和華。這些都凸顯出 C 這段經文的獨特之處。

**分段大綱(二 2~9)**

1. 從陰間向耶和華呼求(二 2:A 部分)
2. 被投下深淵但卻望見耶和華的聖殿(二 3~4:B 部分)
3. 主動下到最深之處(二 5~6 上:C 部分)
4. 被耶和華拉上來並禱告來到聖殿(二 6 下~7:B' 部分)
5. 認信救恩出自耶和華(二 8~9:A' 部分)

## 3.3.2.1 從陰間向耶和華呼求(二 2:A 部分)

這節經文由兩行詩組成,而每行有兩句。每行詩的第一句,都是詩人的行動,而第二句則是耶和華的回應。這兩行呈現同義平行(按原文稍修改「和修版」):

我〔從我的〕患難中求告耶和華,　　祂就應允我;
我從陰間的深處呼求,　　祢就俯聽我的聲音。

「求告」(*qārā*ʾ)最先出現在船長口中,船長吩咐約拿向他的神明「求告」(一 6),後來則是水手向耶和華「求告」(一 14)。而此前約拿並沒有向他的神明「求告」,至此約拿終於行動了。經文並不是指約拿「在」(*bə*)患難中,而是「從」(*min*)患難中向上帝呼求,目的可能是要與 1 節的「從魚腹」作平行表達(按原文字序):㉑

| 二章 1 節 | 約拿祈禱 | 向耶和華他的上帝 | 〔**從**〕魚腹 | （A–B–C） |
| --- | --- | --- | --- | --- |
| 二章 2 節 | 我求告 | 〔**從**〕我的患難 | 向耶和華 | （A–C'–B'） |

詩人先指出這「患難」（*ṣārāʰ lî*）是「我的患難」，而不是單單說「患難」（*ṣārāʰ*），強調這是他所親身經歷的。詩節第一行的「從我的患難」明顯對應第二行的「從陰間的深處」，即是以「陰間的深處」來比喻詩人所身處的患難。「陰間的深處」這片語，在聖經中只出現在這裏。「陰間」（*šəʾôl*）可指死人所處的地方，是叫人跟其他人或神明隔離之處（詩三十 9，八十八 3～7；賽三十八 18）。「深處」（*beṭen*）原文多解作「腹部」（士三 21；結三 3），或指「腑臟」（箴二十二 18），可具體指生殖器官如「子宮」（創二十五 23；士十六 17），故「陰間的深處」可與「魚腹」對應。然而，「陰間」也可視為人得享安息和自由的地方（伯三 17～19）。㉒「呼求」（*šāwaʿ*）在舊約聖經出現二十一次，其中十七次出現約伯記和詩篇中，其基本用法都是指到在困苦中呼求幫助。面對詩人的呼喊，耶和華就作出回應。時序上，應該是耶和華先聽到約拿的聲音，然後才是祂的「應允」，即回答約拿。不過，嚴格的時序未必是詩人的關注。從第一行以第三身「祂」，轉到第二行以第二身「祢」稱呼耶和華，經文反映出詩人和耶和華的關係轉為更直接。

## 3.3.2.2 被投下深淵但卻望見耶和華的聖殿（二 3～4：B 部分）

這個段落分為兩部分，第一部分 P（二 3）是發生在約拿身上的事情，而第二部分 Q（二 4）則是約拿的回應（參段落 3.3.2 表列，頁 106）。有學者把二章 3 節分為兩行如下：㉓

| 祢將我投下深淵，直到海心； | 大水環繞我， |
| --- | --- |
| 祢的波浪洪濤 | 漫過我身。 |

3 節上（即第一行）的首句「祢將我投下深淵，直到海心」，原文有三部分，可直譯祢「祢〔或它〕把我投／深淵／在海的中心」。「投」（*wattašlîḵēnî*）這個動詞的主語可以是第二身陽性單數或是第三身陰性單數。

若是第二身陽性單數，則主語是「你」，按文理承接二章2節指的是耶和華，這是大多數學者的理解。接著的「深淵」（*məṣûlā$^h$*）一詞沒有介詞，其句法有點特別，一般學者把「深淵」看為是「海心」（直譯為「海的中心」）的同位詞，這句子直譯為「祢把我投在海的中心，就是深淵中」，句子意思類似是把「海的中心」和「深淵」等同起來（參出十五5）。上帝把事物「投」（*šālaḵ*）到「深淵」，在舊約聖經中只另外出現兩次（參尼九11；彌七19）。前者指當年以色列人出埃及時，上帝把埃及人「投在深淵中」；後者則是指上帝憐憫以色列人，把他們的罪「投在深淵中」。所以，「投在深淵中」有除滅的意思。[24] 若採納這個理解，則3節上和3節下的首句，都講出了上帝的行動（「祢……」），而第二句就是約拿面對的景況（「……我」）。值得留意的是，承接2節約拿剛宣告完耶和華聆聽他的聲音後，接著就立刻指出耶和華把他投在深海之中，甚至祂的波浪洪濤沖激著他。究竟耶和華的聆聽帶來的是幫助還是攻擊？這些描述正正顯示出約拿和耶和華之間的關係頗為複雜。

若把「投」（*wattašlîḵēnî*）的主語理解為第三身陰性單數，則在其上下文中，「深淵」作為第三身陰性單數名詞，就很順理成章被理解為「投」這個動詞的主語，故可把經文翻譯為「深淵把我投在海的中心」。[25] 這是一種擬人化的表達，「深淵」以這方式處理，也可見於其他經文，例如：詩人期盼「深淵」不會吞吃他（詩六十九15；另參亞十11）。類似的寫作風格可見於接下來的「大水環繞我」（二3）和「眾水環繞我」（二5），都是把「大水」（*nāhār*）和「眾水」（*mayim*）作擬人化處理，並分別使用動詞「環繞」（*sāḇaḇ*）和「環繞」（*ʾāp̄ap̄*；「和修版」兩者皆譯作「環繞」），其賓語則都是約拿。若接受這個理解，則3節上的兩個句子會形成簡單扇形結構，而兩個動詞則以相同後綴「我」（*-ēnî*）作結束：

| | | |
|---|---|---|
| X | 它把我投（*wattašlîḵēnî*） | |
| Y | 深淵（*məṣûlā$^h$*） | 在海的中心（*bilḇaḇ yammîm*） |
| Y' | 及大水（*wənāhār*） | |
| X' | 把我環繞（*yəsōḇəḇēnî*） | |

「海心」(*bilḇaḇ yammîm*)在聖經只出現一次，但另一個相同意思的短句「海心」(*leḇ-yām* / *lēḇ yammîm*)則出現十次(*leḇ-yām*：出十五8；箴二十三34，三十19；*lēḇ yammîm*：詩四十六2；結二十七4、25、26、27，二十八2、8)。「大水」(*nāhār*)，解作「大河、江河」，一般用以指具體的河流，可與「海」平行使用(參詩七十二8；亞九10)。它既可代表負面的混沌力量(參詩二十四2，八十九25，九十三3；哈三8)，也可以指帶來豐盛和快樂(參詩四十六4；結三十一4)，而它也是乾旱的相反(參詩一〇五41，一〇七33)。二章3節「環繞」(*sāḇaḇ*)的用法是中性的，視乎甚麼事物作出圍住的行動，可以是敵人「環繞」作出攻擊(參創十九4；士二十5；王下三25；詩十七11)，也可以是(耶和華)「環繞」作出保護(參申三十二10；代下三十三14；詩三十二7)，但前者出現次數較多。

3節下的「祢的波浪洪濤漫過我身」中的「洪濤」有一個連接詞前綴「和」(*waw*)，因此原文可以直譯「祢的波浪和祢的洪濤」，清楚指出這些「波浪」、「洪濤」是出自耶和華，它們的行動就是來自耶和華的行動。「波浪」(*mišbār*)在舊約聖經中只出現五次，都是在詩歌體裁並以複數形式出現，另外，約拿書以外的其餘四次(撒下二十二5；詩四十二7，八十八7，九十三4)都有其神話的背景，代表著混沌的力量。這可以作為比喻，而意思都是負面的：可以代表詩人面對的危險(撒下二十二5)，或者從上帝而來的困難或攻擊(詩四十二7，八十八7)，也可以指上帝所勝過的力量(詩九十三4)。「洪濤」(*gal*)在舊約聖經中也只以複數形式出現，在神話中也代表著混沌的力量。這力量是上帝可以平靜或規限的(伯三十八11；詩六十五7，八十九9，一〇七29；耶五22)。祂可以激發「洪濤」出來(賽五十一15；耶三十一35)，也可使用它作為攻擊的工具(詩四十二7；耶五十一42、55；結二十六3)。這詞只有一次似乎含正面的意思(賽四十八18)。「漫過我身」不是指海浪輕描淡寫的經過詩人，而是指淹沒或壓倒詩人。總結而言，無論3節上是耶和華還是深淵把約拿投到海心，這裏都指出，是耶和華自己的「波浪洪濤」沖激著約拿。

上文的分析大致帶出兩個不同的理解。第一個理解是耶和華把約拿投到「深淵」，大水也圍困約拿，而耶和華的波浪進一步沖激著約拿。第二個理解是「深淵」把約拿投到海心，叫約拿得著大水的保護，然而耶和華的波浪卻不放過約拿，沖激著他。無論是哪一種理解，約拿均指出他所面對的困境，其實是來自耶和華。

回到詩篇，也多有以「在水中」來比喻詩人落在各樣的苦難中，而且海水與「陰間」、「深淵」和「山的根基」等詞平行使用，以表達死亡和混沌。例如：詩人形容自己在「深水之中，波濤漫過」他的身體，以比喻他受到家人的羞辱，因而祈求上帝把他救離深水，「不容波濤漫過」他（詩六十九 1～15）。詩篇中的詩人往往用這些與海水有關的用詞來比喻他所面對的各樣困難，但約拿這首詩的上下文讓我們見到這些用詞，並不只作比喻用，而是表達約拿是真真正正的面對著海水這困境。

接著，詩人審視他所處身的情況，並作出回應（4 節）。按原文聖經顯示的標點，這節可分為兩行如下：

我說：　　　　　　「我從祢眼前被驅逐，
然而我仍要仰望　　祢的聖殿。」

這兩行的首句都有「我」（「我說」、「我仍要」）作為動詞的主語，而每行的第二句都有以「祢」（「祢眼」、「祢的聖殿」）作為名詞的後綴。同時，在這首詩中，惟有這節強調「看見」（「祢眼」、「仰望」）這個元素。

原文在「我說」（*ʾāmartî*）之前，有一個獨立代名詞「我」（*ʾănî*），是強調這是「我」個人對這個處境的理解。約拿先以「從祢的眼前被驅逐」來理解目前的狀況。約拿採用被動式「我……被驅逐」（*nigrašti*），避免講出這個行動的主語，反映約拿書一章他「從耶和華的面前」逃離的行動。此外，「驅逐」的被動式只另見於以賽亞書五十七章 20 節和阿摩司書八章 8 節，都是形容海水翻騰，故用在約拿書中，可能有雙關語作用，叫海水的翻騰和約拿被驅逐連上關係。「然而我仍要仰望祢的聖殿」中「然而」（*ʾak*）的原文，有三個基本意思：[26]

- 帶強調用法，有「肯定、確定」的意思；
- 帶限制性用法，有「只是、只有」的意思；

• 表達相反意義，意思是「然而、但是」。

這三個用法對約拿有很不相同的描述。第一個用法表示，約拿雖然被驅逐離開耶和華，但他仍確定自己要仰望耶和華的聖殿。第二個用法則表示，約拿雖被驅逐，但若他要得救，就只能仰望耶和華的幫助。第三個用法指出，若果離開耶和華的面是出自約拿的選擇，那麼甚至當約拿落到陰間這個原應不是人和神明溝通的地方，他發現自己仍然避不了而見到耶和華的聖殿。有學者指出，第三個用法在哀歌中往往帶出正面的元素（參詩三十一23），[27] 但在約拿書正好相反，帶出了對詩人來說是負面的情況。這裏使用「祢的聖殿」而不單單是「祢」，強調這是耶和華所在之處，是祂彰顯祂神聖的地方，也是人向其下拜之處（詩五7，一三八2）。縱然按一般理解，「深淵」或陰間是上帝不在之處，但對約拿而言，耶和華卻在那裏，祂是約拿怎樣也逃避不了的。總結而言，承接二章3節的兩個可能詮釋（參頁109～12），4節同樣也可能有兩個詮釋。首個詮釋是當約拿面對大水和從耶和華而來的波浪洪濤，他只能能夠仰望耶和華而期望得著救助；另一個詮釋是，當約拿得著大水環繞著的保護，他想盡力逃離耶和華，但他卻避不了而見到祂的聖殿。

### 3.3.2.3 主動下到最深之處（二5～6上：C部分）

約拿經過對自己當前狀況的評估後，再次回到所面對的處境。這次，他先提及「眾水」（*mayim*）、「深淵」（*təhôm*）和「海草」（*sûp̄*）主動施加於他身上的不同行動（5節）。經文按原文稍修改「和修版」如下，並與3節作比較：

| 二章3節 | 二章5節 |
|---|---|
| 祢將我投下深淵，直到海心； | 眾水環繞我，〔直到頸項〕； |
| 大水環繞我， | 深淵圍住我； |
| 祢的波浪洪濤漫過我身。 | 海草纏繞我的頭。 |

「和修版」的「幾乎淹沒我」（*ʿad̲-nep̄eš*；5節上）原文由介詞「直到」（*ʿad̲*）和名詞「生命、性命」（*nep̄eš*）組成。這名詞也可理解為「咽喉」（參民二十一5）

或「頸項」(參詩一〇五18),後者更符合這處上下文的情境,故「幾乎淹沒我」可直譯作「直到頸項」。比較5節與3節,可以留意以下三點:

- 5節的「環繞我」(*ʾăpāpûnî*)和「圍住我」(*yəsōḇəḇēnî*),與3節的「將我投下」(*wattašlîḵēnî*)和「環繞我」(*yəsōḇəḇēnî*),都是在動詞後有相同代名詞後綴「我」(*-nî*)。甚至,第二個動詞「圍住我」(5節)跟「環繞我」(3節)原文是完全相同的。
- 5節「我的頭」(*lərōʾšî*)和3節「我身」(*ʿālay*)原文都用相同子音(音譯是 *-y*)來表示後綴「我」作結。
- 與3節相比,5節沒有提及任何直接與耶和華有關的元素。

5節使用了三個動詞,即「環繞」(*ʾāp̄ap̄*)、「圍住」(*sāḇaḇ*)和「纏繞」(*ḥāḇaš*)。「環繞」在舊約聖經中只另外出現四次(撒下二十二5;詩十八4,四十12,一一六3),都是用於負面處境中,含攻擊的意思,威脅著人的性命。「圍住」則曾於3節出現(「和修版」譯作「環繞」),如前文對3節的分析所言,這詞的用法可以是正面或者負面的。而「纏繞」多解作「包紮、包裹」,如包物件在驢身上(參民二十二21;士十九10)、把衣服包裹著頭部(參利八13;結十六10),或者包紮傷口(參伯五18;詩一四七3;賽三十26),當中不見有負面的用法。「深淵」(*təhôm*)指大水,用法離不開其神話背景,是上帝在創造時所規限在深處的水。它可與「眾水」(*mayim*)一起平行使用,可以用於負面的處境中,例如:耶和華用深淵和大水把人淹沒(結二十六19),但同時也可以用於正面,如這兩個詞可以使香柏樹生長高大(結三十一4)。「海草」(*sûp̄*)這詞在舊約聖經出現三十三次,一般指蘆葦;其中二十四次和「海」相連,字面翻譯為「蘆葦海」,聖經譯本則多譯為「紅海」。總結而言,因著5節以上的不同用詞可以有不同解釋,經文似乎可以有兩種不同的解釋取向。第一種取向是「眾水」、「深淵」及「海草」所做的,全是負面的行動;意即「眾水」先「環繞」著詩人到頸項,「海草」繼而捆綁詩人的頭部,表示危險逐步增加。另一種解釋取向則指出,雖然「眾水環繞」至詩人的頸項,但是「深淵」卻保護著他,甚至「海草」都包裹著詩人的頭部,作醫治或保護。

經過5節記載幾個由上帝或與海水有關之物所施加於詩人的行動後，6節上並沒有進一步描述詩人「被……帶下去」，而是他主動的說「我下沉」（*yāraḏtî*；直譯作「我下去」）到「山的根基」（*qiṣḇê hārîm*）。「下去」這主動式動詞，可以理解為早前約拿三次「下去」的延續（一3[x2]、5）。「根基」（*qeṣeḇ*）原文只另見於列王紀上（王上六25，七37），指到聖殿基路伯的形狀和樣式，其意思並不適用於這裏。沙遜留意到 *qiṣḇê hārîm* 這片語曾出現在「便西拉智訓」（*Sirach*）中，並與「大地的基礎」平行（「便西拉智訓」16.19），故此沙遜這觀察亦可支持將約拿書這裏的片語理解為「山的根基」。㉘

「地的門閂將我永遠關住」原文句法有點複雜，㉙它並無動詞「關住」，而只有介詞 *baʿaḏ* 加上後綴「我」，在這裏可解作「圍繞我、為著我、在我之後」。㉚因此，翻譯一般都會補上「關上、關住」，令句子更易理解。「圍繞」可以指正面的保護（參伯一10；詩三3），亦可以指負面的困住（參伯三23；哀三7）；「為著」的用法基本上是正面的（「為你」：創二十7；「為你們」：出三十二30）；「在……之後」則是空間性的。這些解釋上的可能性，讓我們可以分別把句子理解為「地的門閂永遠〔關上〕圍繞我」、「地的門閂永遠為我〔關上〕」和「地的門閂在我之後永遠〔關上〕」。

有學者認為「地的門閂將我永遠關住」中的「地」（*hāʾāreṣ*）與「永遠」（*ʿôlām*），隱含著「陰間」的意思。㉛「門閂」一般可由銅（王上四13）或鐵（賽四十五2）所造，設立於城門，保護城中的人（參詩一四七13），這與沒有城牆保護的（參申三5；耶四十九31；結三十八11），形成了鮮明對比。故此，破壞門閂就是破城的意思（參耶五十一30；哀二9）。從門閂以外的人來看，把「門閂」看為是困住內裏的人這個用法，可能只見於困住大衛（撒上二十三7）及困住海水（伯三十八10）。可以留意的是，「門閂」（*ḇərîaḥ*）的原文和「逃」（*ḇāraḥ*）的詞根是相同的。㉜總結而言，二章6節上的意思，經文可以有兩個解釋，第一個意思是指約拿主動下到地的根，在那裏約拿被陰間的門閂所困住；第二個意思可能是指到約拿下到那裏得著門閂的保護。

如上文所說，全首詩裏惟有這個段落（二5～6上）絕大部分地方均沒有與其他詩篇相似的元素，當中也沒有任何與上帝有關的內容。這段經文既可以理解為約拿下到海的最深之處，在那裏他被眾水和海草纏繞，被陰間的門閂圍困著，生命極度危險，在那裏他看不到上帝。不過，經文也可以作相反的理解，就是約拿主動下到陰間，延續他逃離耶和華的行動，在那裏深淵、海草和門閂都在保護他，以致他可以逃離耶和華。

### 3.3.2.4 被耶和華拉上來並禱告來到聖殿（二 6 下～7：B'部分）

這段經文記載了一個發生在約拿身上的行動（P'：二 6 下），以及約拿對此的反應（Q'：二 7）（參頁 112）。當約拿下到最低點，耶和華就採取行動，把約拿的「性命從地府裏救出來」。「救出來」（*wattaʿal*）原文動詞的字幹是「上來」（*ʿālāh*；另參一 2，四 6、7）。這個字可以有四種理解方式，原因在於主語及詞幹分別都有兩種不同的解讀——主語：第二人稱陽性或第三人稱陰性；詞幹：*qal* 形或是帶使役用法的 *hiphil* 形。按這句子的上文下，第二人稱陽性和使役用法是最可能的選擇，即解作「祢使……上來」，而「你」則是指約拿所呼喊的「耶和華—我的上帝啊」。這明顯是要對比 6 節的「我下去」，以「祢」對比「我」，和以「上來」對比「下去」。此外，這節也可能與 3 節的「祢將我投下深淵」作對比。如此，耶和華既可以把約拿投到深淵，也可以從那裏把約拿拉上來。

「性命」（*ḥayyîm*）或作「生命」，強調「活著」並與死亡作對比。「地府」（*šaḥaṯ*）在舊約聖經出現二十三次，基本意思是「坑」（參伯九 31；詩七 15），但也可以代表「墳墓」（參詩四十九 9）或「陰間」（參詩十六 10；詩一〇三 4；賽三十八 17，五十一 14；結二十八 8），乃死人所在之處。「陰間」或「地府」應該都是經文這裏的意思。在原文詞序中，「耶和華—我的上帝啊」放在句末，而這也是約拿書中惟一一次約拿稱呼耶和華為「我的上帝」，以表達他對自己跟耶和華的關係之理解。值得留意的是，承接上文段落 3.3.2.3 末結論之兩個可能詮釋（參頁 116），這句話也可以作出相對應的兩個理解。若果約拿是下到深海而遇上生命危險，那麼耶和華把他帶上來就是拯救他的行動。不然，若果約拿是主動「下去」的話，那麼這位耶和華使約拿「上來」，便是要刻意逆轉約拿的行動，就如約拿早前乘船往他施，一心要逃離耶和華的面，而最終耶和華使用風浪令到他計劃失敗那樣，如此，約拿便是認為那位該跟他關係密切的「我的上帝」所做的行動，正正和他的意願相反。

7 節可以分為兩行如下（按原文稍修改「和修版」）：

我〔的〕心靈發昏時，　　就想起耶和華。
我的禱告進到祢那裏，　　到祢的聖殿。

兩行的首句都以「我的……」作為主語（「我〔的〕心靈」和「我的禱告」），尾句都與耶和華有關（「耶和華」和「祢的聖殿」）。如此，7 節的兩行都是以詩人自己出發，然後帶出耶和華這個角色。

約拿書二章 7 節採用的詞幹是 hitpael 的附屬形不定詞，再加上介詞「由」(bə)，可解作「當……軟弱時」。

「心靈」（*nep̄eš*）的原文與二章 5 節「頸項」和一章 14 節「性命」相同。「我〔的〕心靈」意思基本上和「我」相同，但可能較強調人的活力。㉝「**發昏**」（*ʿāṭap̄*）在舊約聖經中出現十一次，基本意思是「軟弱、沒有力量」（參創三十42；詩六十一3，七十七3，一〇二1，一〇七5，一四二3，一四三4；賽五十七16；哀二11、12）。㉞有別於二章 4 節眾水環繞詩人直到他的頸項，這裏是詩人自己感到沒有力量。就在這時，耶和華就是詩人所「想起」（*zāḵar*）的對象（按原文這動詞的賓語是「耶和華」，在詞序上先於動詞「想起」）。「想起」的意思並不只是在知性上找回一些過去的資料，而是會帶來目前或將來的行動的。按舊約聖經記載，當人想起上帝過去的作為，人就不懼怕或得著安慰（參申七18；詩一一九52），或者人可以於當刻模仿上帝過去的作為（參申十五15），又或者人會期望上帝在當刻或未來也如此行，像在過去那樣（參詩四十二6，六十三6，詩七十七11）。值得留意的是，經文在這裏只單單提及約拿「想起耶和華」，而沒有具體提及他想起耶和華的甚麼作為或哪些典章律例。

詩人想起耶和華，因而令到他的禱告進到耶和華那裏。經文提到這個祈禱先是達到耶和華那裏，然後再指出這個禱告「進入祢的殿裏」（*ʾel-hêḵal qoḏšeḵā*；原文直譯是「到祢的聖殿」）。「禱告」（*təp̄illāʰ*）這詞在詩篇中基本上是指詩人在哀告中向耶和華發出的請求（參詩四 1，六 9，十七 1，三十五 13 等）。㉟ 所以，這個進到耶和華那裏的禱告，是祈求幫助多於對祂的讚頌和感謝。若將它與二章 4 節比較，那裏提及詩人「仰望祢的聖殿」，而這裏則是他的禱告進到「祢的聖殿」。

### 3.3.2.5 認信救恩出自耶和華（二 8～9：A' 部分）

8 節亦可分為兩句，並形成簡單扇形結構如下（按原文修改「和修版」）：㊱

X　那信奉……的人

　Y　虛無神明，

　Y'〔他們〕的慈愛

X'〔他們〕丟棄

X 和 X' 包含的動詞，意思基本上是相反的；Y 和 Y' 則都是名詞，而意思也相反。

「那信奉……的人」（*məšammərîm*）原文是 *piel* 形分詞作名詞使用，它的動詞詞根（*šmr*）的詞義一般解作「看守、保護、謹守」。㊲「和修版」翻譯的「虛無神明」，原文是由一個附屬形名詞「虛」（*heḇel*）和獨立形名詞「無」（*šāwᵓ*）組成，當中沒有「神明」一語。「虛」多出現在傳道書中，解作「一口氣、虛空」，而「無」則多解作「無價值、虛假」。有學者認為，這兩個意思相近的名詞以附屬形式表達時，有最高級的意思，意指「極虛無」。㊳ 另有學者留意到，耶利米書八章 19 節中「雕刻的偶像」和「外邦的虛空」平行使用，故把 *heḇel* 理解為「偶像」（另參申三十二 21；王上十六 13、26；王下十七 15；耶二 5〔比較耶二 11〕，十 8、15，十四 22，十六 19，五十一 18），並因而將「虛」與「無」理解為「虛無神明」。而這個片語只另見於詩篇三十一篇 7 節（「和修版」三十一篇 6 節）。

「丟棄」（*ʿāzaḇ*）一般解作「留下、丟棄、離棄」。若用在雙方的人際關係中，可指一方離棄另一方（參詩二十七 10；箴二十七 10），與在這裏 X 部分中解作「看守、保護、謹守」的動詞（*šāmar*）形成對比。舊約聖經亦有類似的對比用法（參代下十三11；詩三十七28；箴十17，二十八4；耶十六11；何四10）。「〔他們〕的慈愛」這句不易理解。「慈愛」（*ḥesed*）在舊約聖經多次出現，在約拿書則有兩次（另參四2）。這詞有很多不同用法，當它應用在人或上帝身上，可譯作「慈愛、恩情、恩待、忠誠」。例如：應用在上位者（如上帝、君王、父親）跟下位者（如臣民、妻子）的關係上，是指予以照顧及以憐憫和恩慈相待（參創三十二10；斯二9；另參創二十13）。㊴ 當用於人與人之間的關係時，「慈愛」是相互性的（參創二十一23；書二12；撒下二5～6），也指向救助受苦者的恩慈行動。㊵ 舊約聖經也多次宣告上帝以「慈愛」待人，甚至可以視之為祂的屬性。所以，有詩人稱呼上帝為「我的慈愛」（詩一四四2）。「〔他們〕的慈愛」可以理解為「他們對別人的慈愛」或者「別人對他們的慈愛」。不過，約拿書這個「別人」所指向的，有三個可能性：可以是其他人、虛無神明，或者耶和華。因此，經文可有以下的理解：那些持守相信「虛無神明」的人，究竟他們會「離棄他們對別的人／虛無神明／上帝的慈愛」，抑或他們會「離棄別的人／虛無神明／上帝對他們的慈愛」？若連繫於上一句，則他們「離棄他們對上帝的慈愛」（即離棄他們對上帝的忠誠），或者他們「離棄上帝對他們的慈愛」，是較為可能的理解，而後者可以進一步理解為他們「離棄上帝〔即離棄慈愛〕」。那麼經文的扇形結構如下：

X　那信奉……的人〔意為「看守、保護、謹守」〕

　　Y　虛無神明，

　　Y'　〔他們〕的慈愛〔意為「他們對上帝的慈愛」或「上帝對他們的慈愛」〕

X'　〔他們〕丟棄〔意為「留下、丟棄、離棄」〕

從這個角度來看，「慈愛」就和「虛無神明」形成對比。至於誰是「他們」呢？有學者認為是約拿書一章提及的水手，或者上帝吩咐約拿要面對的尼尼微人。㊶ 不過，約拿未必特別指涉任何人，而只是要作出對比，表明自己不是屬於這類人。詩篇十六篇10節中詩人指出耶和華必不把詩人撇在「陰間」（*šəʾôl*），也不叫祂的「聖者」見「地府」（*šaḥaṯ*）。那些對耶和華忠誠的人會得到耶和華對他們的忠誠（即反映「忠誠、慈愛」的相互性），不會置他們的死亡於不顧。至於 9 節，按原文標點，可分句如下：

但我要以感謝的聲音向祢獻祭。(二 9 上a)

我所許的願，我必償還。(二 9 上b)

救恩出於耶和華。(二 9 下)

「我……獻祭」(*ᵓezbəḥā*$^h$)和「我……償還」(*ᵓăšallēmā*$^h$)的原文都是鼓勵式(cohortative)句子，約拿表明他有這樣做的意願，但實際行動仍未發生。不過，有學者認為，在當下約拿已經藉著感謝作出還願 ㊷。在原文中，「但我要以感謝的聲音向祢獻祭」這句話的動詞，在前面是加了獨立代名詞「我」(*ᵓănî*)的，意即「我……〔我〕獻祭」。其功用是要與上節「那信奉虛無神明的人」作對比，帶出詩人自己跟那些人是截然不同的。㊸ 類似的對比，可見於同樣出現「信奉虛無神明的人」的詩篇三十一篇，現以表列出(粗體字/下加線表示相同之處)：

| 經節 | 「和修版」經文 | 原文音譯 |
|---|---|---|
| 拿二 8 | 那信奉虛無神明的人，<br>丟棄自己的慈愛； | *mə**šammərîm haḇlê-šāwᵓ***<br>*ḥasdām yaʿăzōḇû* |
| 拿二 9 上 | 但我要以感謝的聲音向祢獻祭。 | *wa**ᵓănî** bəqôl tôḏā*$^h$ *ᵓezbəḥā*$^h$*-llāḵ* |
| 詩三十一 7 上 | 我恨惡那信奉虛無神明的人； | *śānēᵓṯî hašš**ōmrîm haḇlê-šāwᵓ*** |
| 詩三十一 7 下 | 我卻倚靠耶和華。 | *wa**ᵓănî** ᵓel-yhwh bāṭāḥtî* |

詩三十一篇 7 節(「和修版」三十一篇 6 節)下的詩人，把自己倚靠耶和華的行為，對比於 7 節上的詩人如何對待那些信奉虛無神明之人，而這個對比，亦透過使用獨立代名詞「我」(*ᵓănî*)顯示出來。這情況與約拿書二章 9 節上對比二章 8 節，甚為相似。

「以感謝的聲音」(9 節上 a)的「以」(*bə*)是介詞，可作工具性理解，意思就是約拿藉著「感謝的聲音」而獻祭，即他獻上的就是「感謝的聲音」。「以」(*bə*)亦可解作「一起」，意思就是約拿隨著獻祭亦同時發出「感謝的聲音」。「聲音」原文(*qôl*)在約拿書中只另見於 3 節，那裏是指詩人呼求的聲音，與這裏感謝的聲音成為對比。

二章9節上b的「我所許的願」中「許……願」（*nāḏar*）一語，按一章16節的理解，基本上是一個有條件的承諾。「償還」（*šillēm*）則一般是用來指「還願」的動詞。這裏出現一個問題是，經文沒有提及約拿提出甚麼條件，期望耶和華去執行這些條件，也沒有提及最終約拿有沒有真的「償還」。

最後，詩人宣稱「救恩出於耶和華」（9節下）（*yəšû*ʿ*āṯā*$^{h}$ *lyhwh*），這句子基本意思是「救恩是屬於耶和華」。

## 3.3.3 小結

約拿書這首詩借用了大量其他詩篇的用語和概念，但其內容有不少含糊的地方。經文一方面指出詩人在患難中向耶和華呼求，另一方面卻指出耶和華令詩人處於困境之中。經文可以一方面理解為詩人被投下到海心之處，經受被淹沒的危險，另一方面經文亦可以理解為縱然詩人身在海中，卻得到深淵和海草的保護，甚至地的門閂也把他關在其中，保護著他。詩人既是被耶和華投下深淵，亦是他主動下到山的根基，雖然在那裏詩人仍避免不了看見耶和華的聖殿。耶和華既把詩人投入深淵，用波浪洪濤攻擊他，但在詩人沒有懇求祂幫助之時，卻又把詩人從地府拉上來。詩人既想逃避耶和華，但又會在心靈軟弱時想起耶和華，並讓自己的禱告來到祂的面前，進入祂的聖殿。詩人既表示向耶和華獻上感謝，甚至宣告會向祂還願，但經文卻從沒有提及耶和華如何回應詩人的祈求，以致詩人有理由獻上感謝。詩人雖承諾會還願，但經文卻又沒有記下詩人向耶和華有過甚麼許願。

### 創傷與約拿

雖然詩人在患難中向耶和華呼求，但他卻把所經歷的患難，歸因於耶和華。耶和華是那位把他投下到深淵之中，並使用波浪洪濤攻擊他的強者，這正是詩人創傷的根源。這種創傷經歷往往不容易表達。從這個角度看，我們可以明白「約拿詩篇」的其中一個特色，就是它借用了不少其他詩篇的用語和概念。譬如詩人借用現有的哀歌傳統，表述他所代表的以色列人創傷經歷，也藉著大水的意象所帶出的險況，表達他羣體所面對的困難和創傷經驗。詩人正是藉著這些傳統用語來述說他所面對的創傷，借用他者的言語來言說那不容易言說的。㊹然而，全首詩中，出現得最少類似經文的部分(二5～6上)，偏偏就是詩人下到最深之處時的描述。這一方面可能是人下到了最深之處，這種借用或會失效，但這亦可能是因著詩人經借用他者之言語去言說創傷，因此得著能力，懂得怎樣用自己的言語去表達最深層的傷痛。值得留意的是，詩人用第一人稱「下去」，以表達他去到最深之處的行動是自己主動為之的，刻意藉此宣稱：他縱使身處最艱難時刻，仍要堅持自己的控制權猶在，以對抗那由不得他控制之外來引致創傷的事件！亦因此只有在這段經文中耶和華沒有出現。再者，這些傳統用語既然作為比喻，也可以為受創者與創傷經驗建立起安全的距離，讓受創者有足夠的安全空間好言說創傷。

其次，能夠以言語去講述創傷的經驗，正正可以幫助受創者面對並處理創傷。當受創者能夠為創傷的源頭命名，正視傷害的出處，這讓受創者不再以逃避的方式面對創傷，因而得以初步重拾控制力。能夠言說創傷就是能把原先未經處理的情緒和感受以言語表達出來，從而為創傷經驗賦予意義，並把創傷經驗置放於個人生命敍事中。㊺值得留意的是，這首詩的下半部分明顯比上半部分有更多以詩人(或屬他的事物)作主語的動詞出現，有「我心靈發昏」、「〔我〕想起」、「我的禱告進入」、「我……獻祭」、「我所許的願」和「我……償還」。這些行動表達出詩人正逐漸爭取主動，而不再只是個被動者。

最後，正如上文小結所指出那樣，這首詩的內容呈現各樣對立理解的可能性。這反映出受創者無法對創傷經驗建構出一致的詮釋，而周遭所面對的事物，可以是帶來危險，但也可以是有保護性的。不但如此，詩人雖然仍在深海之中，卻又宣告自己看見聖殿，甚至似乎已進到聖殿裏面。這樣的含糊而對立的圖像，反映出受創經驗所帶來對世界的理解的混亂。㊻不過，詩人卻以聖殿及當中所執行的禮儀(例如許願、還願)來連結起他在深海中的圖像。這個做法，正是要以他熟悉的事物來為他不熟悉的定下秩序並重組。

詩人以內在化的禮儀價值系統來應對外面混亂的世界，期盼可以為混亂的經驗及其詮釋作出清楚的定位，他是主動地而不是被迫接受這些經驗。他結束時宣稱「救恩出於耶和華」，就反映出他最後嘗試以這傳統神學信念作為理解創傷經驗的框架——縱然這個神學未必能完全幫助他把這個創傷從新整合到他的新的世界觀中，亦未必能完全幫到他。

## 3.4 耶和華吩咐那魚吐出約拿（二 10）

約拿祈禱後，經文記載「耶和華吩咐那魚，魚就把約拿吐在陸地上」。在約拿書中，耶和華的講話對象就只有魚和約拿。在這裏，經文沒有再使用「大」來形容這條魚。「吐」（詞根：*qîʾ*）在舊約聖經以動詞出現的只有九次，以名詞的有三次（賽十九 14，二十八 8；耶四十八 26）。使用動詞的地方，其用法都是指把不好的東西「吐」出來。當「吐」的主語是人，是指人吃或喝了不當之物，以致要「吐」（伯二十 15；箴二十三 8，二十五 16；耶二十五 27）。當「吐」的主語不是人，其主語都是地土，地要把玷污它的人吐出來（利十八 25、28[x2]，二十 22）。

至於約拿書出現的「吐」（*wayyāqēʾ*）這動詞，有學者認為原文可以理解為 *qal* 形詞幹動詞，亦可以是 *hiphil* 形詞幹動詞。若是前者，則可翻譯為「牠吐出……」；若是後者，則可翻譯為「他使牠吐出……」，而這個「他」就可以理解為耶和華。47 不過，除了利未記十八章 28 節肯定以 *qal* 形詞幹出現，以及箴言二十五章 16 節以 *hiphil* 形詞幹出現以外，其他七次出現這個動詞的地方難以判定是使用哪個詞幹，而且這個動詞的 *qal* 或是 *hiphil* 詞幹在用法是否有分別，其實也存著疑問。48 總之，魚就是將約拿吐出來了，至於魚是因為約拿對牠毫無益處，抑或是約拿的祈禱而令到魚要把他吐出來，也是難以斷定。無論是哪一個原因，耶和華對那魚的吩咐，重點就可能不在於「吐」這個行動，而是「吐」在甚麼地方了。耶和華安排大魚「吞下」約拿，其目的並不在於拯救約拿離開深海，而是一方面要以大海怪使約拿受驚嚇，另一方面則把約拿送到指定的「陸地」去。約拿選擇坐船逃往他施，面對大風之時，任水手再努力，也不能回到陸地（一 13），但耶和華卻用大魚把約拿送到陸地去。從這角度來看，一章 17 節提及的「三日三夜」，就有可能是魚把約拿帶到指定目的地所需的時間了（另參段落 3.2「三日三夜」的析讀，頁 101）。49

## 溫習及思考問題

1. 約拿書曾出現四次「安排」（其賓語分別為「大魚」：一17、「蓖麻」：四6、「蟲」：四7、「東風」：四8）這動詞，當中誰是這行動者（主語）？在第一次「安排」中，上帝安排「大魚」吞吃約拿。學者如何理解這「大魚」？這事件如何令約拿受到創傷？
2. 「三日三夜」在舊約聖經中有何意義？在約拿書中又有何特別意義？
3. 按詩篇的分類，約拿的禱文屬哪一種分類？從聖經文學角度看，約拿的禱文包含哪三個感謝詩的主要元素，或者哀悼詩一般有的五個元素呢？
4. 如何從扇形結構看出整首詩（二2～9）的開始和結束的主角都是耶和華？你認為這樣表達有何意義？
5. 二章2至9節的禱文可以如何分段？這一分段方式有何意義？
6. 二章3節的「深淵」喻指甚麼？如果應用在約拿身上，這又代表甚麼？從作者對這詞的用法來看，你覺得約拿那時的心情如何？
7. 3節的「波浪」、「洪濤」帶著甚麼意象？若「波浪」、「洪濤」出自耶和華，反映了耶和華是一位怎樣的神？
8. 「然而我仍要仰望祢的聖殿」中，「然而」的原文有三個基本意思，這三個意思對句子可以帶來哪三種不同的詮釋？你個人傾向哪種詮釋？原因何在？你如何理解約拿「仍要仰望祢的聖殿」的意思？這與他的創傷有何關聯？在你個人的經驗中，於創傷中曾否作出過類似的表達？
9. 二章8節「慈愛」這詞，在舊約聖經中是如何使用的？「和修版」的「虛無神明」原文是甚麼意思？在約拿書中，「虛無神明」與「慈愛」有何關連？你如何理解上帝的慈愛？
10. 9節的「救恩出於耶和華」、「我所許的願」這句子在約拿書有何意義？約拿對他的上帝有何期望？
11. 約拿的祈禱反映了他隱藏著怎樣的創傷？在禱告的過程中，他有沒有得到療癒？這一章的記述，如何進一步陳述人在創傷中的景況及其經歷？

## 短註

❶ 以扇形結構表達一章 17 節至二章 10 節中，B 只有一節經文，而 B' 則是一首詩。B' 的內容明顯較 B 的長得多，這是其中一個原因令到本克希辛（Amanda W. Benckhuysen）認為二章 1 至 9 節這首詩是後加在約拿敘事中，她的觀點可參 Amanda W. Benckhuysen, "Revisiting the Psalm of Jonah," *CTJ* 47 (2012): 7；不過，另有學者有不同看法。這方面的討論，可參 Phyllis Trible, *Rhetorical Criticism: Context, Method, and the Book of Jonah* (Minneapolis, MN: Fortress, 1994), 160～61；Thomas M. Bolin, *Freedom Beyond Forgiveness: The Book of Jonah Re-Examined*, JSOTSup 236, Copenhagen International Seminar 3 (Sheffield: Sheffield Academic Press, 1997), 98～101。本書則採取共時性的研讀方向，不會討論這個問題。

❷ 約拿書「馬所拉本」的第一章只有 16 節，而「七十士譯本」則有 17 節。因此，「七十士譯本」二章 1 節就是「馬所拉本」的二章 2 節。因兩者章節的不同，因而引帶出不同譯本在這章節上會有所不同。「和修版」依隨「七十士譯本」的章節。

❸ 威斯曼（Donald J. Wiseman）指出魚和尼尼微城的名字有關，雖然他不認同尼尼微城的名字有這個象徵含意。近期的謝梅沙（Yael Shemesh）卻認為確實有這個意思。威斯曼（Donald J. Wiseman）及謝梅沙（Yael Shemesh）對於魚和尼尼微城在名字上的關連，可參 Donald J. Wiseman, "Jonah's Nineveh," *Tyndale Bulletin* 30 (1979): 35；Yael Shemesh, " 'And Many Beasts' (Jonah 4:11): The Function and Status of Animals in the Book of Jonah," *JHS* 10 (2011): 12。

❹ 對於 17 節「安排」這詞的出現是否反映約拿書屬後期作品的討論，參 Amy Erickson, *Jonah: Introduction and Commentary*, Illuminations (Grand Rapids, MI: Eerdmans, 2021), 38。

❺ 有學者認為上帝安排大魚吞下約拿是要把他從海裏拯救出來，這觀點可參 Leslie C. Allen, *The Books of Joel, Obadiah, Jonah, and Micah*, NICOT (Grand Rapids, MI: Eerdmans, 1976), 178；Rosemany Nixon, *The Message of Jonah* (BST; Leicester: Inter-varsity Press, 2003), 145。

❻ 有關 17 節「吞吃」這詞的討論，可參 Day, "Problems in the Interpretation of the Book of Jonah," in *In Quest of the Past: Studies on Israelite Religion, Literature and Prophetism: Papers Read at the Joint British-Dutch Old Testament Conference, Held at Elspeet, 1988*, Oudtestamentische Studiën 26, ed. A. S. van der Woude (Leiden: Brill, 1990), 40；有關「吞吃」一詞在舊約聖經中帶負面用法的討論，可參 John K. M., Craig, Jr., *A Poetics of Jonah: Art in the Service of Ideology* (Columbia, SC: University of South Carolina, 1993), 94。

❼ 有關魚的種類在近東文化及以色列文化中的理解，可參 Jack M. Sasson, *Jonah: A New Translation with Introduction, Commentary, and Interpretation*, AB 24B (New York: Doubleday, 1990), 149；Lowell K. Handy, *Jonah's World: Social Science and the Reading of Prophetic Story*, Bible World (London: Equinox, 2007; Rep.: New York: Routledge,

2014), 84。

❽ 有關洛依基（Scott B. Noegel）對約拿書不少用字與舊約聖經中的海怪傳統有關的討論，可參 Scott B. Noegel, "Jonah and Leviathan: Inner-Biblical Allusions and the Problem with Dragons," *Henoch* 37 (2015): 240～42, 242～55。另參 Handy, *Jonah's World*, 86。

❾ 將約拿被大魚吞吃看為是一件創傷性事件的討論，可參 Carol A. McMullen, "Processing Trauma in the Hebrew Bible," *Consensus* 40.2 (2019): 6。

❿ 有學者認為約拿被大魚吞吃，意味著的是死亡，而不是拯救。這方面的討論可參 Dirk Human, "Unbearable Lightness of Being (God). The Challenge of Wisdom Perspectives in the Theology of Jonah," in *Schriftprophetie: Festschrift für Jörg Jeremias zum 65 Geburtstag*, ed. Friedhelm Hartenstein, Jutta Krispenz and Aaron Schart (Neukirchen-Vluyn: Neukirchener, 2004), 331。

⓫ 有學者解釋 17 節的「三日三夜」與「第三天復活」這議題有關。參 Erickson, *Jonah*, 316；Jo-Mari Schäder, "The Symbolic Meaning of the Number of Days Mentioned in the Book of Jonah," *HTS Teologiese Studies/Theological Studies* 76/4 (2020): 1～2。

⓬ 有關近期學者討論魚的性別這議題，可參 Lena-Sofia Tiemeyer, "A New Look at the Biological Sex/Grammatical Gender of Jonah's Fish," *VT* 67 (2017): 307～23。

⓭ 將約拿的禱告看為是感謝詩的討論，可參 Sigmund Mowinckel, *The Psalms in Israel's Worship*, trans. D. R. Ap-Thomas (New York: Abingdon, 1967) 2:32；J. Limburg, *Jonah: A Commentary*, OTL (London: SCM, 1993), 63；Serge Frolov, "Returning the Ticket: God and His Prophet in the Book of Jonah," *JSOT* 86 (1999): 94。至於將這祈禱詩看為是包含哀歌韻律的，可參 Erickson, *Jonah*, 293，而認為這是哀歌的，可參 L. Juliana M. Claassens, "Finding Words in the Belly of Sheol: Reading Jonah's Lament in Contexts of Individual and Collective Trauma," *Religions* 13/2 (2022)；Susan Niditch, *Jonah: A Commentary*, Hermeneia (Minneapolis, MN: Fortress, 2023), 56。

⓮ 有關感謝詩的簡介，可參 Day, *Psalms*, 44～47；Mowinckel, *The Psalms in Israel's Worship*, 2:31～43。

⓯ 有關哀悼詩的簡介，可參 Day, *Psalms*, 19～38; Hermann Gunkel, *Introduction to Psalms: The Genres of the Religious Lyric of Israel*, trans. James D. Nogalski (Macon, GA: Mercer University Press, 1998), 82～98, 121～98。

⓰ 有學者認為約拿書的祈禱詩包含感謝詩和哀悼詩的元素，參 Craig, *A Poetics of Jonah*, 93。

⓱ 約拿的祈禱詩雖然與不少詩篇有許多相近的地方，在用詞上惟一與之完全相同的，是二章 3 節「祢的波浪洪濤漫過我身」，它與詩篇四十二篇 7 節下相同。參 R. Reed. Lessing, *Jonah*, Concordia Commentary (Saint Louis, MO: Concordia, 2007), 210；Limburg, *Jonah*, 63～64。

⓲ 於約拿詩篇與約拿敍事上，有學者認為以約拿詩篇為優先的，可參 Alastair Hunter, "Jonah from the Whale: Exodus Motifs in Jonah 2," in *The Elusive Prophet: The Prophet as a Historical Person, Literary Character and Anonymous Artist*, Oudtestamentische Studiën

45, ed. Johannes C. de Moor (Leiden: Brill, 2001), 142～58；Hugh S. Pyper, "Swallowed by a Song: Jonah and the Jonah-Psalm Through the Looking-Glass," in *Reflection and Refraction: Studies in Biblical Historiography in Honour of A. Graeme Auld,* SVT 113, ed. Robert Rezetko, Timothy H. Lim and W. Brian Aucker (Leiden: Brill, 2007), 337～58。

⑲ 有關置放在敘事中的詩歌的特色研究，可參 James W. Watts, *Psalm and Story: Inset Hymns in Hebrew Narrative*, JSOTSup 139 (Sheffield: JSOT, 1992)。另參 Watts, " 'This Song: Conspicuous Poetry in Hebrew Prose," in *Verse in Ancient Near Eastern Prose*, ed. Johannes C. de Moor and Wilfred G. E. Watson (Neukirchen-Vluyn: Neukirchener Verlag, 1993), 352～55。

⑳ 約拿詩篇的結構參考自 Duane L. Christensen, "The Song of Jonah: A Metrical Analysis," *JBL* 104 (1986): 223 ～ 24；Peter Weimar, "Jon 2,1–11: Jonapsalm und Jonaerzählung," *BZ* 28 (1984): 56；Rosemary Nixon, *The Message of Jonah* (BST; Leicester: Inter-Varsity Press, 2003), 138～39；Human, "Unbearable Lightness," 330。有類似分段，但並無指出是扇形結構的，可參 Y. Steenkamp and G. T. M. Prinsloo, "Another Look at Jonah 2," *OTE* 16 (2003): 435～52。其他扇形結構，可參 Trible, *Rhetorical Criticism*, 163～64；Sasson, *Jonah*, 167；E. Wendland, "Song from the Seabed — How Sweet Does It Sound? Aspects of the Style, Structure, and Transmission of Jonah's 'Psalm'," *Journal for Semitics* 11 (2002): 218；J. H. Potgieter, "The Nature and Function of the Poetic Sections in the Book of Jonah," *OTE* 17 (2004): 614～15。曼尼（Steven T. Mann）則認為這詩篇是由兩個扇形結構組成，參 Steven T. Mann, "Performance Prayers of a Prophet: Investigating the Prayers of Jonah as Speech Acts," *CBQ* 79 (2017): 26。

㉑ 有關二章 2 節作者使用「從」（*min*）一詞，其目的可能是要與 1 節的「從魚腹中」作平行表達。這方面的討論，可參 Hans W. Wolff, *Obadiah and Jonah: A Commentary*, Continental Commentaries, trans. M. Knohl (Philadelphia, PA: Augsburg, 1986), 134。

㉒ 對「陰間」有正面意義的解釋的，可參 John E. Hartley, *The Book of Job,* NICOT (Grand Rapids, MI: Eerdmans, 1988), 98；C. L. Seow, *Job 1～21: Interpretation and Commentar*, Illuminations (Grand Rapids, MI: Eerdmans, 2013), 331～32。

㉓ 沙遜（Jack M. Sasson）對二章 3 節的結構分析，參 Sasson, *Jonah*, 173。

㉔ 凱伊特（JoAnna M. Hoyt）認為二章 3 節「投」這個動詞的原文可解作「置放、撇下」，表示耶和華由得約拿下到深淵那裏。參 JoAnna M. Hoyt, *Amos, Jonah, & Micah*, EEC (Bellingham: Lexham, 2019), 457。

㉕ 甚少學者將 3 節「投」的主語理解為「深淵」，更詳細的討論，參 Niditch, *Jonah*, 60。

㉖ 4 節的「然而」（*ʾak̲*）原文的三個基本意思，可參 *HALOT* s.v. "אַךְ," 45。

㉗ 埃理克森（Amy Erickson）認為「然而」（*ʾak̲*）的意思是「然而、但是」，且在哀歌中帶出正面的元素。她的觀點可參 Erickson, *Jonah*, 327。

㉘ 沙遜觀察到 6 節「山的根基」的意義可與「便西拉智訓」（*Sirach*）平行解釋。他的見地可參 Sasson, *Jonah*, 187；另參 Erickson, *Jonah*, 334。

㉙ 有關6節「地的門閂將我永遠關住」原文複雜句法的討論，可參 Erickson, *Jonah*, 336；W. Dennis Tucker, Jr. *Jonah: A Handbook on the Hebrew Text*, Baylor Handbook on the Hebrew Bible Series (Waco, TX: Baylor University Press, 2006), 58。

㉚ *baʿaḏ* 這個介詞的其他用法，可參 *HALOT* s.v. "בְּעַד"。

㉛ 6 節「地」（*hāʾāreṣ*）與「永遠」（*ʿôlām*）可以有「陰間」意思的討論，可參 Sasson, *Jonah*, 189～90；Erickson, *Jonah*, 299, 337。

㉜ 有辭典將「門閂」與「逃」（*ḇārah*）放在同一個詞目之下討論，參 *TDOT* s.v. "בָּרַח, *bāraḥ*," 2:249～53。

㉝ 對於 7 節「我的心靈」的分析，參 Sasson, *Jonah*, 193。

㉞ 有關 7 節「發昏」（*ʿāṭap̄*）這詞義，參 *HALOT* s.v. "II עטף"。

㉟ 7 節「禱告」（*təp̄illāʰ*）的詞義，可參 *TDOT* s.v. "פלל," 11:570～72。

㊱ 8 節形成的簡單扇形結構，可參 Trible, *Rhetorical Criticism*, 170。

㊲ 8 節「信奉」（*šāmar*）原文動詞的詞義，參 *HALOT* s.v. "I שׁמר"。貝爾（Michael L. Barré）認為「信奉」這個只在舊約聖經出現一次的 *piel* 形分詞應該修改其母音，並讀為是一個關係介詞「從」（*min*）加上一個 *qal* 形詞幹分詞，其用法就正如詩篇三十一篇 6 節「虛無神明」那樣。經修改後，他把二章 8 節理解為同義平行句：「從那些持守虛無事情的人，他們丟棄約的忠誠」。參 Michael L. Barré, "Jonah 2,9 and the Structure of Jonah's Prayer," *Biblica* 72 (1991): 240～41。

㊳ 「虛」與「無」形成的附屬形結構所帶出的意義，可參 J-M §141m。

㊴ 對於 8 節「慈愛」（*ḥesed*）一詞應用於在較上等的位置及在較下等位置的關係上，可參 Sasson, *Jonah*, 198。

㊵ 對於 8 節「慈愛」（*ḥesed*）一詞用於人與人的關係，可參 *TDOT* s.v. "חֶסֶד *ḥeseḏ*," 5:47～48, 51。

㊶ 有學者認為二章 8 節的「他們」是第一章提及的尼尼微人。參 Erickson, *Jonah*, 307；Hoyt, *Amos, Jonah, & Micah*, 469。

㊷ 有學者認為約拿在二章 9 節的處境的討論，可參 Uriel Simon, *Jonah: The Traditional Hebrew Text with the New JPS Translation*, JPS Bible Commentary, trans. L. J. Schramm (Philadelphia, PA: Jewish Publication Society of America, 1999), 24；Erickson, *Jonah*, 342。

㊸ 塔卡（W. Dennis, Tucker Jr）認是二章 8 節是一獨立詩節，其功用就是要作出對比。參 Tucker, *Jonah*, 60。

㊹ 對於詩人藉著已有的哀歌傳統用語來表達他所面對的創傷這方面的討論，可參 Claassens, "Finding Words," 2 ～ 4；Brent A. Strawn, "Trauma, Psalmic Disclosure, and Authentic Happiness," in *The Bible Through the Lens of Trauma*, Semeia Studies 86, ed. Elizabeth Boase and Christopher G. Frechett (Atlanta, GA: SBL, 2016), 155。

㊺ 更多有關受創者以言語講述創傷的經驗的討論，可參 Claassens, "Finding Words," 4～5；Strawn, "Trauma, Psalmic Disclosure, and Authentic Happiness," 155。

㊻ 出現對立圖像是反映受創經驗所帶來對世界的理解產生混亂。這方面的討論可參 Claassens,

"Finding Words," 5～6。

㊼ 學者對於二章「吐」這動詞主語的兩個理解，參 Sasson, *Jonah*, 220；Brent A. Strawn, "On Vomiting: Leviticus, Jonah, Ea(a)rth," *CBQ* 74 (2012): 453。

㊽ 有關「吐」這動詞的 *qal* 或 *hiphil* 形詞幹的討論，參 *HALOT* s.v. "קיא"。

㊾ 有關約拿被魚吐至陸地與一章 17 節「三日三夜」的關係，參 Shemesh, " 'Any Many Beasts'," 11。

# 第二篇

# 耶和華第二次差派約拿（三 1～四 11）

第二篇同樣分為兩大段，於本書中將分為兩章討論：第一章（即本書第四章）是論述約拿如何遵從上帝的心意，進入城內（三1～10）；第二章（即本書第五章）則論述約拿在城內及城外與耶和華的對話（四1～11）。

# 第四章

# 約拿遵從並與外邦人在城內（三1～10）

- 耶和華的話臨到約拿
- 約拿按吩咐向尼尼微呼喊
- 尼尼微人呼喊禁食，穿上麻衣
- 消息傳到尼尼微王，穿上麻衣
- 尼尼微王使人呼喊禁食，穿上麻衣
- 尼尼微王期盼上帝回轉
- 上帝後悔不降所說的災

要了解約拿書三章的經文，可以先從其結構開始。學者採用了不同的進路來分析約拿書三章的結構。以下筆者將選取其中三個作討論。

**第一，以平行結構分析其內容**

A　耶和華的話臨到約拿（三 1～2）
　B　約拿的回應行動（三 3～4 上）
　　C　約拿的宣告內容（三 4 下）
　　　D　尼尼微人的回應行動（三 5）
A'　約拿的信息臨到尼尼微王（三 6 上）
　B'　尼尼微王的回應行動（三 6 下～7 上）
　　C'　尼尼微王的宣告內容（三 7 下～9）
　　　D'　上帝的回應行動（三 10）

這個平行結構是環繞著「宣告與回應」這個主題建構出來的。A 和 B 是耶和華向約拿的宣告和約拿的回應，C 和 D 是約拿向尼尼微人的宣告和尼尼微人的回應。同樣地，A' 和 B'，以及 C' 和 D' 重複「宣告與回應」這個主題。A 和 A' 的對應，在於兩者都指出有「話／消息」（*dāḇār*）「臨到／傳到」（*ʾel*）某人。B 和 C 分別是相關人物的回應行動並其進一步的宣告，B' 和 C' 也是這樣。最後，D 和 D' 是分別接受 C 和 C' 的宣告而作出的回應行動。不過，不同的是，C' 尼尼微王並不是向上帝宣告，而 D' 上帝的回應也不是直接回應尼尼微王的宣告，這點就有異於 C 及 D 的關係。這個結構的特色，強調了宣告和回應，但卻多大關注經文具體內容有否對應。

**第二，以「回轉」這個主題來將經文分段**

A　約拿回轉，向尼尼微人宣告（三 1～4）
B　尼尼微人回轉，離開惡道（三 5～9）
C　上帝回轉，不行所說要降的災禍（三 10）

這個結構以「回轉」（*šûḇ*）這個角度來理解經文，不過「回轉」一字只見於8、9、10節，也從沒有用在約拿身上。

**第三，採用扇形結構來處理這段經文 ❶**

A　耶和華的話臨到約拿（三1～2）
　B　約拿按吩咐向尼尼微呼喊（三3～4）
　　C　尼尼微人呼喊禁食，穿上麻衣（三5）
　　　D　消息傳到尼尼微王，穿上麻衣（三6）
　　C'　尼尼微王使人呼喊禁食，穿上麻衣（三7～8）
　B'　尼尼微王期盼上帝回轉（三9）
A'　上帝後悔不降所說的災（三10）

這個結構的首尾A和A'的對應，在於全段只有這兩處經文提及耶和華／上帝的作為。而且，A是耶和華的信息，而A'則是不執行這個信息的內容。B和B'的對應是關注到宣告可能帶來的改變，B是有關尼尼微的改變，而B'則是上帝的改變。C和C'都與尼尼微人禁食和穿上麻衣有關，前者是他們自發的行動，後者則是尼尼微王吩咐他們要作的。最後，置中的D則是尼尼微王自己知道約拿宣講內容後的回應行動。筆者下文將採納此結構作為析讀之用。

## 4.1 耶和華的話臨到約拿（三1～2）

段落1.2.2「全書結構」部分（參頁3～7）已指出約拿書一章和三章的好些相似之處，這裏我們便看看當中的差異。首先，引言部分（一1，三1）的差異在於約拿書三章不再需要重提約拿的父系背景，反而，這裏註明了耶和華的話是「第二次」臨到約拿。「第二次」（*šēnîṯ*；三1）或可作「第二」，但其意思並不必然是指重複第一次的內容，而是指耶和華「再次」吩咐約拿。再者，雖然三章2節像一章2節那樣，耶和華以相同的三個命令對約拿作出吩咐，即「起來」、「到……去」和「宣告」，不過約拿書三章這裏的行文中，這三個命令的具體內容亦有三方面差異：

- 三章2節的「向……宣告」(ûqərāʾ ʾēl)與一章2節「向……宣告」(ûqərāʾ ʿāl)的對象都是「它」(指尼尼微城),但原文採用了不同的介詞,分別為ʾēl及ʿāl。如上文所言,一章2節所採用的介詞ʿāl有「講話攻擊、審判」的意思(參頁50～51),而三章2節所採用的介詞ēl則沒有這意思。雖有學者認為這兩個介詞可以互用,不過,「向……宣告/呼喊」(qārāʾ ʾēl),在約拿書中出現五次(一6、14,二3,三2、8),而「向……宣告〔針對〕」(qārāʾ ʿāl)則只出現於一章2節。所以,在約拿書中兩者互用的機會不高。❷而我們可以進一步問:這個用字上的轉變,會否意味著三章尼尼微城的命運有改變的可能?
- 一章2節提及「講話攻擊、審判」尼尼微的原因,就是「因為他們的惡已達到我面前」,但三章2節卻沒有重複說出這個原因,這可能是因為從約拿書一章到三章,至此都沒有發生甚麼事情令這情況有改變。
- 三章2節反而加強了篇幅在約拿所要作的宣告上。約拿要宣告的是「我告訴你的信息」。「信息」(qərîʾāh)一詞在舊約聖經中只見於此,其原文跟動詞「宣告」(qārāʾ)同詞根(qrʾ),故可直譯為「你要宣告一個宣告」。「告訴」(dōḇēr)原文詞根(dḇr),與「耶和華的話」中「話」(dāḇār)的詞根相同。「告訴」原文是分詞,可以看為是過去、現在或將來式,這裏可理解為現在式,有「即將要說、正在說」的意思。❸因此,三章2節這裏是進一步指出,這「信息〔宣告〕」是耶和華「正將要對你說的」。「正將對……說」(dōḇēr ʾēl)這片語,其原文在舊約聖經出現次數不多,似乎都是在聽者遲疑的情況下,講者以此鼓勵聽者要有決心起來行動(參出六29;耶三十八20;但十11)。在三章2節,上帝鼓勵約拿起來行動;而在一章2節,可能上帝還未有機會向約拿宣告祂所要傳講的信息,約拿就已經逃走了。

以上三個差異,似乎反映出上帝對約拿的吩咐內容改變了,也就是說,縱然尼尼微的情況沒有改變,但上帝對尼尼微的看法卻已然改變。❹不過,沒有改變的,乃是上帝依然堅持要向尼尼微講話,而祂所差派的人,也依舊是約拿。「尼尼微」在約拿書中出現共九次(一2,三2、3[x2]、4、5、

6、7，四 11），單在第三章卻已出現七次，顯然這城是約拿書三章的核心關注。

# 4.2 約拿按吩咐向尼尼微呼喊（三 3 ～ 4）

## 4.2.1 約拿遵命起來到尼尼微去（三 3 上）

三章 3 節上説「約拿……起來，到尼尼微去」，並加上「照耶和華的話」這短句來強調約拿的遵命（三 3 上）。這與一章 3 節約拿只是遵從耶和華第一個吩咐「起來」（一 3），截然不同。我們用扇形結構分析三章 1 至 3 節上這段經文，可清楚看到這些對應（按原文稍修改「和修版」）：

A　耶和華的話第二次臨到約拿，說：（1 節）

　B　「起來，到尼尼微大城去，（2 節上）

　　C　把我告訴你的信息向其中的居民宣告。」（2 節下）

　B'　約拿就起來，他到尼尼微去，（3 節上 a）

A'　照耶和華的話。（3 節上 b）

值得留意的是這裏的「**照耶和華的話**」是指約拿只是遵從第一個吩咐「起來」及第二個吩咐「到尼尼微去」。至於他是否會遵從第三個吩咐「把我〔耶和華〕告訴你的信息向其中的居民宣告」，至此則經文似未有明示，下文將再行討論（參頁 142 ～ 143）。

*「照耶和華的話」在舊約聖經中出現二十六次，其中十七次就出現在列王紀上、列王紀下。*

此外，經文也沒有指出，為何這次約拿願意往尼尼微城去。耶和華的話第一次臨到約拿之時，約拿選擇「躲避耶和華」，拒絕與耶和華溝通，甚至不在乎因此失去自己的性命。於此，約拿卻選擇按耶和華的吩咐而行，這可能是出於約拿的悔改，但也有可能是約拿於無可奈何之下被迫遵從，屈服於強權之下。❺

## 4.2.2 補充資料(三3下)

### 4.2.2.1「尼尼微是一座極大的城」

我們注意到作者在3節上和4節上中間加插了補充資料:「尼尼微是一座極大的城,約有三天的路程」(3節下)。「尼尼微是⋯⋯」(*wənînwēh hāyṯāh*)原文句子格式為連接詞(*waw*)加名詞「尼尼微」(*nînwēh*),再加一個動詞「是」(*hāyṯāh*)。這格式(*waw* + *X* + *qatal*)在此明顯是要提供背景資料(可參段落2.2.1的討論,頁59)。❻

第一項補充資料「尼尼微是一座極大的城」(*wənînwēh hāyṯāh ʿîr-gəḏôlāh lēʾlōhîm*)原文是「尼尼微是大城」之後加上 *lēʾlōhîm* 一詞,而這詞由介詞前綴 *lə* 連於名詞「神」(*ʾĕlōhîm*)所組成,有三個可能的詮釋:

1. 如果介詞 *lə* 解作「屬於」,句子可譯為「尼尼微大城是屬於上帝/眾神明的」,表示上帝對尼尼微城是有主權的;
2. 如果介詞 *lə* 解作「對⋯⋯來說」,句子就譯為「尼尼微對上帝/眾神明來說是一座大城」,意思是連神明都認為尼尼微城是大的或重要的;
3. 如果 *lēʾlōhîm* 解作極致程度(superlative),句子便理解為「尼尼微是極大的城」,這是多數聖經譯本的選擇。舊約聖經中表達極致程度的其中一個方法,是把一個名詞,跟「神」(*ʾĕlōhîm* 或 *ʾēl*)這詞以附屬形(construct)關係的方式連結。例如:「尊貴的王子」(*nəśîʾ ʾĕlōhîm*)的原文,是把「王子」(*nāśîʾ*)與「神」(*ʾĕlōhîm*)以附屬形關係連結起來,故直譯是「神的王子」,而其意思是「屬神級別的王子」,即「尊貴的王子」(創二十三6)。不過,約拿書三章3節這裏的希伯來文結構,卻是「大城」和「神」之間加上介詞 *lə*,其結構與上述表達極致程度的方法,並不相同,故未必能將之理解為「極大的城」。❼

而且,很多時候,上述第三項詮釋會跟下一項補充資料連在一起來理解,即強調尼尼微是極大的城,故需三天時間才能走遍。不過,這處強調尼尼微城是一個極大的城,似乎沒有甚麼明顯意思,反而首兩項詮釋,尤其第一項理解,確實能補充至此仍未有提及的內容,就是尼尼微城與上帝的關係。現在我們先來看看另一項補充資料該如何理解。

### 4.2.2.2「約有三天的路程」

第二項補充資料「約有三天的路程」的原文只是「三天的路程」(*mahălak̲ šəlōšet̲ yāmîm*)。學者多認為這短句旨在較具體地指出尼尼微城究竟有多大，故認為這片語可指涉城的邊界或直徑的長度。然而，按舊約聖經所載，似乎並沒有用一個城鎮的周圍長度或直徑來描述它的大小的，即使以西結書有不少以「肘」作為量度單位的記載(結四十～四十三章)，所量度的，也只是先知在異象中所見的殿宇而不是真實城鎮的大小。另有學者認為，歷史中的尼尼微城不可能這麼大，所以，三天的路程應指要走遍城中各大街小巷所需的時間。[8]亦有學者認為，這是文學上的一種誇張手法。

在約拿書以外，被稱為「大城」的，有利鮮(創十12)、基遍(書十2)、耶路撒冷(耶二十二8)、迦南地的城鎮(申一28，六10，九1；書十四12)，以及在亞珥歌伯地的六十座大城(王上四13)。不過，經文卻從來沒有直接記下這些「大城」的具體大小。另一方面，舊約聖經中用以量度長度的單位，較普遍的有肘(參書三4；王下十四13；尼三13)、虎口(參出二十八16，三十九9；撒上十七4)、掌寬(參出二十五25；王上七26；結四十5)。[9]在這三個單位中，肘是用來量度較長的長度的。那麼，「三天的路程」該作何解釋？

這裏所使用的「某日數的路程」這種表達形式，在舊約聖經中是用來表示距離或行程用了多少時間。而其中出現的「路程」(*derek̲*)一詞，一般翻譯為「道路」，例如：

1. 「一天的路程」(*derek̲ yôm*)：上帝使鵪鶉從海面吹來，降在以色列營約有一天的路程(民十一31)；以利亞為逃避耶洗別追殺而在曠野行走的路程(王上十九4)。
2. 「三天的路程」(*derek̲ šəlōšet̲ yāmîm*)：拉班把自己和雅各相隔的距離定為「三天的路程」(創三十36)；摩西要求法老容讓他帶以色列人離開而走到曠野的路程(出三18，五3，八27)；以色列人離開耶和華的山後所行的距離(民十33);以色列人在伊坦曠野走了的路程(民三十三8)。

3. 「七天的路程」(*dereḵ šiḇʿaṯ yāmîm*):拉班知道雅各逃走後,走了「七天的路程」才追上雅各(創三十一23);以色列王、猶太王和以東王為要攻擊摩押王而行了「七天的路程」(王下三9)。

有學者進一步指出,「某日數的路程」往往帶象徵意思,而不應作字面解釋。「一日的路程」代表一個較短的距離,而「三日的路程」則是較長的距離,「七日的路程」距離當然就更加長了。⑩

總結而言,從以上的例子可見,「某日數的路程」對比於肘、虎口和掌寬三個單位來說,並不是用來表達精確長度的,而是要指涉一段較長的距離。而且,「某日數的路程」也不是用來量度地方或物件的大小,而是表達行程所需的時間,並藉此來說明行程的遠近。因此,三章3節下的「三天的路程」不大可能指涉尼尼微城的大小,而更應是指涉約拿行往尼尼微這路程所要花的時間。⑪

此外,值得留意的是,約拿書三章3至4節出現「某日數的路程」中「路程」(*mahălaḵ*)一詞,與上述例子舊約聖經慣用的字眼「道路」(*dereḵ*)並不相同。這裏所用的名詞「路程」的原文詞根(*hlḵ*),與3節上的動詞「行走」(*wayyēleḵ*;「到……去」)詞根相同。「路程」這名詞在舊約聖經中只出現五次,有解作「路程」(尼二6;拿三3、4),亦有解作「通道」(結四十二4;亞三7)。這用法亦只見於較後期的作品(參1.3「寫作日期」,頁7~8)。⑫約拿書這裏之所以沒有使用較常見的「道路」(*dereḵ*)一語,可能是為了配合約拿「行走」到尼尼微城這個行動。而事實上,作者3節上使用動詞「行走」,3節下亦使用同詞根名詞「路程」來表達,意即約拿「〔行〕……三天的路程」(三3),這可直譯為「行了三天的行程」(*wayyēleḵ ... mahălaḵ šəlōšeṯ yāmîm*),而這種寫作手法亦曾多次出現於約拿書(參專欄「約拿書中的同根詞直接受格」,頁141)。

總括而言,「三天的路程」這短句並不是用來量度尼尼微城的大小,而是要表達約拿走到尼尼微所需的時間及所涉的距離。那麼,3節及當中的兩個補充資料，便可意譯為：「約拿就照耶和華的話起來，到尼尼微去；尼尼微大城是屬於上帝的，〔去那裏約拿要行〕三日的行程。」

**約拿書中的同根詞直接受格**

所謂同詞根直接受格（cognate accusative），是指一句子中的直接受格（accusative）使用的名詞，與句子中主語的動詞同詞根。約拿書中的同根詞直接受格如下：

1. 「大大懼怕」（一10、16），可直譯為「懼怕一個大懼怕」（*wayyîrᵓû ... yirᵓāh gəḏôlāh*）
2. 「向……獻祭」（一16），可直譯為「獻祭一個祭」（*wayyizbəḥû-zeḇaḥ*）
3. 「許願」（一16），可直譯為「許願一些願」（*wayyiddərû nəḏārîm*）
4. 「把我告訴你的信息向其中的居民宣告」（三2），可直譯為「你要宣告……那個宣告」（*ûqərāᵓ ... ᵓeṯ-haqqərîᵓāh*）
5. 「〔行〕……三天的路程」（三3），可直譯為「行了三天的行程」（*wayyēlek̠ ... mahălak̠ šəlōšeṯ yāmîm*）
6. 「約拿……大大歡喜」（四6），可直譯為「約拿歡喜一個大歡喜」（*wayyiśmaḥ yônāh ... śimḥāh gəḏôlāh*）

## 4.2.3 約拿進城和宣告（三4）

### 4.2.3.1「約拿進城，走了一天」（三4上）

在3節下的補充資料後，4節上便接續記載約拿的行程。不少人把「約拿進城，走了一天」（4節上）詮釋為「約拿進城後，在城中行了一天的路程。」不過，按原文直譯卻應是「約拿開始進城，一天的路程」。「約拿開始進城」（*wayyāḥel yônāh lāḇôᵓ ḇāᶜîr*）應是指約拿剛剛來到尼尼微城，正要入城，而不是他已經進入了城中。「進」（*bôᵓ*）在約拿書一章出現兩次，都是指約拿「往」他施（一3[x2]），但現在他「進」的卻是尼尼微城。「一天的路程」（*mahălak̠ yôm ᵓeḥāḏ*）是修飾時間的短句，以表示約拿到達尼尼微城所需的時間。既然3節下指約拿距尼尼微城是「三天的路程」，為何這裏卻變成了「一天的路程」呢？

有猶太拉比甚至認為約拿就是以利亞所救活的那個寡婦的兒子（參 Babylonian Talmud Sukkah 80.5；Pirqei de Rabbi Eliezer 33）。

也許經文正是要指出，約拿以一天的時間，便走畢了原先要三天的路程！這個理解，驟眼看來可能有點不可思議，但不少學者卻指出，約拿和以利亞有不少相似的地方，而其中一點，正是他們都走過「一天的路程」（王上十九 4）。有學者列出了**約拿與以利亞相似的地方**：⓭

| 以利亞（王上十九 3～18） | 約拿 |
|---|---|
| 行了一天的路程（十九 4） | 行了一天的路程（三 4） |
| 坐在羅騰樹下（十九 4） | 坐在蓖麻下（四 5） |
| 求死（十九 4） | 求死（四 8） |
| 求上帝取去他的性命（十九 4） | 求上帝取去他的性命（四 3） |
| 上帝藉自然界說話（十九 1～13） | 上帝藉自然界說話（四 6～8） |

值得留意的是，當亞哈王坐馬車從迦密山往耶斯列途中，以利亞竟然可以「奔在亞哈前頭，一路到耶斯列」（王上十八 46）。這段經文表明了以利亞有驚人的能力，他走得竟然比馬車還要快。約拿在這裏用了一天的時間完成一般而言三天的路程，似是要表明約拿想急速完成耶和華的吩咐。⓮ 如此，3 節至 4 節上便可這樣理解：「約拿就照耶和華的話起來，到尼尼微去，尼尼微大城是屬於上帝的，〔去那裏約拿要行〕三日的行程。〔但〕走了一天的行程，約拿〔便〕開始進城……」

## 4.2.3.2 約拿作出宣告（三 4 下 a）

這種組合的表達，在舊約聖經另出現兩次（士九 7；但八 16）。

約拿剛開始進城，他就「宣告說」（4 節；*wayyiqrāʾ wayyōʾmar*）。這句子**原文由兩個動詞組成**，分別是「宣告」（*qārāʾ*）和「說」（*ʾāmar*），原文直譯是「他宣告，他說……」。如果我們再參考「進城」（*wayyāḥel ... lāḇôʾ bāʿîr*）的原文，這短句包含著動詞「他開始」（*wayyāḥel*）及一個附屬性不定詞「去進」（*lāḇôʾ*），以表示一個過程的開始（如前文所述），強調了一種持續的情況。所以，經文這處整體上可理解為「他開始進城……他宣告，他說……」，意即約拿的宣講，是在他進城時就立即開始。⑮至此，我們看到，約拿遵從了三章2節耶和華對他的三個吩咐「起來」、「去」和「宣告」。下表列按原文修改「和修版」：

| 耶和華的吩咐 | 約拿的遵從 |
|---|---|
| 1 耶和華的話第二次臨到約拿，說： | |
| 2「**起來**，<br>**到尼尼微**大城**去**， | 3 約拿就**起來**<br>他**到尼尼微去**，<br>照耶和華的話。<br>尼尼微大城是屬於上帝的，<br>〔去那裏約拿要行〕三日的行程。<br>4 走了一天的行程，約拿〔便〕開始進城， |
| 把我告訴你的信息向其中的居民**宣告**。」 | 他**宣告**，他說：<br>「再過四十天，尼尼微要傾覆了！」 |

雖然如此，但值得我們留意的是，如本大段開始時所說那樣，經文只明言約拿「起來」和「去」是「照耶和華的話」，但卻沒有直接指出約拿的「宣告」是「照耶和華的話」。這個表達方式，令人懷疑約拿所「宣告」的內容是否上帝告訴他的「信息」（2節），甚至可能反映出約拿不大願意遵行上帝的吩咐。事實上，約拿對尼尼微人所宣講的神論：「再過四十天，尼尼微要傾覆了！」在原文就只有五個詞「再／四十／天／要傾覆了／尼尼微」（*ʿôḏ ʾarbāʿîm yôm wənînwēh nehpāḵeṯ*）這麼短短的一句。我們看到，這個宣告並沒有如其他先知宣講神諭時所常附有的引言「耶和華如此說」或結束句「這是耶和華說的」，故此這可說是一個「不尋常」的神諭，若再加上經文沒有明言約拿是按上帝所吩咐的去宣講，那麼我們不禁問：約拿所講的是否就是上帝要他所宣告的呢？下面將回答這個問題。

## 4.2.3.3 約拿的宣告：「尼尼微要傾覆了」（三4下）

約拿宣告「再過四十天，尼尼微要傾覆了！」，當中「傾覆」（*nehpāḵeṯ*）一詞，引來了學者的好些討論。這詞可以指由好變壞，例如：城市的覆亡，特別是指所多瑪和蛾摩拉（參創十九21、25、29；申二十九22；耶二十16；哀四6;「傾覆」作名詞用則參申二十九22;賽十三19;耶四十九18,五十40;摩四11)、歡樂變成為悲哀(參哀五15;摩八10)、上等葡萄樹變為壞(參耶二21)、救主變為敵人(參賽六十三10)等。不過,這詞也可以指由壞變好,例如:由悲哀變成為歡樂(參斯九22;耶三十一13;詩三十11)、咒詛變成為祝福(參申二十三6)、變為另一個人(參撒上十6)、上帝改變心意(參何十一8)。最後,它也可以描述一些物件改變了性質,例如摩西那變過蛇的杖(出七15)、水變成為血(出七15),或海水變為柏油(賽三十四9)。上列的討論並沒有特別處理「傾覆」不同詞幹的用法。約拿書三章4節使用的是*niphal*形分詞,可以帶被動(passive)或反身(reflexive)的意思。*niphal*這個詞幹在舊約聖經中從來沒有應用在城市的傾覆之上,而多是指物件改變性質或人的改變。從這觀察,約拿書這裏是採用了擬人法,宣告尼尼微會作出改變,或「尼尼微」所代表其中的人會有改變。正是「傾覆」這詞於使用上的多義性,引來了不同的討論。

放到約拿書這裏,「傾覆」這詞又該如何理解?我們可以嘗試從不同角色的觀點去看。首先,從約拿的角度看,若他期望尼尼微城被滅,那麼對他來說,「傾覆」應是負面的用法。此外,若果約拿要清楚宣講滅亡的信息,他其實可以使用「滅亡」(一6、14)這個不帶歧義的用詞。因此他使用「傾覆」一詞,似乎不是出於他自己,而較似是按上帝的吩咐而宣講的。⑯ 其次,對尼尼微人來說,從他們的反應可推斷他們也認為「傾覆」是負面的。最後,10節指出耶和華不降祂原先說過要降的災難,若「傾覆」這詞是出於祂,對祂來說,其用法當然也是負面的。不過,另有學者認為上帝把「傾覆」看為是正面的轉化,而約拿則將之理解為負面的毀滅。正是他們之間這個差異理解,導致約拿感到「不悅」(四1)。⑰ 如此,便要將上帝的兩個行動——即宣告尼尼微會有正面的轉變和祂後來後悔不降災(三10),理解為沒有衝突的,但這觀點在文理上實難以成立。當然,若從事後發展來看,尼尼微人悔改離惡,確實成全了「尼尼微要傾覆了」這宣告中「傾覆」的正面用法。

總的來說,約拿書這裏「傾覆」一詞,按上文下理,應取負面的看法,即耶和華、約拿甚至尼尼微人,均以其負面意義理解之。至於上帝吩咐約拿使用

「傾覆」這個帶有歧義的用詞，也許是因這詞既曾用於指涉城市的覆亡（尤其是所多瑪和蛾摩拉），但也包含正面並轉化等詞義，能為故事增添一定的複雜性和想像的空間。

### 4.2.3.4 約拿的宣告：「**再過四十天**」（三4下）

關於「**再過四十天**」這片語，我們自然會想：「四十天」這一期限有沒有特別的意思？畢竟「四十天」這講法亦常見於舊約聖經。

*「七十士譯本」將「四十天」譯作「三天」。*

在舊約聖經中，「四十天」（或譯作「四十日」）除了獨立出現外，有時還會加上「四十晚」，通常會譯為「四十晝夜」。「四十天」或「四十晝夜」在約拿書以外可見於以下事件中：

1. 洪水事件（創七4、12、17，八6）；
2. 用香料包殮雅各的屍體「四十天」（創五十3）；
3. 摩西上山「四十晝夜」及「四十晝夜」沒有進食（出二十四18；申九9、11、18、25），他再上山「四十晝夜」為以色列人祈求（出三十四28；申十10）；
4. 探子窺探迦南地「四十天」（民十三25，十四34）；
5. 歌利亞「四十天」向以色列人罵戰（撒上十七16）；
6. 以利亞走了「四十晝夜」到了何烈山（王上十九8）；
7. 以西結側臥「四十日」（結四6）。

在這些情況中，「四十日」基本上代表一段很長的時間。大雨降下長達四十晝夜是要確定洪水可以除滅地上各種活物；摩西在山上四十晝夜為了要有足夠的時間從上帝領受各樣的吩咐，他在山上四十晝夜為以色列祈求代表當時以色列面對被上帝所滅的危機；探子窺探四十天表示他們對迦南地有詳細的考察；歌利亞四十日向以色列人罵戰就強調以色列人極度膽怯的情況。

對約拿書這裏提出「四十日」，學者有不同看法：一、有學者認為，是要給予尼尼微人有足夠的時間將約拿的信息傳遞出去，直至傳到尼尼微王那裏，同時也讓他們有充足的時間去進行悔罪的禮儀。⑱二、另有學者認為，四十日代表著一個試驗的時期，要看看當事人在這段期間受到試煉時的反應如何。⑲不過，在以上的例子中，經文都沒有記載不同的人在這期間如何面對當中的挑戰(情況與耶穌四十晝夜在曠野受試探很不相同)。三、「四十日/晝夜」在以上的幾個情況中(如第1、3、5及6點)雖然出現於負面的處境，但卻指向一個較正面的將來。⑳這個理解似乎也適用在約拿這個情況中。

那麼這個宣告為何會有時限呢？時限的設定，既是要為事情的執行定下一個時間表，但更重要的是讓人可以按這個時限作出計劃及回應，就正如上文提及的對「四十天」的幾個可能解釋那樣。然而，在舊約神諭中，的確甚少會用到一個日數來規限聽眾作出回應的。不過，費特姆(Terence E. Fretheim)指出有些舊約先知神諭會列出日期作規限的，例如：「六十五年之內，以法蓮必然國破族亡」(賽七8)；「這全地必然荒涼，令人驚駭。這些國家要服事巴比倫王七十年。七十年滿了以後，我必懲罰巴比倫王和那國，並迦勒底人之地，因他們的罪孽使那地永遠荒涼。這是耶和華說的」(耶二十五11～12)。㉑只是這些時段對比於四十日而言，畢竟要長得多了！故此，無論怎樣看，約拿這個包含時限的宣告都可算是十分獨特。㉒

## 創傷與約拿

在三章1至10節這段敘事中，約拿只見於首四節，其餘的內容都是與尼尼微人有關的。經文記載約拿如何回應上帝第二次呼召。一方面，約拿想盡快完成他被吩咐要做的事；另一方面，他似乎卻對吩咐執行得不大熱切。約拿在不能逃避的事和可以逃避的事之間徘徊遊走。約拿既無可避免要再次面對創傷的源頭，故希望盡快處理好一切就立刻離開。這可見於他一日內就趕到尼尼微城，並簡單地宣告只有五個詞的神諭。而且他盡量以抽離的方式宣講，當中看不見他對宣告的對象有甚麼情感的表達，無論是喜悅還是痛恨。同樣地，他的宣講也沒有顯示他跟吩咐他宣講的神明有何關係。他的宣講並沒有一般會見於先知神諭的使者公式「耶和華如此說」或結束句「這是耶和華說的」這類引言或結語，這可能反映出他並不認為他需要靠著耶和華的權威來宣講，也沒有自視為耶和華的使者，更藉此與耶和華保持距離。通過這樣的做法，也許約拿在盡量減低因接觸創傷源頭而再次受創所帶來的傷害。

除了時限的問題，可以留意的是，約拿的宣告和一般先知宣講審判的信息另有兩點不同：第一，約拿完全沒有指責尼尼微人任何具體的惡行，而從尼尼微王的吩咐中，同樣也沒有提及任何具體的惡行；第二，約拿也沒有呼籲悔改或提出任何回轉的方法。

## 4.3 尼尼微人呼喊禁食，穿上麻衣（三5）

首先，回應約拿宣告的，就是尼尼微人（三5）。「尼尼微人」原文由「眾人」（*ʾanšê*）和「尼尼微」（*nînwēʰ*）以附屬形關係連結，而「眾人」一字在約拿書亦出現三次之多（一10、13、16〔「那些人」〕），都是指水手。上文提過經文稱呼水手為「那些人」是在約拿提及神明之後，用意是強調水手作為人與神明的對比，而這裏也似有這個含意。

經文接著記載尼尼微人的三個反應，分別是「信服上帝」、「宣告禁食」和「穿上麻衣」。這表達格式，跟第一章的水手有相似的地方：他們都是外邦人，而他們都有三個反應，而且這些反應都是由內心的改變開始，再以兩個外在行為表達出來。這兩批外邦人的三個反應可見下表：

| 一章5節 | 三章5節 |
|---|---|
| 水手都懼怕， | 尼尼微人就信服上帝， |
| 各人哀求自己的神明。 | 宣告禁食， |
| 他們把船上的貨物拋進海裏，為要減輕載重。 | 從最大的到最小的都穿上麻衣。 |

聽到約拿的宣告後，尼尼微人的第一個回應就是「信服上帝」。「信服」（*ʾāman*）在舊約聖經的中譯本其他地方多譯為「信、相信」，其對象可以是神明（參創十四6）、人物（參出四1），或是事物（參王上十7）。不過，經文清楚指出「信服」的主語是外邦人的，就只有這裏（另參哀四12）。「信服」在約拿書只出現在這裏，而意指尼尼微人相信約拿的信息是來自神明的，他們也相信那位頒佈信息的神明有能力施行所宣講的內容，有能力降災（不然他們就不必悔改了）。縱然約拿沒有提及任何神明，而尼尼微人也未曾與這位神明有過任何交往，但他們就這樣相信了這位神明。他們的相信，並不需要任何神蹟奇

事作為支持，如當年以色列人需要經歷摩西所行的神蹟才相信那樣(出四31，十四31)——以色列人縱然見過神蹟，卻仍然可以不相信上帝(參民十四11；申一32)——尼尼微人的相信，就只是單單建基在約拿的宣告之上！然而，這「上帝」究竟是指約拿所代表的神明，抑或是他們自己所相信的神明？經文沒有明言。若是約拿所代表的神明，則尼尼微人明顯連這位神明的名字是「耶和華」也不知道！——我們看到水手口中曾提說「耶和華」(一14)這個名字，但尼尼微王口中就只有「上帝」(三8)。

值得提問的是，為甚麼經文選擇用「信服」(*ʾāman*)一詞，而不是已經出現過三次用來描述水手的「懼怕」(*yārāʾ*；一5、10、16)一詞呢？有別於「懼怕」，「信服」多指人對於一個信息(參創十五6；出四1；申九23；詩一〇六12；賽七9)或是神明拯救(參詩二十七13，七十八22)的即時正面回應；而「信服、信」也通常是人得到幫助的基礎(反面的例子：參民二十12；正面的例子：參代下二十20)。㉓約拿書三章5節的用法似乎也是如此。經文描述尼尼微人「信服」上帝，意味著他們對約拿所傳遞的信息作出了即時的正面回應，也表示他們期盼因此而得著拯救。由此可見尼尼微人的回應(「信服」)，完全有別於早前水手的回應(「懼怕」)。

這「信服」的行動產生兩個外在的行動，就是「宣告禁食」和「穿上麻衣」。「宣告」(*wayyiqrəʾû*)的原文，約拿書中出現八次(*qārāʾ*；一2、6、14，二2，三2、4、5、8)，譯為「宣告」(一2，三2、4、5)、「求告」(一6、14，二2、8)。有趣的是，外邦水手或者尼尼微人，他們不但自己作出「求告」的行動(一14，三5)，他們甚至比約拿更主動地呼籲別人去「求告」(一6，三8)。「禁食」可指完全或不完全停止進食及喝水。它可以是個人或集體的行動，也可以是為自己或為別人而作的(參斯四16；詩三十五13)。個人禁食的例子，可見於大衛為著他和拔示巴所生的首個孩子禁食，懇求上帝免這孩子一死(撒下十二16)；集體禁食是一種公開的禁食，其例子可見於集體表達哀悼(參撒上三十一13)、面對危機如將臨的戰爭(參耶三十六9)、已臨的自然災難(參珥一14)或哀悼禮儀的環節之中(參耶十四12)，期望藉此可以得著神明的正面回應，除去災劫。禁食有時會與「刻苦己心」並用(參詩三十五13；賽五十八3、5），表示同時間會進行其他自我約束的行動。禁食是以「主動為自己帶來生命危險」這種方式，來回應外在災難所帶來的生命危險。災難和禁食都會使生命受損，但前者來自外在，後者出自內在；前者是被動的，後者是主動的。禁食反映當事人的自我約束和自我降卑，有時伴隨著悔改，讓禁食者主動進入生命受損的狀況中，承認這光景是他們所應得的。

與禁食經常一起出現的行動就是「穿上麻衣」（參王上二十一27；尼九1），這動作在約拿書中出現過三次（另外兩次參三6、8，但那裏用上了不同動詞，參段落4.5對8節的分析，頁155～56），都是尼尼微人的行動。所謂「麻衣」其實基本上是由羊毛（後期為駱駝毛）所編織而成，指到一種黑色粗糙的物料，可以是衣服或是毛毯。它是在哀悼及懺悔的處境中所穿的衣物，再束上腰帶，代表哀傷或自我降卑。㉔ 這裏特別提及「從最大的到最小」都穿上麻衣，原文可直譯為「從他們那大者直到他們那小者」。「他們」是指尼尼微人，「大」及「小」可以指地位的高低、年齡的大小，或者身材的高矮。若參照下文三章7節「王和大臣」（*hammeleḵ ûḡəḏōlāyw*）原文可直譯為「那王和他的大者」，那麼「大」指地位較為可能。無論是哪個理解，「從大至小」採用了「以部分代表全部」（merism）的修辭手法，指涉所有人。然而，若按字面理解，經文卻是先記載一般尼尼微人宣告禁食，然後才是尼尼微王和他的大臣，這與「從大至小」的次序剛好相反（參下頁的討論，頁154）。雖然尼尼微人作出這一連串行動，不過這裏要重申，他們「信服」上帝，似乎並不表示他們相信這位神明是獨一真神（畢竟他們可以同時相信多位神明），也不表示他們改為只是敬拜這一位神明，至少經文沒有明言他們會離棄他們自己的神明。㉕

## 4.4 消息傳到尼尼微王，穿上麻衣（三6）

6節轉到尼尼微王自己如何回應約拿所宣告的信息的敘述。有學者認為，「這消息傳到尼尼微王那裏」這句話是一種倒敘，因為按理這消息應先傳到君王那裏，然後才傳到臣民中間。㉖ 不過，這個理解得不到希伯來文法的支持，因經文清楚表達了事情發生的先後次序。經文先提及尼尼微人的回應，才記敍尼尼微王的吩咐。作者可能想指出的是：尼尼微人的信服和禁食披麻，並不是出於順服尼尼微王的命令，而是因為約拿的宣講，是因為他們「信服上帝」。㉗

「消息」原文可解作「話語、事情」(*dāḇār*)。「消息」一詞可廣義解作約拿宣講信息和尼尼微人信服上帝整件事，或是狹義單指約拿所宣告的內容。這詞在約拿書共出現五次，而到目前為止，前三次(一1，三1、3)都是用於「耶和華的話」這片語中，也許這裏也包含這意思。若是這樣，那尼尼微王接下來的行動，就是出於對上帝話語的回應了。值得留意的是，經文只有「這消息」(*haddāḇār*)這詞，作者似乎無意指出「這消息」與約拿有甚麼關係。「傳」(*nāgaʿ*)這個動詞一般譯作「觸摸、接觸」(參創三3；賽六7)、「擊打〔即大力的接觸〕」(參創三十二26；詩一〇四32)，或「到達」(參賽十六8；耶四10)。這裏的意思應是「到達」。有趣的是，在舊約聖經中，把「話」作為「到達」的主語，除了在約拿書以外，就只有在以斯帖記(斯四3，八17，九1)，都是指到波斯君王的「話語」或「諭旨」「到達」國內各省各處。若作者有意以此作類比，那他就是在暗示耶和華才是君王，祂的諭令現在臨到祂統管的尼尼微王那裏(參段落4.2.2對三章3節下的解釋，頁138～40)。「尼尼微王」這個稱謂並不見於舊約聖經其他地方或近東文獻，反而「亞述王」才是一般會用上的稱呼(參王下十五19～29)。作者之所以使用這個稱謂，可能是想把亞述王貶低為一個城的王，以符合他只是一位接受從真正君王耶和華所傳的話的臣僕而已。㉘

尼尼微王以四個行動來回應這個消息(6節)：「起來」、「脱下」、「披上」和「坐」。這四個動作形成扇形結構如下(稍修改「和修版」)：

A　他就從〔他的〕寶座起來(*wayyāqom mikkisʾô*)，

　B　脱下〔他的〕朝服(*wayyaʿăḇēr ʾaddartô mēʿālāyw*)，

　B'　披上麻布(*wayəḵas śaq*)，

A'　坐在灰中(*wayyēšeḇ ʿal-hāʾēper*)。

A和A'的行動是相反的，這與尼尼微王身處的位置有關。B和B'也是相反的行動，與尼尼微王的衣服有關。這樣，尼尼微王由「從寶座起來」到「坐在灰中」，並由「脫下朝服」到「披上麻布」。這兩組相反動詞，正指出尼尼微王透過逆轉的行動來表達他的回轉。A 和 B 的「寶座」和「朝服」代表他尊貴的身分，而 A' 和 B' 的「麻布」和「灰」則代表他謙卑的身分，兩者形成了鮮明的對比。而且，A 和 B 中的「他的」並不見於 A' 和 B'，也顯出尼尼微王離開了原先屬於他的事物，表明了一種自我否定。6 節原文四個句子短促輕快，反映了尼尼微王迅速並不猶豫的行動。須留意的是，尼尼微王的第一個動作就是「起來」（*qûm*），這與上帝吩咐約拿「起來」（一 2，三 2）是同一個動詞。尼尼微王沒有被吩咐「起來」，但是他已曉得要「起來」行動，而且他的「起來」帶出了一系列哀悼的行動。他首兩個行動表明他離開尊貴者的身分，後兩個行動則表明他進入哀悼者的身分，認同那些早前採取同樣行動的尼尼微人。經文沒有說他「禁食」，但卻描述他「坐在灰中」。「灰」或作「灰塵」，一般不是指經燃燒物件後剩餘的灰燼（例外：參民十九）。「坐在灰中」多出現於死亡或哀悼的處境中，也會與穿上麻衣或禁食同時出現，表示面對災難時的自我降卑，並對上帝幫助的祈求（參斯四 1、3；賽五十八 5；耶六 26；但九 3）。「脫下〔他的〕朝服」（*wayyaʿăḇēr ʾaddartô mēʿālāyw*）原文的用法只見於這裏。「脫下〔他的〕朝服」中的動詞「脫下」（詞根是 *ʿḇr*；*hiphil* 形詞幹動詞）加上介詞「由」（*min*），原文有「除掉」（參王上十五 12；代下十五 8；亞十三 2）或「使之離開」（參撒上三 10；代下三十五 24；斯八 2；詩一一九 37；傳十一 10）的意思，這裏可直譯為「使他的朝服轉離開他」。類似的用法亦只見於撒迦利亞書三章 4 節，意思是指「把你的罪轉離開你」。「朝服」（*ʾaddereṯ*）多指毛衣，尤其是以利亞所穿著的（參王上十九 13、19；王下二 8、13、14），用來指君王的朝服只出現在這處。對比尼尼微君王「脫下〔他的〕朝服」的，就是他「披上麻布」。這裏採用的動詞「披上」（*wayəḵas*），有別於尼尼微人的「穿上」（*wayyilbəšû*；三 5）。這個改動，可能為了跟「從〔他的〕寶座」（*mikkisʾô*）發音相近，形成雙關語，㉙ 或是以「披上」強調麻衣完全蓋著尼尼微王。

## 4.5 尼尼微王使人呼喊禁食，穿上麻衣（三 7～8）

尼尼微王自己先有自我降卑行動，然後才發出與所有尼尼微人及動物有關的御旨。「他叫人通告尼尼微全城」中的「他叫人通告」（*wayyazᶜēq*），原文直譯是「他使人叫喊」。「叫喊」（*zāᶜaq*）原文與一章 5 節水手「哀求」（*wayyizᶜăqû*）有相同詞幹（*zᶜq*），多用來指人在困難時發出的呼求，雖然它亦含有「召集」的意思（參士十二 2，十八 23）。這裏的動詞是一個 *hiphil* 形詞幹動詞，帶使役意思，表示尼尼微王差派人做叫喊的動作，而不是他自己叫喊（「和修版」譯作「他叫人」）。「他叫人通告尼尼微全城，說：『王和大臣有令，……』」原文意思有點含糊，可以有以下三個理解，而這三個理解的差異在於受尼尼微王所差派那人的講話，是由哪處開始。

1. 「他使人叫喊，他說：『在尼尼微，王和大臣有令……』」；
2. 「他使人叫喊，他在尼尼微說：『王和大臣有令……』」；
3. 「他使人叫喊，他在尼尼微從王和大臣的令說：『……』」。

首先，這三個翻譯中的第一個「他」是指尼尼微王，而第二個「他」是王所差派的人。其次，「王和大臣有令」（*miṭṭaᶜam hammelek̲ ûg̅əd̲ōlāyw*）的原文由介詞 *min* 加上「王和他的大臣的令旨」，可以直譯為「從王和他的大臣來的令旨」。這裏要重點考慮的是，受差派者的宣告內容究竟是由「在尼尼微」開始（上文「理解 1」，參 NASV），還是由「王和大臣有令」開始（「理解 2」：參「和修版」、「呂振中譯本」、「新譯本」、NRSV、*Tanak*），或是由接著的「人、畜、牛、羊都不可嘗任何東西」開始呢？（「理解 3」：參「思高譯本」、KJV）上文「理解 2」是較多聖經譯本接納的。不過，筆者認為「理解 3」似乎較為可能。希伯來文會採用 *lēʾmōr* 一詞來引出直接講話的內容，而在 7 節這個用詞就正是出現在「王和大臣有令」之後，標示著「人、畜、牛、羊都不可嘗任何東西……」才是講話內容的開始。[30] 總結而言，這個受差派的人，就在尼尼微中「叫喊」，宣告從「王和他的大臣」這些權威而來的「令」是甚麼。「大臣」（*ûg̅əd̲ōlāyw*）原文只有「大」這個形容詞，是形容詞作名詞用。這用法亦在 5 節出現，那裏指涉的是人。「令」作為名詞（*ṭaᶜam*），其原文可解作「味道」（參出十六 31；

民十一8）、「辨別能力、見識」（參撒上二十五33；伯十二20）；其對應動詞（*ṭāʿam*）也有類似的意思，可解作「嚐」（參撒下十九36；伯十二11）或「體會、洞察」（參詩三十四9；箴三十一18），全都是以人作為主語。這字在這處解作「令」是獨一無二的，雖然其亞蘭文相關詞（*ṭəʿēm*；參拉四19、21[x2]，五3、9、13、17，六1、3、8、11、12、14；七13、21、23；但三10、29，四6，六26；另參1.3.「寫作日期」的討論，頁7～8），也有這個意思。作者使用這詞，可能是受亞蘭文影響，亦同時要與下文第一個負面命令的用字做對應。

這個令旨中有六個命令，先是三個負面的，後是三個正面的：

| 命令 | 命令內容 |
| --- | --- |
| 負面的命令（「不可作的事」） | 人、畜、牛、羊都不可嘗任何東西，<br>不可吃，<br>也不可喝水。（7節下） |
| 正面的命令（「要作的事」） | 人與牲畜都要披上麻布，<br>切切求告上帝。<br>各人要回轉離開惡道，離棄自己掌中的殘暴。（8節） |

從內容的角度出發，這六個命令與先前尼尼微人的反應（5節）可比較如下：

A　信服上帝　　尼尼微人就信服上帝，

　B　禁食和披麻　　宣告禁食，

　　從最大的到最小的都穿上麻衣。（5節）

　B'　禁食和披麻　　人、畜、牛、羊都不可嘗任何東西，不可吃，也不可喝水。（7節下）

　　人與牲畜都要披上麻布，

A'　求告上帝及離惡　　切切求告上帝。各人要回轉離開惡道，離棄自己掌中的殘暴。（8節）

從這個比較可以見到兩者的異同。B和B'的對應，在於兩者都記述禁食和穿上麻衣這兩個與哀悼有關的行動。不過，也正正在這兩點上，B 和 B' 也存在著差異。在禁食的事情上，B 只單提及「禁食」，但 B' 就詳細得多，提及「嘗」、「吃」和「喝」，禁食程度更為全面。再者，B 只是提及人的禁食，但 B' 則指出無論人或畜牲都要禁食。在披上麻衣的事情上，B 和 B' 同樣用上「以部分代表全部」(merism)的修辭手法，前者是「從最大的到最小」而後者則是「人與牲畜」，目的是表達全部都參與；但差異也同樣在於此：B，它只提及人，而 B' 則是人和牲畜。A 和 A' 的對應在於兩者都述及尼尼微人與上帝的關係。A 是正面表達他們「信服」上帝，A' 則進一步講出「信服」上帝的含意，包括向著何者(即「求告上帝」)和離開甚麼(即離開惡道和殘暴)，也就是說這個對上帝的「信服」是有道德含意的。明顯地，A' 和 B' 並不只是在重複 A 和 B 的內容，而是作出補充，擴充在 A 和 B 中的角色並行動的內容。畢竟君王不能只是重複臣民所行的，而該有更廣闊的視野，以顯君王有別於平民。既然 5 節已提及尼尼微人禁食，那麼其後當約拿的宣告臨到尼尼微王之時，尼尼微王的關注就不能只停在尼尼微人身上，而要進一步關注到尼尼微城中的動物。負面命令的對象是「人、畜、牛、羊」，這四個詞原文分為兩組：「人和畜」與「牛和羊」。「人和畜」也是採用「以部分代表全部」的手法，即以人和畜代表所有生物；「牛和羊」這修辭手法亦然，即代表了所有的牲畜。

下文列出令旨中前三個負面命令：

- 第一個負面命令是「不可嘗任何東西」。雖然「嘗」這動詞在舊約聖經中另外出現的十次都是以人作為主語(撒上十四 24、29、43[x2]；撒下三 35，十九 36；伯十二 11，三十四 3；詩三十四 8；箴三十一 18)，但這裏卻同時以人和牲畜作主語。「嘗」(*ṭāʿam*)的原文與「令」(*ṭaʿam*)為同詞根(*ṭʿm*)，應是刻意的雙關語。所以，按照君王和大臣的「令旨」(即他們的「品味」)，人和牲畜都不可「品味」任何東西。
- 第二個負面命令是「不可吃……」。這裏的動詞「吃」基本上是指動物覓食，亦可象徵性地使用，表達人如動物般覓食(參耶五十 19)。「吃」的原文(*rāʿā*$^h$)與「惡」(*rāʿā*$^h$；參 8 節)同形異義詞，應是作者刻意採用的雙關語，如此，這個令旨吩咐「不可吃」，就似是吩咐「不可行惡」。

- 第三個負面命令是「不可喝水」。

王並沒有説明禁令的限期，但若嚴格執行，只消幾日就可能引致死亡。對今天的人來説，把動物也牽涉入其中，似乎有點難以想像，也因此有學者認為這只是反映了作者用滑稽或諷刺的手法寫作。不過，當時的人和動物的關係比今天更為密切，而亦有學者指出亞述文獻中有受飼養動物參與宗教禮儀的記載。㉛ 舊約聖經其他地方，也曾描繪過動物向上帝呼求要得食物(參伯三十八41；詩一〇四21、27～28，一四七9；珥一20)。㉜ 而事實上動物在約拿書中確有其重要性，就如約拿書二章出現的魚和四章出現的蟲。

三個負面命令之後，就是三個正面的命令(8節)：

- 第一個正面命令是「人與牲畜都要披上麻布」，當中重提吩咐的對象是「人和畜」。王命令人和畜都要「披上麻布」。可以留意的是，雖然尼尼微人「穿上」(*lābaš*)麻布(5節)，但尼尼微王自己就「**披上**」(*kāsāʰ*)麻布(6節)，而這個吩咐就是人和牲畜都「披上麻布」，就如尼尼微王那樣。縱然尼尼微人已「穿上」麻衣，但尼尼微王還是要命令眾人模仿他「披上」麻衣呢！

> 「披上」(*kāsāʰ*)原文在6節及8節分別為 piel 及 hitpael 形詞幹動詞，後者可以有反身的意思，即指「披在自己身上」。

- 第二個正面命令是「切切求告上帝」，吩咐的對象仍是人和畜，而求告的對象則是「上帝」。與一章5節「各人……自己的神明」不同，那裏是各人自己的神明，而這裏只有「上帝」一語，應是指向單一的神明，但這神明究竟是指約拿所代表的神明，抑或是他們自己原先所相信的神明？就不得而知了。「求告」(*qārāʾ*)在此前已出現過七次，而這是最後一次，也是惟一一次加上助語詞「切切」。至此，這動詞繞了一個大圈似的，終於回到起始點時上帝的吩咐：上帝吩咐約拿向尼尼微人「呼喊」，而約拿向他們「呼喊」，最終尼尼微王吩咐居民向上帝「呼喊」。㉝「切切」(*bəḥozqāʰ*)原文是指「以強的力度」，在聖經中只出現五次(士四3，八1；撒上二16；結三十四4)。這個詞作助語詞使用，表示加強相關動詞的力度，在這裏就是指他們要用力向上帝呼喊。這裏向上帝「求告」，若參一章6、

14 節中「求告」一詞的用法，就是指向上帝呼求拯救。

- 第三個正面命令是「回轉離開惡道，離棄自己掌中的殘暴」，是尼尼微王把尼尼微人已有的行動擴充得最多的地方，當中點出了「信服」上帝的道德含意。在這個命令的原文中，只有一個動詞「回轉」(*šûḇ*)，而「離開」及「離棄」其實都是譯自介詞「由」(*min*)，意即「由惡道回轉」、「由自己掌中的殘暴回轉」。「惡」(*raᶜ*)在這裏是形容詞，在約拿書中只出現兩次，都是形容「道路」(另參三 10)，這有別於其出現了七次的相同詞根(*rᶜ*)名詞(*rāᶜāh*)(另參段落 2.1.2，頁 50～51)。「惡道」是比喻性用法，表示惡行或惡念，也指惡的生活方式或道德取向。「殘暴」(*ḥāmās*)多指不公義的行動，無論是在社會中(參出二十三 1；申十九 16)還是家庭中的(參「委屈」；創十六 5)，也指人所行充滿暴力和流人血的行動(參士九 24；結七 23)。這個吩咐似是只針對人，但也可能包括動物。㉞ 在洪水事件中，上帝因為地上滿了「暴力」(與「殘暴」為同一個詞)和「凡血肉之軀在地上的行為都敗壞了」，決定用洪水滅世(創六 11～13)。「血肉之軀」應包括人和動物，㉟ 而上帝用洪水所滅的也包括人和動物。「掌中的殘暴」原文是「殘暴在……掌中」，這片語在舊約聖經只出現四次，另外兩次都是講者宣稱自己的掌中沒有殘暴，以此強調自己是清白無辜的，而這也是神明所知道的(代上十二 18；伯十六 17)，而另一處則指出人民掌中的殘暴會使他們與上帝隔絕，令祂不聽他們(賽五十九 6)。有學者認為「殘暴」加上「在……掌中」是要強調每個人所行的殘暴。㊱「離開」惡道及「離棄」掌中的殘暴所指的，很可能分別針對尼尼微人慣常的行為和他們當下的殘暴。㊲ 而且，第三個正面命令所針對的，是尼尼微城中的每一個人(「各人」)，要他們每一個人「回轉」離開惡行，離開他們所行的不公義事情。

總括而言，尼尼微王令旨的三個正面命令所關注的，一方面是集體的披麻和求告神明，另一方面則是每一個人都要作出改變。他們要以禮儀承載內心的改變，以呼喊神明表示尊重祂的主權，也要以自己轉離惡行來顯明自己的改變。而且，這三個正面命令的用字字數逐漸增加（見下表；編按：括號內為主語，不算入字數），藉此加強語氣或重要性，以呼籲聽眾要作出全然的改變：

| 「和修版」的用字 | 原文音譯 | 原文字數 |
|---|---|---|
| （人與牲畜都）要披上麻布， | *wəyiṯkassû śaqqîm (hāʾāḏām wəhabbəhēmāʰ)* | 2 |
| 切切求告上帝。 | *wəyiqrəʾû ʾel-ʾĕlōhîm bəḥozqāʰ* | 4 |
| 各人要回轉離開惡道，離棄自己掌中的殘暴。 | *wəyāšuḇû (ʾîš) middarkô hārāʿāʰ ûmin-heḥāmās ʾăšer bəḵappêhem* | 7 |

值得留意的是，尼尼微人和尼尼微王所作的悔改行動，基本上反映出以色列人的悔改方式。所以，無論是外邦水手（一章）還是尼尼微人（三章），他們的行徑，其實就像理想中的以色列人。㊳ 從這個角度看，雖然他們本身都是外邦人，但他們的角色也不全然是外邦人，故有學者稱他們擁有一種「混合的身分」（hybrid identity）。㊴ 雖然如此，經文卻從沒有提及尼尼微人「回轉向上帝」，如其他經文提及以色列人要「回轉」向上帝那樣（參何十四2），而這正是因為尼尼微人其實並不認識以色列人的上帝，不知道祂的名字是「耶和華」，故可說是無從「回轉」向祂。㊵ 此外，尼尼微人當然也不會認識耶和華的律例典章，致他們可以遵守或者違背。故下文10節提及上帝改變心意，不降原先所說要降的災，其原因跟他們有否遵守祂的律例也沒有任何關係。縱然如此，他們卻知道「要回轉離開惡道，離棄自己掌中的殘暴」，才有可能避過神明所要施加的滅頂之災。「自己掌中的殘暴」可以使以色列人和上帝隔絕（賽五十九2、6），在這裏也可以叫外邦人跟他們所不認識的耶和華隔絕。㊶ 由此可見，敍事者認為，即使外邦人不認識耶和華，他們也有分辨善惡的能力；在耶和華的律例典章以外，也確實存在非耶和華敬拜者也該曉得的道德律例。

## 4.6 尼尼微王期盼上帝回轉（三9）

在三個負面和三個正面命令之後，尼尼微王講出他的期盼。9節以「誰知道」（*mî-yôḏēaʿ*）作為開始。這片語在舊約聖經中出現十二次。其中的動詞

「知道」兩次附有後綴（賽二十九15；耶十七9）；沒有後綴的那十段經文可以分為兩類：第一類指出知道有改變的可能，會為講者帶來正面的景況（撒下十二22；斯四14；詩九十11；珥二14；拿三9）；第二類則知道沒有改變的可能（箴二十四22；傳二19，三21，六12，八1）。42 對於第一類經文，「誰知道」就有「或者」的意味，反映講者在尊重上帝的主權之餘，仍存盼望，祈求祂施憐憫。約拿書三章9節就屬於這一類經文，它亦可與一章6節作比較：

| 一章6節 | 三章9節 |
|---|---|
| 或者<br>神明顧念我們，<br>使我們不致滅亡。 | 誰知道<br>上帝也許會回心轉意，不發烈怒，<br>使我們不致滅亡。 |

「上帝也許會回心轉意，不發烈怒，使我們不致滅亡」（*yāšûḇ wəniḥam hāʾĕlōhîm wəšāḇ mēḥărôn ʾappô wəlōʾ nōʾḇēḏ*）原文可直譯為「那神會回轉及改變心意，及會回轉離開祂鼻孔的憤怒，以致我們不會滅亡」。43 所以，「誰知道」後列出了兩個條件，分別是「那神會回轉及改變心意」和「會回轉離開祂鼻孔的憤怒」，期盼最後可以達到「我們不會滅亡」這目的。

尼尼微王期望這神明先「回心轉意」。「回心轉意」（*yāšûḇ wəniḥam*）這短句原文由兩個動詞組成，可直譯為「回轉及改變心意」。這兩個動詞的組合另只見於約珥書二章14節（另參耶三十一19；「和修版」譯作「背離」），而約拿書與約珥書兩者同樣都用上了「誰知道」這片語。有關這兩段經文的相似之處可參下文四章2節的分析（參段落5.1.2，頁176～82）。44

「回心轉意」這片語的第一個動詞「回轉」（*šûḇ*）在約拿書出現五次，除了一章13節指水手要「使……回轉」外，其餘四次都出現在三章8至10節中，可見「回轉」確是這段經文的重點。右表按這四次「回轉」的主語列出如下（部分經文按原文重譯）：

| 「回轉」的主語 | 「和修版」修改版 |
|---|---|
| 尼尼微人 | 8 …… 各人要**回轉**離開〔他的〕惡道，離棄自己掌中的殘暴。 |
| 上帝 | 9 誰知道，那神會**回轉**及改變心意， |
| 上帝 | 〔祂〕會**回轉**離開祂鼻孔的憤怒，<br>以致我們不會滅亡。 |
| 尼尼微人 | 10 上帝察看他們的行為，見他們〔**回轉**〕離開〔他們的〕惡道，<br>上帝就改變心意，原先所説要降與他們的災難，祂不降了。 |

可以留意的是，約拿書一章經文中多次指出水手及船長模仿耶和華的動作，包括「拋進海裏」及吩咐人「起來」、「去」和「呼喊」，都是先有耶和華的行動，後有水手的跟隨。到了三章 8 至 9 節，經文卻先提及尼尼微人的「回轉」，然後才提及耶和華的「回轉」。不過，需要留意的是，經文從來沒有明顯指出尼尼微人的回轉和上帝的回轉有任何因果關係，經文反而以「誰知道」指出一點，那就是在尼尼微王的眼中，兩者沒有必然關係。㊺ 尼尼微人需要自己先作出回轉的行動，才可期盼神明回轉；然而神明會否回轉，卻端在祂的主權，而非建基於尼尼微人的回轉之上。同樣地，一章 6 節船長在講話中指出，水手要起來求告他們各人的神明，但這神明也只是「或者」會顧念他們。人的行動在先，但並不構成上帝必然的正面回應。如此，人的行動只是上帝正面回應的必要條件（necessary condition）而不是充分條件（sufficient condition）。㊻ 事實上，上帝也確曾宣稱「因為我言已出，我意已定，必不改變，也不由此轉回」，以此表示祂行事有絕對主權，祂也不會後悔（耶四 28；另參撒上十五 29；結二十四 14；亞八 14）

「回心轉意」（*yāšûḇ wəniḥam*）這短句的第二個動詞是「改變心意」（*niḥam*），它有時會翻譯為「後悔」。當這個動詞應用在上帝身上，有時候是指涉祂對自己做過的事情的看法，可以理解為「後悔」（參「和合本」；參創六 6；撒上十五 11、35；耶四十二 10；「和修版」譯作「遺憾」），不過，這情況較少出現。反而更多是指涉到祂會改變祂曾計劃要做、但仍未執行的事，故翻譯為「改變心意」較為正確（參出三十二 14；耶十八 8，二十六 3、13、19）。這個動詞在約拿書出現過三次（三 9、10，四 2），都是後者的意思。

最後，尼尼微王期盼這位神明會「回轉離開祂鼻孔的憤怒」，反映他認為神明會因為人的惡行而「憤怒」。「鼻孔的憤怒」(*ḥărôn ʾāp̄*)的原文在舊約聖經出現三十三次，都是指上帝的憤怒。「憤怒」(*ḥărôn*)一詞在約拿書中只在這裏出現，與一章15節記述海就停了它的「憤怒」(*zaʿap̄*)，兩者用字不同。尼尼微王期盼的目的是「使我們不致滅亡」，就正如一章船長所期盼的那樣，都是「不致滅亡」(一6；另參一14)，而兩者原文用字完全一樣(*wəlōʾ nōʾḇēḏ*)。

## 4.7 上帝後悔不降所說的災(三10)

10節就記敘尼尼微王發佈令旨後事情後續的發展。特別的是，經文只記述耶和華的行動(以三句句子來描述)，而沒有直接記載尼尼微人的行動，明顯是要讀者留意耶和華的作為，多於尼尼微人對尼尼微王吩咐的回應。這三句句子列出如下(按原文稍修改「和修版」)：

1. 上帝察看他們的行為，〔就是〕他們〔回轉〕離開〔他們的〕惡道；
2. 上帝就改變心意，關於那惡，就是祂曾說要向他們所行的；
3. 祂沒有行了。

第一句記述上帝「看見」他們的「行為」。「看見」(*rāʾāh*)在約拿書只出現兩次(另參四5)，這次是以上帝作主語。上帝的「看見」，表示祂洞察事情的真相，不被人的外在行為瞞騙(參詩九十四7～11)。有學者進一步指出，上帝的「看見」是指祂能看透一切，因為祂是創造者。[47]「行為」(*maʿăśeh*)在約拿書只出現一次，其詞根意為「行、做」(*ʿśh*)。接著，經文指出「他們的行為」就是「他們〔回轉〕離開〔他們的〕惡道」。所以，透過描述上帝的行動，作者間接指出了尼尼微人確有按著尼尼微王的吩咐，回轉離開惡道。不過，究竟尼尼微人有否遵行王的其他命令呢？作者是否用「離開惡道」來代表尼尼微人已遵行了王的所有吩咐，抑或藉此暗示尼尼微人並沒有完全按王的命令而行呢？這一點經文沒有明示。

第二個行動是上帝「改變心意」，所涉及的內容是「關於那惡」，而「那惡」就是「原先所說要降與他們的災難」，即「祂曾說要向他們所行的」。「災難」(*hārāʿāh*)的原文，跟經文中已多次出現的「惡」(*rāʿāh*)為同一個詞。如上文所言，上帝「改變心意」這個行動，不是針對已經做過的事，而是指曾預計要做、但仍然未做的事情（參段落 4.6，頁 157～60）。不過，經文之前並無記載耶和華說過要向尼尼微人施行何災，而這裏作者似乎刻意省略這方面的記載。

最後一個行動，接續著上帝「改變心意」的，就是第三句「祂不降了」，這短句直譯為「祂沒有**行**了」。

「行」（$ʿāśāh$）在約拿書中共出現七次，至今有六次，其中四次以上帝為主語（一 9、14，三 10[x2]）。

不少學者認為 10 節所記述上帝第一個行動，跟其後兩個行動，是存在著因果關係的，例如「和修版」的「上帝就改變心意」中「就」一字，就傳遞了這種因果的含意。這樣，當尼尼微人回轉離惡，結果上帝就改變心意，不向他們行惡了。有學者認為這些行動組成一個扇形結構，故可支持這一觀點：[48]

A　上帝察看他們的行為，

　B　〔就是〕他們〔回轉〕離開〔他們的〕惡道，

　B'　上帝就改變心意，關於那惡，

A'　就是祂曾說要向他們所行的，祂沒有行了。

A 和 A' 的對應在於上帝是動詞的主語，而且多次使用「行」、「行為」。B 和 B' 的對應是「回轉」和「改變心意」這類意思近似的用詞，而且有「惡」這字眼。藉著這個扇形結構，經文表達了一種「等價交換」的道理，當中包含著因果的關係，反映出**耶利米書十八章 7 至 8 節**的觀念。尼尼微人的「行為」就是他們「回轉」離開「惡」，而上帝同樣對「那惡」作出「改變心意」的行動（B 及 B'）。上帝看見尼尼微人的「行為」，祂就更改自己的行為，「沒有行了」（A 及 A'）。[49] 不過，有少部分學者並不同意這個看法，指出這兩個行動並沒有必然的因果關係，而經文只是表達上帝一先一後的兩個行動。[50]

耶利米書十八章 7 至 8 節：「我何時論到一邦或一國說，要拔出、拆毀、毀壞；我所說的那一邦若回轉離開他們的惡，我就改變心意，不將我想要施行的災禍降與他們。」

筆者認為約拿書經文的內容似乎支持後者。經文有三次直接指出上帝的作為並不由人的行動所決定，並宣認上帝行事有祂的主權。這三次分別是：一、船長講話中的「或者」（一 6）；二、水手宣認耶和華是「隨自己的旨意行事」（一 14）；三、尼尼微王的「誰知道」。按這些外邦人的信念，他們至少認為這位神明有行事的自由和主權。雖然在災難面前，人要做他們該做的事，就如求告神明、禁食、披麻和離開惡，但這種種行動都不必然可以帶來神明正面的回應。事實上，經文沒有明言，水手或約拿得免於死，是他們悔改或者祈求上帝的結果。反過來說，人犯罪也同樣不必然帶來神明的刑罰，因為神明可以改變心意。約拿書其他地方似乎也支持「沒因果關係」這個看法。正如約拿後來向上帝祈禱，就指出「改變心意，不降那災難」是上帝的屬性（四 2），而上帝在最後的講話中似是指出，尼尼微城的大小是祂考慮的因素（四 11）（詳見段落 5.1.2 和段落 5.7，頁 176～82、199～207）。

按此邏輯，我們可以再進一步思考一個問題，就是縱然上帝改變心意，但這卻不表示祂就會完全除去所有負面的行動。51 事實上，舊約聖經曾記述上帝雖然後悔或改變心意，但接著仍會降災（創六 6；出三十二；士二 18；撒上十五 35；撒下二十四；摩七 1～9）。而且，約拿書成書時代的當代讀者，已經知道歷史中的尼尼微城已然毀滅，那麼經文所展示的上帝，即既可按己意改變心意，不加惡於尼尼微城身上，亦可以收回這個決定，叫尼尼微城滅亡。那就是說，雖然上帝改變心意，但這不保證上帝不施加災難，因為上帝改變心意之後，仍可施行毀滅的行動！約拿書的作者正是要強調上帝的絕對自由和主權。

段落 1.2.2「全書結構」部分（參頁 3～7）曾指出第一和三章有好些對應，而最突出的其中一點，就是外邦人只出現在這兩章中：第一章出現的是船長和水手，第三章出現的則是尼尼微王和城中的人。經文對這兩批外邦人的描述，可比較如右表。52

值得留意的是，按約拿書所記，雖然尼尼微人行惡及手中有殘暴，但他們沒有經歷到任何災難。而且，他們還得到約拿的警告，有回轉的機會，亦因此作者強調的是他們「信服」上帝。相反，屬於低下階層的水手和船長，經文既沒有記載他們有任何惡行，卻要經歷足以滅頂的災難，而且他們還得自己主動尋找災難臨到的原因。由此觀之，耶和華似乎並沒有按一般理解的「報應原則」

| | 一章 | 三章 |
|---|---|---|
| 角色類別（二分法） | 水手與船長 | 尼尼微人與尼尼微王（及大臣） |
| 民族／宗教 | 沒有提及 | 尼尼微 |
| 人物階層 | 低下階層 | 一般人民及社會上層（尼尼微王及大臣） |
| 災難起因 | 約拿 | 尼尼微人的惡 |
| 約拿角色 | 抽離與參與 | 宣講信息 |
| 回應災難 | 未知原因之前：<br>哀求自己神明、拋貨物到海中；<br>知道原因之後：<br>想轉回陸地、最終拋約拿下海 | 信服神明、禁食、向神明祈求、回轉及離開惡道 |
| 道德情況 | 拒絕流無辜人的血 | 提及他們的「惡」及「殘暴」 |
| 信仰經驗 | 透過親身體驗而改變：<br>經歷即時風暴的災難；<br>改變是逐漸的；<br>知道神明的名字是「耶和華」；<br>「懼怕」耶和華 | 透過別人的宣告而改變：<br>未有經歷所預告的傾覆；<br>改變是即時的；<br>不知道神明的名字；<br>「信服」上帝 |
| 所持信念 | 神明「或者」會顧念他們；<br>神明隨自己的旨意行事 | 「誰知道上帝也許會回心轉意」；<br>神明有「烈怒」 |
| 期盼結果 | 「我們不致滅亡」 | 「我們不致滅亡」 |
| 實際結果 | 風浪平息，沒有滅亡 | 神明不降災難，沒有滅亡 |
| 災難過後 | 懼怕、獻祭、許願 | 沒有提及 |

去對待這兩批人。此外，兩者回應災難的方式也有不同。水手等人是藉著放棄「他者」（即約拿）令自己不致滅亡，而尼尼微人則是通過放棄過去的「自己」以達至相同目的。兩者放棄的對象雖然不同，但本質上都是放棄災難的源頭。另外，水手的信仰歷程和對耶和華的認識是漸進的（參段落 2.2 分析，頁 54～92），而尼尼微人卻是在還不知道「耶和華」這名字時便立即信服。另一方面，這兩羣外邦人也有相似的地方，例如經文並無說明他們把耶和華視為惟一的神明；他們都宣認耶和華的主權，認為祂是不可測度的（參「或者」、「隨己意行事」、「誰知道」這些用詞）；耶和華也是有能力的，既可以令他們滅亡，也可以拯救他們。

### 創傷與約拿

在約拿書三章的整個敘事中，約拿的名字只見於三章 1 至 4 節的段落，而接下來的篇幅就全用於詳細記敍尼尼微人的改變，和耶和華改變心意而不降災。特別的是，當耶和華改變心意時，作者完全沒有提及約拿，並沒有記述約拿出現在這場景中，約拿就好像完全缺席於這整個「改變」的敍述，經文對約拿有否親眼目睹這些事發生，絕口不提；甚至到了四章 1 至 4 節記述約拿對此事的反應時，約拿口中也沒有片言隻字提到尼尼微人或上帝的「改變」行動。故事中的約拿，既似沒有目睹，也實在未有重述這一切。看見行惡和殘暴的人可以因悔改就立時得免災報，既不用經歷上帝的任何刑罰，也不需為惡行付甚麼代價，對堅持信靠上帝卻仍然受著強權欺壓的以色列人來說，無疑是極大的打擊和信仰挑戰，難免會使他們質疑信仰的價值，並所信靠的上帝是一位怎樣的神明。經歷這一切，已經教人難受；加上無法言說和重述，更叫人痛苦難當。相信上帝有其絕對自由和主權是一回事，但看到祂容讓強權恃強凌弱、霸凌弱者又是另一回事。這一切怎能叫人明白和釋懷呢？約拿也許正正就是面對著這樣的困惑。一切實在太難以接受了，如何才能理解和整理才可以述說出來呢？

## 溫習及思考問題

1. 試列出約拿書一章與三章的異同。上帝於約拿書三章給約拿的第三個吩咐是甚麼？你如何理解約拿的反應？
2. 三章 3 節「尼尼微是一座極大的城」是一個怎樣的句子結構？這種結構下，它帶給讀者甚麼樣的意義？
3. 三章 3 節「三天的路程」在舊約聖經中有何意義？約拿書的作者這樣表達為要帶出關於約拿的甚麼事情？
4. 約拿書的作者多次使用「同詞根直接受格」這種修辭手法，為要帶出哪種修辭效果？
5. 三章 4 節「四十天」在舊約聖經中有何意義？「再過四十天」在約拿書這裏包含著哪種意義？
6. 約拿的宣告與舊約先知所宣講的審判信息，有哪些分別？你認為約拿這樣宣講有何特別意思？

7. 尼尼微人聽到約拿的信息，有甚麼反應？你如何理解這些反應？尼尼微王聽到約拿的信息之後，他又有甚麼回應？他的令旨包含了多少個命令？尼尼微人與王是否確實認識以色列的神明耶和華？
8. 「回心轉意」這表達有何意義？耶和華會「回轉離開他鼻孔的憤怒」是甚麼意思？
9. 尼尼微人回轉之後，耶和華做了甚麼事情？祂的行動與尼尼微人離開惡道的行為有甚麼關係？你如何理解耶和華不降災予尼尼微城這事？從創傷角度來看，這事如何影響著約拿？

## 短註

❶ 吳獻章提出以下稍為不同的扇形結構。參吳獻章：《其實你不懂我的心：約拿書註釋》（台北：道聲，2013），頁 174。

A　主權在握的上帝二次吩咐約拿往尼尼微大城去傳道（三 1～2）
　B　約拿順服上帝的吩咐，向尼尼微大城去傳道（三 3）
　　C　約拿勉強地順服：單傳上帝要毀滅的信息（三 4）
　　　D　尼尼微城真悔改：從大到小都信服上帝（三 5）
　　C’　王全心全意順服：單盼望全城脱離上帝毀滅（三 6～9）
　B’　尼尼微人接受上帝透過約拿所傳的道（三 10 上）
A’　主權在握的上帝刪除透過約拿所傳的災禍（三 10 下）

另參 Rosemary Nixon, *The Message of Jonah*, BST (Leicester: IVP, 2003), 155。

❷ 沙遜（Jack M. Sasson）於三章 2 節及一章 2 節之「宣告」用上了不同介詞。其不同用法和不同意思的論證，參 Jack M. Sasson, *Jonah: A New Translation with Introduction, Commentary, and Interpretation*, AB 24B (New York: Doubleday, 1990), 72～75。

❸ 詹森（Philip P. Jenson）認為「告訴」是一個分詞這用法是強調聽者要遵從信息內容。參 Philip P. Jenson, *Obadiah, Jonah, Micah: A Theological Commentary*, LHBOTS 496 (New York: T & T Clark, 2008), 70。

❹ 對於三章 2 節反映上帝對尼尼微的看法有所改變這觀點，可參 Amy Erickson, *Jonah: Introduction and Commentary*, Illuminations (Grand Rapids, MI: Eerdmans, 2021), 356。

❺ 有學者認為約拿選擇按耶和華的吩咐是因為他無可奈何，參 Stuart Lasine, “Jonah's Complexes and Our Own: Psychology and the Interpretation of the Book of Jonah,” *JSOT* 41 (2016): 249。

❻ 有關 *waw* + *X* + *qatal* 格式的功用，可參 Frederic Clarke Putnam, *A New Grammar of Biblical Hebrew* (Sheffield: Sheffield Phoenix Press, 2010), section 25.6 " Disjunctive Clauses "。

❼ 沙遜不贊成 3 節「極大的城」這樣的翻譯，他的觀點可參 Sasson, *Jonah*, 228。

❽ 有關 3 節「約有三天的路程」這片語的討論，可參 David Marcus, " Nineveh's ' Three Days ' Walk ' (Jonah 3:3): Another Interpretation, " in *On the Way to Nineveh: Studies in Honor of George M. Landes*, American Schools of Oriental Research Books 4, ed. S. L. Cook and S. C. Winter (Atlanta, GA: Scholars, 1999), 43 ～ 44；Jenson, *Obadiah, Jonah, Micah*, 72；Charles Halton, " How Big Was Nineveh? Literal versus Figurative Interpretation of City Size, " *BBR* 18 (2008): 193～207。

❾ 有關聖經中度量衡的簡單介紹，可參 *ABD*, s.v. " Weights and Measures "。

❿ 舊約聖經中「某日數的路程」帶象徵意思的討論，參 Marcus, " Nineveh's ' Three Days ' Walk ' (Jonah 3:3), " 45～46。

⓫ 將 3 節「三天的路程」是指約拿行去尼尼微的路程所需的時間的討論，可參 Jeffrey M. Cohen, " Jonah's Race to Nineveh, " *Dor le Dor* 16/1 (1987): 13；Marcus, " Nineveh's ' Three Days ' Walk ' (Jonah 3:3), " 42 ～ 53；另參 Erik Eynikel, " One Day, Three Days, and Forty Days in the Book of Jonah, " in *One Text, A Thousand Methods: Studies in Memory of Sjef van Tilborg*, ed. Patrick Chatelion Counet and Ulrich Berges (Leiden: Brill, 2005), 70～71。

⓬ 3 節「路程」(*mahălaḵ*) 這詞屬較後期作品的討論，參 Erickson, *Jonah*, 39。

⓭ 約拿和以利亞生平相似的地方的討論，可參 Andre LaCoque and Pierre-Emmanuel Lacocque, *Jonah: A Psycho-Religious Approach to the Prophet* (Columbia: University of South Carolina, 1990), 148～54。

⓮ 對於約拿急速去尼尼微城想要急速完成耶和華的吩咐的看法，參 Sasson, *Jonah*, 236；Erickson, *Jonah*, 357。

⓯ 參揚布（Kevin J. Youngblood）對於 4 節的相關詮釋，可參 Kevin J. Youngblood, *Jonah: God's Scandalous Mercy*, Hearing the Message of the Scripture: A Commentary on the Old Testament (Grand Rapids, MI: Zondervan, 2013), 132。

⓰ 有關 4 節約拿使用「傾覆」一詞，是按上帝吩咐的宣講內容意思的討論，可參 Ray J. Lubeck, " Prophetic Sabotage: A Look at Jonah 3:2～4, " *Trinity Journal* 9 (1988): 45。

⓱ 沙遜對於 1 節「不悅」的分析，參 Sasson, *Jonah*, 234, 267～68。

⓲ 對於學者將 4 節「四十天」解釋為一個給予尼尼微人有足夠時間傳講約拿的信息和執行悔罪禮儀的時期，可參 Hans W. Wolff, *Obadiah and Jonah: A Commentary*, Continental Commentaries, trans. M. Knohl (Philadelphia, PA: Augsburg, 1986), 29；Uriel Simon, *Jonah: The Traditional Hebrew Text with the New JPS Translation,* JPS Bible Commentary, trans. L. J. Schramm (Philadelphia, PA: Jewish Publication Society of America, 1999), 29。

⓳ 另有學者將 4 節「四十天」解釋為代表著一個試驗的時期，參 Leslie. C. Allen, *The Books of Joel, Obadiah, Jonah, and Micah*, NICOT (Grand Rapids, MI: Eerdmans, 1976), 222；Phyllis Trible, *Rhetorical Criticism: Context, Method, and the Book of Jonah* (Minneapolis,

MN: Fortress, 1994), 180。

⑳ 有學者認為4節「四十天」是指向正面的將來，參 Erik Eynikel, "One Day, Three Days, and Forty Days in the Book of Jonah," in *One Text, A Thousand Methods: Studies in Memory of Sjef van Tilborg*, ed. Patrick Chatelion Counet and Ulrich Berges (Leiden: Brill, 2005), 73。

㉑ 費特姆(Terence. E. Fretheim)列出舊約聖經曾提及的一些時限，參 Terence. E. Fretheim, *The Message of Jonah: A Theological Commentary* (Minneapolis, MN: Augsburg, 1977), 108。

㉒ 時限的長短可能也有著不同含意。若時限很短，例如只有一天或三天，自會提高了事情的迫切性，催迫著人去作出適時的回應。若時限很長，催迫性就自然減弱。「四十天」比一天或三天長，相對而言當然便沒有後者那麼迫切。莫伯利(R. W. L. Moberly)甚至認為約拿提出「四十天」這個時限，表示約拿其實並不太著緊尼尼微人是否悔改，因為他的信息指出審判還有一段日子才臨到，大家可不用著急呢！不過，筆者認為有多緊迫未必是詮釋「四十天」的惟一或是最重要的理解進路。參 R. W. L. Moberly, "Preaching for a Response? Jonah's Message to the Ninevites Reconsidered," *VT* 53 (2003): 166～67。

㉓ 對於「懼怕」與「信服」這兩個詞更詳細的討論，可參 Daniela Scialabba, *Creation and Salvation: Models of Relationship between the God of Israel and the Nations in the Book of Jonah, in Psalm 33 (MT and LXX) and in the Novel "Joseph and Aseneth"*, FAT, 2 106 (Tübingen: Mohr Siebeck, 2019), 74～78。

㉔ 有關5節「麻衣」的更多資料，可參 *TDOT* s.v. "שַׂק *śaq*," 14:184～89；R. Reed. Lessing, *Jonah*, Concordia Commentary (Saint Louis, MO: Concordia, 2007), 285。

㉕ 有學者認為5節的「信服」就指出尼尼微人「相信」("believe")上帝，而不是「信靠」("believe in")祂。參 John H. Walton, "The Object Lesson of Jonah 4:5–7 and the Purpose of the Book of Jonah," *BBR* 2 (1992): 53；另參 Daniel Timmer, "Jonah's Theology of the Nations: The Interface of Religious an Ethnic Identity," *Revue biblique* 120 (2013): 17；Erickson, *Jonah*, 39。

㉖ 對於6節「這消息傳到尼尼微王那裏」是一種倒敍表達，可參 Wolff, *Obadiah and Jonah*, 145；Jean-Marc Heimerdinger, *Topic, Focus and Foreground in Ancient Hebrew Narratives*, JSOTSup 295 (Sheffield: Sheffield Academic Press, 1999), 87。

㉗ 揚布認為6節「這消息傳到尼尼微王那裏」倒敍式的描述可能反映尼尼微人的信服並不是出於順服尼尼微王，參 Youngblood, *Jonah*, 138。

㉘ 約拿書使用「尼尼微王」的目的是貶低亞述王的這個看法，參 Youngblood, *Jonah*, 136。另有學者認為這個做法是讓讀者聚焦在尼尼微城這個地理區域，也因此容易談及約拿在這城的出入。參 Susan Niditch, *Jonah: A Commentary*, Hermeneia (Minneapolis, MN.: Fortress, 2023), 94。

㉙ 6節「披上」與「從〔他的〕寶座」形成雙關語的討論，參 Sasson, *Jonah*, 251。

㉚ 有關7節採用 *lēʾmōr* 這希伯來文一詞出現在「王和大臣有令」之後，標示著「人、畜、牛、羊都不可嘗任何東西⋯⋯」成為講話內容開始的討論，可參 Youngblood, *Jonah*, 138；W. Dennis, Tucker, Jr. *Jonah: A Handbook on the Hebrew Text*, Baylor Handbook on the Hebrew

Bible Series (Waco, TX: Baylor University Press, 2006), 71, 75～76。

㉛ 關於學者指出亞述文獻中有記載受飼養的動物參與在宗教禮儀中的討論，參 Yael Shemesh, " 'And Many Beasts' (Jonah 4:11): The Function and Status of Animals in the Book of Jonah," *JHS* 10 (2011): 19。

㉜ 有學者相信舊約聖經中有描繪動物向上帝呼求食物，這方面的討論可參 Bolin, *Freedom Beyond Forgiveness*, 128 及其註腳內容。

㉝ 「求告」在約拿書三章 8 節出現的位置，似是在書內繞圈回到起始點般，這方面的討論可參 Jenson, *Obadiah, Jonah, Micah*, 78。

㉞ 有學者認為 8 節「回轉離開惡道，離棄自己掌中的殘暴」這吩咐很可能也包括動物。參 Wolff, *Obadiah and Jonah*, 153。

㉟ 有學者認為創世記六章 12 節「血肉之軀」包括人和動物的討論，參 Victor P. Hamilton, *The Book of Genesis: Chapters 1–17*, NICOT (Grand Rapids, MI: Eerdmans, 1990), 279。

㊱ 沙遜認為「在……掌中」強調的是每個人所行的殘暴。參 Sasson, *Jonah*, 259。

㊲ 8 節「離開」、「離棄」掌中的殘暴指的很可能是尼尼微人慣常的行為和他們現時的殘暴。參 Sasson, *Jonah*, 260。

㊳ 斯特朗（Brent A. Strawn）認為尼尼微人和尼尼微王所作的悔改行動猶如理想以色列人悔改行動的討論，他稱呼他們為「不自覺」或「無名的以色列人」（'unknowing' or 'anonymous Israelites'）。參 Brent A. Strawn, "Jonah's Sailors and Their Lot Casting: A Rhetorical-Critical Observations," *Biblica* 91 (2010): 73。

㊴ 對於水手及尼尼微王有「混合的身分」的討論，參 Susanne Gillmayr-Bucher, "Jonah and the Other: A Discourse on Interpretative Competence," in *Imagining the Other and Constructing Israelite Identity in the Early Second Temple Period*, ed. Ehud Ven Zvi and Diana V. Edelman (London: Bloomsbury T & T Clark, 2014), 209。

㊵ 對於尼尼微人無從「回轉」的討論，參 Daniela Scialabba, *Creation and Salvation: Models of Relationship between the God of Israel and the Nations in the Book of Jonah, in Psalm 33 (MT and LXX) and in the Novel "Joseph and Aseneth,"* FAT 2, 106 (Tübingen: Mohr Siebeck, 2019), 86, 90。

㊶ 8 節「自己掌中的殘暴」同樣可以使外邦人和他們不認識的耶和華隔絕的討論，參 Scialabba, *Creation and Salvation*, 87～88。

㊷ 有關 9 節「誰知道」這片語的分析，可參 James L. Crenshaw, "The Expression ***mî-yôdēᵃ`*** in the Hebrew Bible." *VT* 36 (1986): 274～88。

㊸ 這裏的翻譯與「馬所拉文士」原文的標點符號有異，有關討論可參 Sasson, *Jonah*, 261。

㊹ 有關約拿書三章 9 節與約珥書二章 14 節用詞上的比較，參 Jonathan Magonet, *Form and Meaning: Studies in Literary Techniques in the Book of Jonah*, Bible and Literature 8 (Sheffield: JSOT, 1976), 77 ～ 79；Thomas B. Dozeman, "Inner-Biblical Interpretation of Yahweh's Gracious and Compassionate Character," *JBL* 108 (1989): 207～23；Hyun Chul Paul Kim, "Jonah Read Intertextually," *JBL* 126 (2007): 512～16。

㊺ 有些學者認為約拿書這處採用了耶利米書十八章7至8節（「我何時論到一邦或一國說，要拔出、拆毀、毀壞；我所說的那一邦若回轉離開他們的惡，我就改變心意，不將我想要施行的災禍降與他們。」）的理念。參 Moberly, "Preaching for a Response?", 158；Jenson, *Obadiah, Jonah, Micah*, 87；Erickson, *Jonah*, 363。這段經文指出上帝必然按人的行動作出對應的回應。不過，正如上文所言，約拿書清楚指出人的「回轉」與上帝的「回轉」並無必然關係，也沒有因果關係。故耶利米書十八章7至8節明顯不適合用來理解約拿書這處的內容。若是要比較的話，則耶利米書二十六章2至3節（「耶和華如此說：你要站在耶和華殿的院內，對猶大所有城鎮的人，就是到耶和華的殿來禮拜的，傳講我所吩咐你的一切話，一字也不可刪減。或者他們肯聽從，各人回轉離開惡道，我就改變心意，不將我因他們所行的惡、想要施行的災禍降與他們。」）可能就更為貼切。然而，諷刺的是耶利米書的經文是上帝出於對以色列的關愛而期望以色列回轉，以致祂不會降災，但這裏的聽眾卻是以色列的死敵尼尼微！

㊻ 費特姆對於9節上帝回應的討論，可參 Terence E. Fretheim, "Jonah and Theodicy," *ZAW* 90 (1978): 231。

㊼ 有關上帝「看見」進一步的解釋，參 Scialabba, *Creation and Salvation*, 97～98。

㊽ 以扇形結構支持10節的因果含意這個觀點，可參 Magonet, *Form and Meaning*, 23；Jenson, *Obadiah, Jonah, Micah*, 80。

㊾ 尼尼微人及上帝對那「惡」因果關係的回應的討論，可參 Magonet, *Form and Meaning*, 22～23；Trible, *Rhetotical Criticism*, 188～89。

㊿ 有學者認為上帝看見尼尼微人回轉和祂改變心意不降災這兩件事只是按時序發生，但兩者並無因果關係。參 A. Cooper, "In Praise of Divine Caprice: The Significance of the Book of Jonah," in *Among the Prophets: Language, Imagery and Structure in the Prophetic Writings*, JSOTSup 144, ed. David J. A. Clines (Sheffield: JSOT, 1993), 156～57；另參 Fretheim, *Message of Jonah*, 113。

51 有學者認為上帝的「改變心意」並不表示祂會除去所有的負面行動，參 Bolin, *Freedom Beyond Forgiveness*, 142～43。

52 表列一、三章兩批外邦人的比較中的部分內容，參考自：Jörg Jeremias, "Die Sicht der Völker im Jonabuch (Jona 1 und Jona 3)," *Gott und Mensch in Dialog: Festschrift für Otto Kaiser zum 80, Geburtstag,* BZAW 345, ed. Markus Witte (Berlin: De Gruyter, 2004), 555～67；Daniel Timmer, "Jonah's Theology of the Nations: The Interface of Religious an Ethnic Identity," *Revue biblique* 120 (2013): 13～23。

# 第五章
# 約拿在城內外與耶和華對話（四 1～11）

- 約拿沮喪，解釋當初出走原因
- 約拿求死和耶和華以提問回應
- 約拿出城東，坐在棚影之下
- 約拿與蓖麻
- 上帝安派東風，約拿被太陽所曬
- 約拿再次求死和上帝以提問回應
- 耶和華解釋（不）愛惜尼尼微的原因

學者對這章經文的結構持不同意見。筆者下文將列出其中三個結構供讀者考慮。

**第一個是扇形結構 ❶**

A　約拿發怒及約拿提問（四 1～2）
　B　約拿求死及上帝詢問約拿（四 3～4）
　　C　約拿回應及上帝安排（四 5～6 上）
　　C'　約拿回應及上帝安排（四 6 下～8 上）
　B'　約拿求死及上帝詢問約拿（四 8 下～9 上）
A'　約拿發怒及上帝提問（四 9 下～11）

這個扇形結構較為形式化，關注到約拿和上帝這兩個角色和他們之間的互動，但明顯缺乏對具體內容的描述，以及忽略了其他參與在他們互動之中的角色（如：蓖麻、蟲）。

**第二個同樣是扇形結構 ❷**

A　約拿沮喪，解釋當初出走原因（四 1～2）
　B　約拿求死和耶和華以提問回應（四 3～4）
　　C　約拿出城東，坐在棚影之下（四 5）
　　　D　耶和華上帝安派蓖麻成影子在約拿頭上（四 6 上）
　　　　E　約拿因蓖麻而大大歡喜（四 6 下）
　　　D'　上帝安排蟲和蓖麻枯乾（四 7）
　　C'　上帝安派東風，約拿被太陽所曬（四 8 上）
　B'　約拿再求死和上帝以問題回應（四 8 下～9）
A'　耶和華解釋（不）愛惜尼尼微的原因（四 10～11）

相較於第一個結構，這個扇形結構更多關注到具體內容方面的對應。A 和 A' 包含了約拿書四章（也是全書中）最長的講話內容，分別出自約拿和耶和華的口。B 和 B' 同樣主要是講話，並包含約拿求死和耶和華提問約拿發怒一事。C 至 C' 則只有敘事而沒有講話。C 和 C' 均見到全書僅出現兩次的與「東」有關的描述，但這兩部分的內容卻形成對比（「蔭下」對比「曝曬」）。D 和 D' 則是關注到蓖麻的生和死。最後 E 部分則記錄了整卷書中惟一一次約拿的正面情緒。總體而言，這結構凸顯了作者把對話置放在首（A 和 B）和尾（B' 和 A'），而敘事則放在中間（C 至 C'）。筆者必須強調，位於扇形結構正中心位置的，「不必然」是該段經文最重要的地方，也可以只是表達事情發展的轉折點而已。

**第三個是平行結構**

A　約拿因上帝沒降災予尼尼微而沮喪（四 1）

　B　約拿的解釋和求死（四 2～3）

　　C　上帝的反問：是否發怒？（四 4）

　　　D　約拿以行動作為回應（四 5）

　　　　E　約拿愛惜蓖麻的生死（四 6～7）

A'　約拿因上帝使他遭日曬而發昏（四 8 上）

　B'　約拿求死（四 8 下）

　　C'　上帝的反問：是否發怒？（四 9 上）

　　　D'　約拿以話語作出回應（四 9 下）

　　　　E'　上帝（不）愛惜尼尼微城的生死（四 10～11）

這個平行結構把敘事的發展理解為一種再現，相類似的故事模式重複出現，即都是由約拿因上帝的行動而出現負面反應開始（A 和 A'），到最後帶出關於「愛惜」的討論(E 和 E')。兩次故事的發展都先後經過約拿求死(B 和 B')、上帝反問約拿「是否發怒」（C 和 C'）和約拿的回應（D 和 D'）這三步。

以上三個結構各有優劣，考慮到「第二個結構」無論在用詞對應或是格式對應方面都表達得較為全面，本章將以此作為討論的基礎。❸

除了分析約拿書四章的內部結構外，有學者則考慮到這章經文跟一章

17 至二章 10 節的關係，從而論證兩者的內容是平行的。筆者將學者的觀點稍修改並表列如下（編按：下表中一節經文若包含超過兩部分，以英文小寫標示）：❹

| 約拿得拯救（一 17～二 10） | 尼尼微得拯救（四 1～11） |
|---|---|
| 約拿祈禱（二 1） | 約拿祈禱（四 2） |
| 約拿在深淵的困苦（二 2～6 中） | 約拿在以色列的困苦（四 2a ～c） |
| 約拿認信上帝的憐憫拯救（二 6 下～7） | 約拿認信上帝的憐憫拯救（四 2e） |
| 約拿因此宣告敬拜偶像者離棄神明（二 8） | 約拿因此逃往他施（四 2d） |
| 約拿回應上帝：獻祭和還願（二 9） | 約拿回應上帝：求死（四 3） |
| 上帝回應約拿：吩咐魚吐出約拿（二 10） | 上帝回應約拿：公義和恩典（四 4～11） |

若仔細比較這些內容，這兩段經文似乎並不真的那麼對應。其中差異最大的，就是二章 10 節和四章 4 至 11 節，前者是上帝答允約拿所求，後者則不是上帝對約拿的簡單回應，而是上帝跟約拿對話，且不易視之為上帝正面回應約拿的祈禱。

## 5.1 約拿沮喪，解釋當初出走原因（四 1～2）

這部分先敍述約拿的感受（「不悅」、「發怒」），然後從他口中講出自己當初出走的原因。筆者將這部分分為兩大段落，第一大段落論到約拿的感受（四 1），第二大段落是約拿解釋當初出走的原因（四 2）。這裏筆者先補充一點，那就是從經文內容看，其實 2 至 3 節才是約拿的完整禱告內容，而這個禱告可分為三部分（分別是 2 節上、2 節下、3 節；參下文段落，頁 176 ～ 84），這裏我們先處理約拿禱告的第一、二部分。

### 分段大綱（四 1～2）

一、約拿沮喪（四 1）

二、解釋當初出走原因（四 2）

## 5.1.1 約拿沮喪(四1)

首句「這事令約拿大大不悅，甚至發怒」有三個可關注的地方。❺ 第一，約拿書有提及人的感受，如在一章三次提及水手「懼怕」(一5、10、16)，但卻從沒有提及約拿的感受，直到四章，作者才首次描繪約拿的內心感受：「不悅」和「歡喜」(四1、6)。

第二，「這事令約拿大大不悅」(*wayyēraʿ ʾel-yônāʰ rāʿāʰ gədôlāʰ*)原文並不易於直譯。這句子包含動詞「是惡的」(*wayyēraʿ*；詞根為 *rʿʿ*)和名詞「一個大惡」(*rāʿāʰ gədôlāʰ*)。動詞「是惡的」的主語不明顯，❻ 一般理解為「這事」，即三章10節所記載的事。句子可試直譯為「這事對約拿是惡的，一個大惡」。而句子中「這事對……是惡的」(*rāʿaʿ ʾel*)這種表達，在舊約聖經中只出現在這裏。而舊約聖經中類似的短句，則會由動詞 *rāʿaʿ* 加上介詞 *lə*，一般含「惡待」的意思，而只在很少情況下指到「不悅」；而當解作「惡待」，動詞的主語是有位格的，可以指人或上帝(參創十九9，四十三6；出五22、23；民十一11等)；若解作「不悅」，動詞的主語是沒有位格的(參詩一〇六32；尼二10，十三8；是事件令人不悅)。緊接著這片語的「一個大惡」，則用來修飾之前的動詞，故全句可理解為「這事對約拿而言是大惡的」或「這事令約拿大大不悅」。

第三，「甚至發怒」(1節下；*wayyīḥar lô*)中的「發怒」(*ḥārāʰ*)，原文動詞在約拿書中出現四次，都是在四章中(四1、4、9[x2])，一般多翻譯為「憤怒」(參創十八30、32，三十一36，三十九19；出四14；撒上二十7；尼四1、7)。不過，這詞在某些處境中則難以作此理解，反而「**沮喪、苦惱、傷心**」會更為適合(參創四6；撒下六8，十三21)。若考慮到這與約拿求死的情況有關(四3、8)，似乎後者的理解較為可能，❼ 故全句可試譯為「這事令約拿大大不悅，〔他〕甚感沮喪」。

> *Tanak* 在這處的翻譯是 "he was grieved"；另參 NETS："And Ionas was grieved with great grief and confused"，譯自「七十士譯本」。

至於句首的「這事」，雖然學者多同意「這事」所指涉的是上帝改變心意不降災予尼尼微的事情(三10)，就是上帝轉離那「惡」(*rāʿāʰ*)的行動對約拿來說就是「一個大惡」。

「這事」何以令到約拿不悅和沮喪，學者則持不同看法。從經文的敘事角度來看，有學者認為，約拿不悅，如前文也曾說過的，是因他宣告了有違他自己所期盼的信息，就是尼尼微的「傾覆」這「負面」信息，竟然換來了「正面」的結果，使這大城得免災難而不致滅頂(參段落 4.2.3.2 對三章 4 節下的解釋，頁 142～45)。亦有如段落 2.2.1 所述，有學者認為約拿不悅是因他所宣告的信息沒有成真，因而會被視為假先知。❽ 另一方面，若從經文成書的歷史處境來看，有學者認為，成書時代的讀者定會對尼尼微城這裏的回轉提出嚴厲的批判，也就是說，若尼尼微城的悔改，沒有令致尼尼微人停止對周圍諸國的侵略(包括對以色列)，也沒有驅使他們補償所殘害過的對象，那他們的所謂悔改，若不是權宜之計，就只是對內的行動而已。而且當成書時代的讀者回顧歷史，會看到尼尼微城最終被滅，這更表明其悔改若不是短暫的，就是虛假的了。❾ 畢竟，上帝這裏對尼尼微城寬容，便是對以色列人殘忍，這豈不叫以色列人質疑上帝是否還在持守盟約中的忠誠麼？所以，當代以色列人的心聲就寄寓在約拿的反應之上，也就是說，約拿的不悅，其實正反映讀者的不悅。約拿接著的講話，可以提供進一步內容作更多的考慮。

## 5.1.2 解釋當初出走原因(四 2)

接著約拿就「向耶和華禱告」。我們可比較約拿早前在魚腹中「向耶和華—他的上帝禱告」(二 1)。「禱告」在約拿書中就只出現這兩次，兩者明顯的差異在於這處沒有「他的上帝」的講法，這是否暗指約拿和耶和華的關係比從前疏遠了呢？約拿的整個禱告內容(2～3 節)可以分為三部分(本段落會討論禱告的首兩部分，第三部分將於段落 5.2 再行討論，頁 183～84)：

| 禱告內容 | 「和修版」經文 |
|---|---|
| 呼叫神明 | 2……耶和華啊， |
| 解釋出走 | 這不就是我仍在本國的時候所說的嗎？我知道祢是有恩惠，有憐憫的上帝，不輕易發怒，有豐盛的慈愛，並且會改變心意，不降那災難。我就是因為這樣，才急速逃往他施去的呀！ |
| 解釋求死 | 3 耶和華啊，現在求祢取走我的性命吧！因為我死了比活著更好。 |

第一部分「呼叫神明」是約拿呼叫「耶和華啊」（*ʾānnāʰ yhwh*），這片語在舊約聖經中其他地方出現時，接著的都是請求耶和華施行拯救或幫助呼求者脱離困境，其中就包括約拿書一章出現的水手（另參王下二十3 // 賽三十八3；尼一5；詩一一六4，一一八25），但這裏約拿的祈禱卻是以求死作結，這也許意味著約拿認為死亡才可以救他脱離所面對的困難。

在第二部分是「解釋出走」。

**第一，修辭性提問**

在「解釋出走」這部分，約拿先提出的修辭性提問「這不就是我仍在本國的時候所説的嗎？」可直譯為「**這不是我的話**——當我還在我的國家那時嗎？」這修辭性提問期望表達的，應是正面的回應，即「這確實是我的話」，用以強調他自己實在這樣説過，並聚焦在約拿這「我的話」之上。約拿強調這是「我的話」，有別於「耶和華的話」（一1，三1、3；參三6）。先知往往在事情發生前宣講耶和華的話，到了事情按其所宣講的發生後，便證明祂的話是真確的。但這裏約拿則宣稱「我的話」也是如此，而他先前還在「我的國家」就這樣説過，現在便證明那是真確的了。

*「這不是我……的話」這用法只另外見於出埃及記十四章12節。*

**第二，帶出結論**

按原文詞序，約拿在提出修辭性提問後，就以「因為這樣」帶出「我……才急速逃往他施去」（*qiddamtî liḇrōᵃḥ taršîšāʰ*）這個結論。「解釋出走」部分按原文次序如下：

1. 這不就是我仍在本國的時候所説的嗎？（修辭性提問）
2. 我就是因為這樣，才急速逃往他施去的呀！（結論）
3. 我知道祢是有恩惠，有憐憫的上帝，不輕易發怒，有豐盛的慈愛，並且會改變心意，不降那災難。（解釋出走的原因）

這結論原文由動詞「我……急速」（*qiddamtî*）加上附屬形不定詞「逃往」

(*libr̄ōªḥ*)組成，後者在此是用以表達目的，即「我……急速」的目的正是「逃往他施去」。「因為這樣」(*ʿal-kēn*)可解作「所以」，應與原文下一句話「〔因為〕我知道……」確立起因果關係。⑩

其實經文原可簡單描述約拿說「我就逃往他施」(參一3)，但卻刻意加上「急速」一語。這詞與接下來出現的「東邊」(*qeḏem*；四5)和「東」風(*qāḏîm*；四8)有相同詞根(*qḏm*)，這可能是作者刻意用上的雙關語。因為以色列人的方向以東面為前面，南面和北面則分別為右邊和左邊，西面則指後面，所以*qḏm*一般會有「前面」的意思，無論這「前面」是「空間性」抑或「時間性」的。而舊約聖經中*qḏm*絕大多數情況下都是採「空間性」理解，可解作「遇見、迎著」人物(參申二十三5；撒上二十二6、19；尼十三2；詩八十九14)或物件(參王下十九32 // 賽三十七33)，也有作「〔行〕在前面」(參詩六十八25，八十九14)。時間性的「前面」則解作「之前」(參詩一一九147～148)。若把四章2節的「急速」作空間性理解，則經文指約拿迎著了甚麼，目的是要逃往他施去。按上下文中，約拿迎著的，很可能便是上帝，而這個理解可和一章3節作比較：

| 經節 | 「和修版」經文 | 原文音譯 |
| --- | --- | --- |
| 一3 | 約拿卻起身，逃往他施去…… | *wayyāqom yônāh libr̄ōªḥ taršîšāh* |
| 四2 | 〔我就迎著(上帝)〕，逃往他施去…… | *qiddamtî libr̄ōªḥ taršîšāh* |

一章3節約拿「起身」似是回應上帝的吩咐，但其行動的目的卻是「逃往他施去」。四章2節也有相似的地方，即約拿「迎著〔上帝〕」，似反映他樂意來到上帝面前(參詩九十五2；彌六6)，但其目的卻是「逃往他施去」。⑪若作「〔行〕在前面」解，則可能指約拿走在上帝的前面，為要逃往他施去。

另一方面，若作「時間性」理解，經文便是指約拿在任何事情發生以先，就逃往他施去，意指約拿第一時間就逃往他施(「思高譯本」將「急速」譯作「預先」)。也有不少學者和譯本都採這看法，縱然這個用法還是比較鮮有。

值得留意的是，約拿在這裏只說自己「逃往他施去」，而沒有如一章3節(參一10)所言他是「逃往他施去躲避耶和華」。這樣的表述，也許能引導讀者探問約拿逃走並躲避耶和華的原因，這正是四章2節這裏要加以闡述，而一章3節本身並未有提及的。另一處值得我們留意的地方，是這裏帶出倒敍式的內容，作者把這個「詳細版的倒敍」安排在此，一方面可能希望藉此更明晰地反映出約拿的內心世界，正如四章1節已告訴我們他不悅和沮喪；另一方面，則可能是想把約拿和耶和華的對話集中在一起，並藉此指出約拿和耶和華分別所講的說話有相同分量(詳參段落5.7中四章10至11節的析讀，頁199～209)。

**第三，出走原因**

約拿接著以「我知道」(*kî yāḏaʿtî*)開始，以宣稱他知道有關耶和華屬性的內容，好說明他出走的原因。「我知道」這動詞之前原文有一個連接詞「因為」〔*kî*〕(「和修版」沒有譯出來)。這「因為」帶出的認信只是解釋他為何逃走，但不肯定這是否就是他所指的「我的話」(參上文「第一，修辭性提問」部分，頁177)。「知道」(詞根是*yḏʿ*)這個動詞在約拿書共出現六次(一7、10、12，三9，四2、11)，惟有這裏和三章9節提及所知道內容是與耶和華的屬性有關(另參一9)。尼尼微王曾用「誰知道」(三9)道出他不肯定上帝會否回心轉意；相反，約拿這裏就宣稱他確實「知道」上帝的行事方式是怎樣的。約拿這宣告可稱為「恩典公式」(grace formula)，⓬ 這是約拿還在他本國時已經認信的。約拿所宣告的公式可以分為三部分：

- 「有恩惠，有憐憫的上帝」。「**有恩惠**」基本上指上帝對有需要者施恩和施加援手；「有憐憫」是描述上帝如同母親般給予看顧和保護。
- 「不輕易發怒，有豐盛的慈愛」。「不輕易發怒」原文可直譯為「長的鼻孔」，指延遲發怒，甚至不消滅犯罪的人；「有豐盛的慈愛」則表達神人之間的關係深厚，彼此忠誠，⓭ 甚至乎上帝可以因祂豐盛的慈愛而回心轉意(參詩一〇六45)。
- 「會改變心意，不降那災難」。這似乎是指上帝改變心意，不施行祂原先決定要降的災，而這部分特別與三章10節的內容對應。

*「有恩惠」(ḥannûn)在舊約聖經中出現十三次，基本上都是應用在耶和華身上，惟一的例外可能是詩篇一百一十二篇4節。*

| 經節 | 恩典公式的內容 | | | | | | |
|---|---|---|---|---|---|---|---|
| 出三十四 6～7 | 耶和華，耶和華，有憐憫，有恩惠的上帝， | 不輕易發怒，且有豐盛的慈愛和信實， | | 為千代的人存留慈愛， | 赦免罪孽、過犯和罪惡， | 萬不以有罪的為無罪， | 必懲罰人的罪，自父及子，直到三、四代。 |
| 民十四 18 | | 耶和華不輕易發怒，且有豐盛的慈愛。 | | | 他赦免罪孽和過犯， | 萬不以有罪的為無罪， | 必懲罰人的罪，從父到子，直到三、四代。 |
| 詩八十六 15 | 主啊，祢是有憐憫，有恩典的上帝， | 不輕易發怒，並有豐盛的慈愛和信實。 | | | | | |
| 詩一〇三 8 | 耶和華有憐憫，有恩惠， | 不輕易發怒，且有豐盛的慈愛。 | | | | | |
| 詩一四五 8 | 耶和華有恩惠，有憐憫， | 不輕易發怒，大有慈愛。 | | | | | |
| 珥二 13 | 因為祂有恩惠，有憐憫， | 不輕易發怒，有豐盛的慈愛， | 並且會改變心意，不降那災難。 | | | | |
| 拿四 2 | 祢是有恩惠，有憐憫的上帝， | 不輕易發怒，有豐盛的慈愛， | 並且會改變心意，不降那災難。 | | | | |
| 鴻一 3 上 | | 耶和華不輕易發怒， | | | | 大有能力，但耶和華萬不以有罪的為無罪。 | |
| 尼九 17 | 但祢是樂意饒恕人，有恩典，有憐憫， | 不輕易發怒，有豐盛慈愛的上帝，並不丟棄他們。 | | | | | |

除了約拿書外，「恩典公式」亦可見於舊約聖經中其他書卷（出三十四6～7；民十四18；詩八十六15，一〇三8，一四五8；珥二13；〔彌七18～20〕；鴻一3；尼九17；另參代下三十9；詩一一一4；尼九31）。經文可排列如左表。⓮

從表列所見，有四點可以留意：

- 這公式最長的形式，見於出埃及記三十四章6至7節和民數記十四章18節。這些公式基本上強調上帝對以色列人的憐憫和恩典，同時亦指出上帝並不會以有罪的為無罪。
- 約拿書四章2節跟約珥書二章13節最為接近。這兩節經文都先提及「有恩惠」，接著才是「有憐憫」（另參詩一四五8；尼九17）。此外，這兩段經文都欠缺「和信實」（比較出埃及記三十四章6節及詩篇八十六篇15節），但同時有「並且會改變心意，不降那災難」。上文曾提及，約拿書和約珥書都有使用「誰知道」和「回轉及改變心意」等字眼（拿三9；珥二13～14；參段落4.6，頁157～60）。
- 約拿在所認信的公式中沒有提及上帝的「信實、誠實」（*ʾĕmeṯ*）。當其他經文談及耶和華的信實時，重點在於指出祂是真實可靠的，祂會以此給人帶來保護，讓人可以信靠祂。⓯約拿略去不提上帝的信實，似在質疑上帝是否可靠，或是指出上帝的作為其實難以測度。特別的是，約拿書開卷時就指出約拿是「亞米太」（一1）的兒子，而「亞米太」（*ʾămittay*）的詞根（*ʾmṯ*）和「信實、誠實」相同，其意思是「耶和華是信實的」或「我的信實」。換句話說，身為「耶和華是信實的」兒子的約拿，如今卻挑戰上帝的信實，指出祂並不信實。約拿亦沒有提及上帝「不以有罪為無罪」或「懲罰人的罪」。相反，約拿宣告上帝「會改變心意，不降那災難」（*wənīḥām ʿal-hārāʿāh*）。這片語亦出現於舊約其他書卷，主語是上帝（參出三十二12；代上二十一15；耶十八8；珥二13），但亦有以人為主語的（耶八6）。「改變心意」（*nīḥām*）原文在此為分詞，可以有習慣性之意。⓰我們看到，約拿既沒有宣認上帝會懲罰惡人，也沒有宣認上帝是信實的，反而指出上帝是習慣性地「改變心意」，不降災難。換言之，上帝不降災予尼尼微人正是出於上帝的習慣性行為，跟尼尼微人有否回轉其實並沒必然關係。

- 除了字眼上的不同，約拿書四章2節最獨特之處是：只有約拿書把「上帝的恩慈」應用在外邦人身上，而不是在以色列人身上。從這樣的應用來看，約拿的神觀並不如多數學者所認為的那樣狹隘，不能包容外邦人的得救。相反，他將上帝對以色列人有恩慈的這一認信，擴展到外邦人身上，而舊約聖經中也只有約拿抱這觀念。⑰ 若是這樣，約拿拒絕去尼尼微就不是出於他狹窄的神觀，而是另有原因了。約拿書的讀者既飽受帝國侵略之苦，想到當年亞述滅北國以色列，巴比倫滅猶大，如今則全民在波斯的管治之下，那麼上帝不降災予尼尼微，就代表著上帝容讓帝國霸權繼續存在，並以暴力待人。所以，約拿所針對的，並不是上帝一般性的慈愛憐憫或者不以有罪為無罪，而是上帝對尼尼微這霸權的「不降那災難」及確實地「以有罪的為無罪」。

## 創傷與約拿

約拿經歷尼尼微城的事後，感到不悅、沮喪，這是經歷創傷者很自然的反應(四1)。然而，約拿這次卻選擇直面創傷。他接下來跟耶和華展開的對話，反映出他的抉擇。約拿提出來要我們正視的問題，正正就是創傷經驗與傳統價值的衝突。約拿的認信一直都符合正統的以色列人思想。在一章9節他宣認耶和華是「天上的上帝，他創造了滄海和陸地」。雖然這個宣認與傳統宣告「耶和華是造天和地的神明」稍有差異(參段落2.2.3.2對一章9節的討論，頁70～72)，但這宣認與以色列人的傳統信仰並無衝突。其後，約拿被拋在海中並被大魚吞下，他在魚腹中仍然宣稱「救恩出於耶和華」(二9)(參3.3.2.5「認信救恩出自耶和華〔二8～9：A' 部分〕」的討論，頁118～21)。到了約拿在四章2節所宣認的「恩典公式」，同樣反映出他對耶和華的傳統認信。約拿的這些認信顯明了一點，就是雖然創傷經驗或事件，衝擊著受創者一直秉持的世界觀，但受創者在未完全建立起新的世界觀以前，仍然某程度上倚賴舊的世界觀來理解世界，詮釋身邊所發生的事。

然而，上文段落5.1.2指出，約拿對「恩典公式」的運用，作了重要的更改：他沒有提及上帝懲罰惡人，也沒有提及祂是信實的，反而宣稱上帝習慣性地「回心轉意」不降災，以及最特別的是，他將之應用在尼尼微之上。通過宣認不一樣的「恩典公式」，約拿（代表在波斯帝國管轄下的受創猶太人）所要做的，是為現實世界的事件尋找「解釋」，並對這個世界的運作提出不同的理解。⑱ 他這樣的做法，基本上展現了他創傷後的成長。約拿從開始就把這公式應用在尼尼微身上，為了要說明世事運作的法則，就是上帝會不降災予外邦帝國強權，容讓霸權欺壓弱者。縱然尼尼微所代表的霸權以殘暴對待以色列人，但上帝還是「會改變心意，不降那災難」予尼尼微人（及其所代表的霸權）身上。透過「恩典公式」的挪用和應用，約拿預先做好了期望管理，調節好自己的世界觀，不讓同類事件弄垮自己。創傷的經歷驅使受創者建構全新的世界觀，支持他繼續活下去。從這個角度看，這些認信的重點，不在對上帝作出本體論的陳述和宣認，而端在受創者在重建意義過程中的修辭運用。故有學者曾說：「創傷理論指出所有神學語言都是暫時性的，只是結結巴巴地表達那不能言說的表達而已。」⑲

當然，縱然已做好心理準備，約拿聽到上帝吩咐他到尼尼微那裏時，還是立即逃往他施，當真箇要面對現實——耶和華確實「不降那災難」予尼尼微時，約拿仍難免感到「大大不悅」和「沮喪」。⑳ 從這個角度看，約拿之所以不悅或沮喪，是因看到欺壓人的霸權確實得著上帝的寬容這一殘酷現實！

有人認為持守純正的信仰者，在任何情況下都必須踐行寬恕，並引用耶穌愛仇敵的教導來提醒人家。這種想法失諸於忽略了事情的實際情境及其所帶來的實際傷害的嚴重性。若嘗試從約拿所代表的創傷羣體的角度出發，代入他們歷盡的屠殺、搶掠和流放等創傷經驗，可能會較易理解約拿的疑惑，不再輕言指責別人罔顧上帝的大愛，畢竟要受創的弱者接受欺壓人的淩霸者在上帝大愛中絲毫無損，又談何容易呢？㉑

## 5.2 約拿求死和耶和華以提問回應（四3～4）

約拿以「現在」（*wəʿattāʰ*；可譯作「如今」）帶出他此前講話（2節）的邏輯結果，是約拿禱告的第三部分。

耶和華既然是一位如2節所言的神明，約拿就再次呼喊「耶和華」，請祂「取走我的性命〔離開我〕」，並以「因為」（*kî*）帶出「我死了比活著更好」這個求死的原因。這短句原文可直譯為「我的死亡比我的生命更好」。「好」這個形容詞（*ṭôḇ*）及其相關的動詞（*yṭḇ*）在約拿書中分別出現兩次（四 3、8）及三次（四 4、9[x2]）。當出自約拿口中時，這兩個字都與（他的）死有關。

約拿這裏多次用「我」與其他字眼連繫：「我的性命」（*nap̄šî*）、「離開我」（*mimmennî*）、「我死」（*môṯî*；直譯為「我的死亡」）和「活著」（*ḥayyāy*；直譯為「我的生命」）。這種表達方式延續著 2 節的模式，那裏也是多次用到「我」：「我仍在」（*ʿaḏ-hĕyôṯî*）、「本國」（*ʾaḏmāṯî*；直譯為「我的國家」）、「所說」（*ḏəḇārî*；直譯為「我的話」）、「我知道」（*yāḏaʿtî*）、「我……急速」（*qiddamtî*；即「我迎著」）。這裏約拿並不像傳道書作者那樣，嘗試客觀地討論出生和死亡何者為優（參傳七 1：「人死的日子勝過人生的日子」），而是更關注自身的問題，這反映在他多番強調「我的」。㉒ 值得留意的是，約拿書一章似已表明約拿對生死不大在乎，所以他這裏對生死的關注，求上帝取去其性命，更多可能關乎一點，那就是即使上帝要強行取去他的性命，他也不在乎！㉓ 反之，約拿多次強調「我」，正是要認定他自己才是掌握自己生命的人。

*類似的翻譯亦出現於多個譯本中：「和合本」、「呂振中譯本」、「新譯本」、NRSV。*

耶和華對約拿的回應就是「你這樣發怒，對嗎？」（4 節）。「**發怒**」（*ḥārāʰ*）的中譯值得商榷。在此，須留意兩點：第一，「發怒」應按上文的論說，譯為「沮喪、傷心」（參段落 5.1.1 的析讀，頁 175 ～ 76）。第二，「對嗎？」中「對」（*hêṭēḇ*；是 *hiphil* 形詞幹獨立形不定詞）的原文詞根（*yṭḇ*）與「好」（*ṭôḇ*）相同，但這裏應該作副詞用，解作「完全地、徹底地」，用以修飾動詞 *ḥārāʰ*。所以，這個提問該翻譯為「你是否徹底地沮喪呢？」㉔ 耶和華的這個提問，在用詞上似乎是回應早前約拿的沮喪（四 1），但內容上卻是衝著約拿的求死而作出的，意即當約拿求死，耶和華便回應道：你是否已全然心死，徹底絕望？

## 5.3 約拿出城東，坐在棚影之下（四 5）

約拿沒有用言辭回答上帝的問題，反而以四個行動作為回應，分別是「出」、「坐」、「搭」和「坐」。這節經文可以用扇形結構表達如下（稍修改「和修版」）：

A　約拿出城，坐在城的東邊，

　B　在那裏為自己搭了一座棚。

　B’　他坐在〔它下面，在〕蔭〔中〕，

A’　要看看城裏會發生甚麼事。

A和A’的對應在於重複「城」這詞，並且在空間上是相反的（「出城」和「城裏」）。B和B’的對應則在於記下與「棚」有關的事情。「城」（*hā‘îr*）一詞在約拿書出現八次，都是指尼尼微城，而惟有這裏出現的三次，沒有連於「大」這個形容詞，因為這處關注的，已不是城的大小問題，而是城內城外的對比。

類似的用語只見於尼希米記八章16節：「各人……搭棚」，這裏原文可直譯為「他們各人為他們〔即為自己〕搭棚」。

約拿先走出城外，然後坐在城的「東邊」，接著「在那裏**為自己搭了一座棚**」。「搭」（*‘āśā^h*）原文多譯為「做、作」，在約拿書共出現七次（一9、10、11、14，三10[x2]，四5）。以約拿為主語的就只有一章10節和這裏。前者是水手問約拿「做」的是甚麼事，後者則描述約拿「搭」了一座棚。「棚」（*sukkā^h*）基本上是作為臨時居住之用的（參創三十三17；王上二十12），約拿就坐在棚下，而經文進一步指出是在「蔭下」（*baṣṣēl*）。經文這裏特意記述約拿在城的「東邊」和坐在「蔭下」的目的，初時並不清楚，但當下文提及太陽和東風對約拿的影響時，其重要性就顯現出來了。有學者指出，在創世記所載的遠古歷史中（創一～十一章），往東面走的幾個人物，都是遠離上帝心意的人，這些人包括：亞當和夏娃（創三23～24）、該隱（創四16）和建造巴別塔的人（創十一2）。[25] 不過，亦有學者視這些人物為流散者，無論是自願的或是被迫的，他們向東的移動就標示著「抽離、分隔、焦慮和不確定」。[26]

約拿坐在棚下等待，「要看看城裏會發生甚麼事」。若果如2節約拿所云，他深知上帝會後悔不降災禍，那他在城東究竟要看甚麼呢？正因為這樣，有學者認為這節經文是被誤置於此的，而其原來位置，應該是三章4節之後。他們重構事件的次序如下：約拿入城，宣講神諭，然後他出城看看該城會怎樣，接著尼尼微人悔改，並且上帝改變心意不降災。不過，大多數學者都不同意這個重構，至少沒有甚麼古抄本支持這個改動。㉗事實上，雖然按約拿對上帝性情的理解，他確信上帝會「不降那災難」，但他仍可在四十日限期的死線前，看看城中會發生何事，如尼尼微人或是上帝會否再次「回心轉意」。另一方面，如前文所言，當舊約聖經中提及上帝因人的悔改而寬恕他們時，亦多有指出上帝仍會施加刑罰，意思就是說，赦罪並不必然等於排除一切刑罰。柳濟誠(Chesung Justin Ryu)舉出兩個例子作為證明。第一個例子是大衞和拔示巴事件。雖然耶和華除去大衞的罪，但他和拔示巴的孩子卻要死去(撒下十二13～14)；第二個例子是在拿伯的葡萄園事件中，上帝雖因亞哈悔罪而沒有懲罰他本人，卻降禍於他兒子(王上二十一27～29)。㉘從這觀點看，約拿坐在城東，也可能是要看看上帝對尼尼微城還有些甚麼刑罰要執行。另有學者則從修辭角度來看這問題，認為作者描述約拿坐在城的東邊，是為了故事的文學性。這包括使用雙關語，「東邊」(*qeḏem*)與四章2節的「急速」(*qiddamtî*)，並四章8節的「東〔風〕」(*qāḏîm*)，都有相同詞根(*qḏm*)。而且，約拿坐在城東，也讓他可以感受到太陽升起及東風所帶來的炎熱。此外，約拿去到城外東邊坐下，就變成只他一人獨處，而這時可與他對話的，變成只有耶和華。由此，敘事者把約拿描繪為走到城東以外，就能達到其修辭目的，㉙好為接下來的情節奠定適合的場景。另外，也有其他值得考慮的可能性。譬如約拿出城是在耶和華向他提問之後發生，這行動便可以表明他不想繼續和耶和華對話，而這做法與他此前逃往他施的行動十分相似。事實上，他可留在城中看看接下來發生甚麼事，除非他懼怕上帝施加於尼尼微的災難會殃及池魚，不過他選擇拒絕繼續對話，出到城外，自我抽離，只是事情後來的發展，可能出乎約拿意料之外罷了。約拿在海中曾經歷過耶和華的「安排」(一17～二10)，使得他最終在深海中向耶和華祈禱。同樣地，約拿將再次經歷耶和華的三個「安排」(四6～8)，最終在城東無人之境展開與耶和華的對話。

## 5.4 約拿與蓖麻(四6～7)

6至7節經文顯示一個扇形結構(見右頁)D、E、D’都與蓖麻有關。本段落將集中在這部分經文。

D　耶和華上帝安派蓖麻成影子在約拿頭上（四6上）

　　E　約拿因蓖麻而大大歡喜（四6下）

D'　上帝安排蟲和蓖麻枯乾（四7）

面對約拿拒絕作出四個無聲抗議的行動，6至8節則記載上帝三個「安排」的行動。「安排」（*mānā*$^{h}$）一詞在約拿書中共出現四次（一17，四6、7、8），表列如下：

| 經節 | 主語 | 賓語 | 雙關語（相關字母以粗體表示） |
|---|---|---|---|
| 一17 | 耶和華（*yhwh*） | 大魚 | 「魚」（*dāḡ*）及「大」（*gāḏôl*） |
| 四6 | 耶和華上帝（*yhwh-ʾĕlōhîm*） | 蓖麻 | 「影子」（*ṣēl*）及「免受」（*ləhaṣṣîl*） |
| 四7 | 那上帝（*hāʾĕlōhîm*） | 蟲子 | 「蟲」（*tôlaʿaṯ*）及「上來」（*baʿălôṯ*） |
| 四8 | 上帝（*ʾĕlōhîm*） | 東風 | 「風」（*rûaḥ*）及「炎熱」（*ḥărîšîṯ*） |

這四個安排指出了上帝是自然界的創造主，反映出約拿曾宣告的「耶和華，天上的上帝，祂創造了滄海和陸地」。從上表可見，每個安排的主語都以不同的稱謂來稱呼上帝，而經文每次出現「安排」時，都會同時用到雙關語。[30] 值得留意的是，約拿書中的人物，卻從來不是上帝「安排」的對象。至於四章6至7節出現的三個「安排」中的首、尾兩個，都有類似的元素出現，而第二個「安排」則較不一樣（參後頁表列及接著的經文分析）。

本段落先討論首兩個安排，下段落則會集中討論第三個安排。

**第一個安排：一棵蓖麻**

上帝的第一個「安排」對象是「蓖麻」（*qîqāyôn*）。「蓖麻」這詞只在約拿書出現，其具體指涉不確定，因而引起學者不少討論。[31]「使它生長高過約拿」的原文可以有兩個理解：一、把「生長」（*wayyaʿal*）理解為使役詞幹（*hiphil*）用法，則其主語是上帝，意思是上帝「使……生長」；二、把「生長」（*wayyaʿal*）看為是直述詞幹（*qal*）用法，其主語則理解為蓖麻，意思是「蓖麻

| 標題 | 「和修版」經文 |
|---|---|
| A　上帝的「安排」 | 6 耶和華上帝安排了一棵蓖麻， |
| B　行動結果：影響約拿 | 使它生長高過約拿，影子遮蓋他的頭，使他免受苦難； |
| C　約拿的反應 | 約拿因這棵蓖麻大大歡喜。 |
| A'　上帝的「安排」 | 7 次日黎明，上帝卻安排一條蟲來咬這蓖麻， |
| B'　行動的結果：影響約拿 | 以致枯乾。〔沒有記載對約拿的影響〕 |
| C'　約拿的反應 | 〔沒有記載約拿的反應〕 |
| A"　上帝的「安排」 | 8 太陽出來的時候，上帝安排炎熱的東風， |
| B"　與約拿的關係 | 太陽曝曬約拿的頭， |
| C"　行動的結果：影響約拿 | 使他發昏…… |

就生長……」。㉜ 而我們看到約拿書中上帝的另外三次的「安排」（一 17，四 7、8），都只是簡單陳述祂的「安排」，而沒有提及上帝對這安排對象有何進一步的行動。若是這樣，這裏把「生長」同樣理解直述表達，即第二種理解，較為自然。

經文接著的兩句均是以附屬形不定詞（infinitive construct）作開始（*lihyôṯ*, *ləhaṣṣîl*），而這一般是用來表達「目的」或「結果」的，這樣，經文可理解如下（略修改「和修版」）：㉝

| 主語 | 行動 |
|---|---|
| 上帝： | 耶和華上帝安排了一棵蓖麻（*wayəman yhwh-ʾĕlōhîm qîqāyôn*） |
| 蓖麻： | 它〔就〕生長高過約拿（*wayyaʿal mēʿal ləyônāh*） |
| 結果／目的（第一個不定詞） | 〔以致／好使成為〕影子〔在〕他的頭〔上〕（*lihyôṯ ṣēl ʿal-rōʾšô*） |
| 結果／目的（第二個不定詞） | 〔以致／好使拯救〕他〔離開他的〕苦難（*ləhaṣṣîl lô mērāʿāṯô*） |

若把擬人法應用在蓖麻身上，則「目的」或「結果」這兩個理解都均有可能；若不採擬人法，則「結果」會是較自然的理解。

*「影子」或「蔭」在舊約聖經中也可比喻為上帝的保護（參詩九十一 1；賽二十五 4）。*

蓖麻生長高過約拿，第一個結果就是它成為了影子在約拿的頭上。「**影子**」（*ṣēl*）曾出現在四章 5 節，指棚子的「蔭」。所以，約拿是既在棚子的影子之下，也有蓖麻成為影子在他之上的。蓖麻形成了影子在約拿頭上，進一步「〔拯救〕他〔離開他的〕苦難」。原文明顯使用了雙關語，藉著子音相近的詞把「以致／好使拯救」（*ləhaṣṣîl*）和「影子」（*ṣēl*）連結起來。「拯救……離開」（*nāṣal* *min*)這片語在舊約聖經中經常出現，其主語可以是人(參創三十七21；出二19)、上帝(參撒上十二10；拉八31)或是抽象名詞(「智慧」: 箴二16；「公義」: 箴十2)，但賓語則都是人，其基本意思都是把人移離某個處境或人物。當這個處境或人物是負面時，這片語就有「拯救、保護」的意思。約拿書這裏的意思就是把約拿移離「〔他的〕苦難」。「苦難」原文與出現多次的「惡」(*rāʿāʰ*)相同。若蓖麻成為影子可以拯救約拿，那這「惡」很可能就是指日曬帶來的不適。不過，既然已有棚影，那麼，蓖麻的影子的作用是甚麼呢？有學者認為，棚由植物所造，隨著日曬或會枯乾，其遮蔭效果會受到影響。[34](也有人提出其他見解，參下文段落5.5，頁191～93)。另一方面，「〔他的〕苦難」，即「他的惡」，在上下文中，最接近的「惡」，就是四章1節提及「這事對約拿是惡的，一個大惡」中的「惡」了。若約拿先前有的「惡」，是因為上帝對霸權的寬容和對以色列苦難的不聞不問，那麼，上帝安排蓖麻成為影子在他頭上，對約拿來說就反映了上帝對約拿所受的「惡」的關注。[35]

上帝的安排和蓖麻的生長影響著約拿，而約拿的反應就是他「因這棵蓖麻大大歡喜」。這句子原文可直譯為「〔約拿〕因這棵蓖麻歡喜一個大歡喜」。「歡喜」(*wayyiśmaḥ*)和「一個大歡喜」(*śimḥāʰ gəḏôlāʰ*)是另一種「同根詞直接受格」的修辭表達(參專欄「約拿書中的同根詞直接受格」，頁141)。經文並沒有說約拿是因為上帝而歡喜(參詩三十二11，四十16，七十5；珥二23)，反而說他是「因這棵蓖麻大大歡喜」。從這個角度來看，約拿仍然維持著與上帝之間一定的距離。蓖麻的生長和影子的形成，也許可反映出上帝對他的關顧，不過這等關顧並未能疏解約拿的傷痛，尤其當這些傷痛是來自同一位神明。因此，與這位神明保持距離，拒絕直面這矛盾的景況，也就是祂同時帶來傷害和關顧，也可能是受創者可以繼續存活下去的方法之一。

在6節之前，約拿書的「惡」一詞，已應用在不同方面，包括來自神明的自然災害(一7、8)、尼尼微人的不道德行為(一2；參三8)、上帝所降的災(三10、四2)、約拿的情緒反應(四1)，以及約拿所受的苦(四6)。這等用法反映了一個事實，就是在約拿書的敘事世界中，「惡」已全面滲透其中，「惡」既可以出於人的行為，也可以指到人要承受的災難；「惡」也可以來自上帝，也就是祂於大自然或非大自然（例如：對尼尼微城的審判）中所降的災。

**第二個安排：一條蟲子**

約拿因這棵蓖麻而得的歡喜，是如此短暫。到了「次日黎明」，上帝就有第二個「安排」。「黎明」是指新一天的晨光初現的一刻，可視為當天的開始（參尼四 15），也可作為一個轉變出現的標示（參創三十二 25、27；書六 15；士十九 25；撒上九 26）。㊱「**上帝卻安排一條蟲來咬這蓖麻，以致枯乾**」（*wayəman hāʾĕlōhîm tôlaʿaṯ … wattaḵ ʾeṯ-haqqîqāyôn wayyîḇāš*）這句子原文並沒有明言上帝安排這條蟲子的目的。7 節的原文是用三個句子記述三個行動，按原文重譯經文如下：

> *「和修版」的翻譯有別於原文，其譯文的取向表明了上帝安排這條蟲的目的，是讓牠咬蓖麻；參「和修版」中「來」一字）。*

- 那上帝安排一條蟲，在次日黎明上來的時候；
- 牠擊打那蓖麻（「擊打」於「和修版」作「咬」）；
- 它枯乾了。

「第一個行動」是上帝的安排，時間發生在「次日黎明」。如上文所言，「蟲」（*tôlaʿaṯ*）和「上來」（*baʿălôṯ*）是子音相近的詞（*tlʿ*），是刻意製造的文字遊戲。蟲子可以吃掉葡萄（申二十八 39），或生出在留到次日的嗎哪之上（出十六 20），或出現在屍體上（賽十四 11，六十六 24）。從這角度看來，這蟲子應該是細小的，而跟牠相關的就是破壞和死亡。有學者認為，約拿書四章這細小的蟲子和二章的巨大海怪，可說都是在上帝的安排下用來驚嚇約拿的。㊲「第二個行動」是蟲「擊打」（*nāḵāʰ*）蓖麻。經文這裏不是說這蟲咬掉蓖麻，故此這蟲子不像以蓖麻作食物，而是一心要破壞之。這「擊打」便帶出了「第三個行動」，就是令這蓖麻「枯乾」了。「枯乾」（*yāḇēš*）這個動詞在約拿書只見於這裏，但跟它同詞根（*yḇš*）的「乾地」（*yabbāšāʰ*），則出現了三次（一 9、13，二 10；「和修版」將「乾地」譯作「陸地」；另參 2.2.3.2 的第四點有關「陸地」的意義，頁 70～71）。「乾地」代表安全，但這裏的「枯乾」卻帶來相反的結果，只是這結果對約拿的影響要稍後才顯明出來（參四 8～9），故此這裏未有交代這個安排如何影響著約拿，也沒有記載約拿對此事的反應。

學者多認為這件事對約拿來說是有「教導性」意味的。[38] 有學者認為約拿既違背上帝的命令，故該受這些對待；而在這過程中，約拿則多次顯示出他的各種過分情緒反應。另有學者對約拿抱同情的態度，但同時認為上帝要通過這些安排來教導約拿，叫他看到上帝的憐憫和主權。亦有學者認為這些是上帝的象徵性行動，目的是要向約拿說明祂對尼尼微所要行的事；那就是說，上帝要指出，蓖麻生長存活了一段短時間後，就被蟲子擊打而枯死了，同樣地，尼尼微雖仍然存活，但不久之後他們也會遭上帝安排的力量所毀滅。不過，按經文所示，約拿似乎並不明白這個象徵的意思，而只認為這是發生在他個人身上的事，[39] 而且聖經中的象徵行為多會附有解釋，這裏卻沒有任何解說。[40] 然而，更重要的是，我們必須問，若一定要把這件事定性為上帝對約拿的教導，那麼當中所能強調的是甚麼教導呢？那豈不只能是約拿不問情由的順從與遵命？[41] 若只單側重「教導性」這一面，會否容易忽略這件事對約拿作為受創者的影響，甚或因這事件所帶來的二次創傷？

## 5.5 上帝安派東風，約拿被太陽所曬（四8上）

**第三個安排：炎熱東風**

經文接著記載上帝的第三個安排。經文以四個行動表達：「太陽出來的時候」、「上帝安排炎熱的東風」、「太陽曝曬約拿的頭」，以及「使他發昏」。首兩個行動，跟第二個安排形成了扇形結構如下（按原文修改「和修版」）：

A　安排：那上帝安排一條蟲（7節）

　B　時間：在次日黎明上來的時候……

　B'　時間：太陽出來的時候

A　安排：上帝安排炎熱的東風（8節）

這結構將事件與當中的時間關係凸顯出來，令首之前提及兩個安排較為緊密地連在一起（參頁187、190）。

經文先記載上帝這次安排是在「太陽出來的時候」，那是較7節的「黎明」

稍晚一點的時間。這兩個時序緊緊扣著，表明這個兩安排是相關的。「炎熱」(*ḥărîšîṯ*)這字在舊約聖經中只出現一次，其詞根(*ḥrš*)可解作「雕刻、犁〔地〕」(參申二十二10；撒上八12；耶十七1)或「不作聲、聾」(參創二十四21；出十四14；利十九14)。「炎熱」的意思可能延伸自前者，指這東風帶來「灼熱、刺痛」的感覺；若延伸自後者，則可能指這東風太過猛烈，令人聽不到其他聲音。「東風」在舊約聖經出現時，往往指涉製造破壞，例如：打破他施的船隻(詩四十八7)、驅逐以色列人(賽二十七8；耶十八17)、吹乾果子(結十七10，十九12)；它亦可指涉其所帶來的一些會引致破壞的事物，例如：帶來蝗蟲(出十13)。所以，可預計的是，上帝這「第三個安排」會帶來負面的事情。另外，「風」(*rûaḥ*)在約拿書中只出現兩次，另一次見於一章4節，指上帝把「大風」拋到海中。與上帝安排那條蟲子的情況相同，經文沒有明言上帝安排「炎熱的東風」有甚麼目的；而且我們看到更為特別的是，經文甚至沒有明言這「東風」於此究竟做過甚麼事！

*太陽「擊打」這個用法在舊約聖經中另外出現兩次(參詩一二一6；賽四十九10)。*

接著，「太陽」這個角色再次出現，它「曝曬約拿的頭」。「曝曬」(*wattaḵ*)的原文和「咬」(*wattaḵ*；四7)相同，一般翻譯為「**擊打**」。之前蓖麻生長，成為影子「在他的頭上」(*ʿal-rōʾšô*)；現在則是太陽擊打「在約拿的頭上」(*ʿal-rōʾš yônāʰ*)。為何約拿會受到太陽的「擊打」呢？早前約拿坐在棚蔭之下，蓖麻也成為蔭在他之上，後來卻遭蟲子「擊打」，而現在則受到太陽「擊打」，故這兩個提供影蔭的條件，已不復存在。上文提過有學者認為太陽可能把用以建造棚子的植物都曬乾了，致令到棚子不能再提供影蔭。不過，其實更可能的是經文剛提及的「炎熱的東風」，將約拿所造的棚子吹走。㊷ 值得留意的是，經文雖沒有直接明言蓖麻的枯乾甚或東風對約拿有甚麼影響，但這兩者也許正跟他的影蔭給除去有關。

*「發昏」(bəhiṯʿaṭṭēp̄；詞根是ʿṭp̄)這詞在約拿書「和修版」另出現於二章7節，不過原文與四章8節的意義稍有不同。這詞在二章7節的意思是指因「軟弱、沒有力量」而引起的昏暈(參段落3.3.2.4對「發昏」的討論，頁117～18)。*

太陽「擊打」約拿，他的反應是「他發昏」。「**發昏**」(*ʿālap̄*；詞根是*ʿlp̄*)在舊約聖經中另外出現了三次(創三十八14；賽五十一20；摩八13)，在阿摩司書八章13

節中，清楚指出眾人是因為乾渴而發昏（另參賽五十一20；其名詞的用法參結三十一15），約拿在這裏可能也是如此。

至於6至8節所記載的事，究竟發生在幾天之內，經文沒有很明顯的答案。有學者認為這是發生在三日內的事情，現稍修改經文次序後表列如下：[43]

| 經節（四章） | 「和修版」經文 | 日數 |
| --- | --- | --- |
| 5節 | 他坐在棚子的蔭下（顯示當時有太陽） | 第一日 |
| 6節上 | 耶和華上帝安排了一棵蓖麻 | |
| 10節 | 它一夜生長 | 第一晚 |
| 6節下 | 它生長高過約拿，影子遮蓋他的頭（顯示當時有太陽） | 第二日 |
| 7節 | 次日黎明，上帝卻安排一條蟲來咬這蓖麻，以致枯乾 | |
| 10節 | 一夜枯死 | 第二晚 |
| 8節 | 上帝安排炎熱的東風，太陽曝曬約拿的頭 | 第三日 |

約拿坐在棚子下是第一日，同日上帝安排蓖麻，它就在第一夜生長起來。到了第二日，蓖麻長高過約拿，但同日黎明上帝安排蟲子，蟲子擊打蓖麻，令它枯乾。所以，蓖麻就在第二日晚上死了。第三日東風吹走棚子，蓖麻枯乾，約拿就被太陽曬昏了。這個理解最大的困難可能在於把7節和8節作是第二和第三日發生的事情。若不特別考慮10節的內容，而只按這處經文內容編排，則上表可修改為：

| 經文（四章） | 「和修版」經文 | 日數 |
| --- | --- | --- |
| 5節 | 他坐在棚子的蔭下（顯示當時有太陽） | 第一日 |
| 6節 | 耶和華上帝安排了一棵蓖麻 | |
| 6節 | 它生長高過約拿，影子遮蓋他的頭（顯示當時有太陽） | 第二日 |
| 7節 | 次日黎明，上帝卻安排一條蟲來咬這蓖麻，以致枯乾 | 第三日 |
| 8節 | 太陽出來的時候，上帝安排炎熱的東風，太陽曝曬約拿的頭 | |

約拿之前在魚腹中三日三夜，他由面對死亡的危險變為得以活著；但對比之下，約拿這裏過的三天，卻是由活著變為面對死亡的危險。從這個角度來看，約拿是反反覆覆地面對著生與死，且完全不由他控制。

## 5.6 約拿再次求死和上帝以提問回應（四8下～9）

「他的性命」中「性命」（*nep̄eš*）原文已出現三次（二6、8，四3）。

經過上帝這三個「安排」，約拿再次求死。值得留意的是，在8節約拿要「為自己求死」（*wayyiš*ʾ*al* ʾ*eṯ-nap̄šô lāmûṯ*），原文可直譯為「他請求**他的性命**要去死」。所以，約拿是在對自己講話，叫自己去死。有學者認為，約拿這次求死不同於約拿書一章中他請水手把他拋下海裏那一趟，約拿這時只他一人，故只能向自己説話。㊹不過，四章3節亦提到約拿只一個人，但他卻跟耶和華説話。因此，約拿兩次都在求死，但約拿由向耶和華禱告（3節），如今轉變為他只跟自己説話（8節），經文表達出約拿的轉變。雖然約拿在此重複了3節所説的話「我死了比活著更好」，不過在3節約拿是以「因為」帶出他請求上帝取去他性命的原因，但於8節他卻是向自己説話，反映出他拒絕將求死一事交託在上帝手中。此前約拿求死，似是因為上帝不降災予尼尼微；但現在他求死，則似跟他身體不適有關。不過，令約拿再次求死的，除了因為他的身體狀況，也很可能是這兩次求死中間所發生的上帝三個「安排」，對他造成了二次傷害。對於這三個「安排」的意義，學者有不同看法，現列出其中主要的兩種看法：

- 第一個看法是把上帝對蓖麻的做法，類比為祂對以色列人的做法。那就是説，上帝可以安排蓖麻出生，也可以安排蟲子「擊打」蓖麻，使其枯乾。同樣地，上帝可與以色列人立約，但也可以叫尼尼微擊打以色列，使它滅亡。
- 第二個看法是將上帝對蓖麻的做法，類比為祂對尼尼微人的做法。那就是説，雖然蓖麻可以生長快速和高大，但也可以短時間內被「擊打」至枯死。因此，雖然尼尼微城於當時是個「大城」，但仍可以在上帝所定旨的時間被滅（另參段落5.4「第二個安排」部分，頁190～91）。㊺

不過，無論持以上哪一個看法，都可以是約拿沮喪的理由。約拿經歷到的，是如此的難以理解：為何會有蓖麻生長，在他的頭上成為影蔭？一切既如此教人歡喜，何竟這棵蓖麻又會被蟲子擊打至枯死？東風又怎會剛好在太陽出來時把棚子吹走（若不是棚子被太陽曬枯），以致太陽可重重擊打他，令他發昏？事實上，對約拿而言，這一連串的「安排」最直接帶來的果效是甚麼？可增添約拿對上帝的哪些認識？或者又要求約拿作出怎麼樣的回應？若我們不帶先入為主的成見去看這段經文，也敢於拋開神義論的諸多包袱，那麼這幾個「安排」要帶出的，不外是上帝至高無上的主權，以及對約拿的要求，也就是迫不得已的承受和無可奈何的屈從。置放於書卷的成書背景來看，約拿的這些遭遇，約拿書中的這些敘事，是否在重演著約拿所代表的羣體所經歷過的創傷——正是難以理解和不能預計的創傷？

接著我們來到9節上帝回應的部分。值得我們注意的是，四章4節與四章9節的內容相近，可表列如下（筆者按上文討論的內容重譯「和修版」）：

| 經節 | 「和修版」經文 | 按原文重譯內容 | 原文音譯 |
|---|---|---|---|
| 4節 | 耶和華說： | 「你是否徹底地沮喪呢？」（參5.1.2，頁176～82） | *hahêṭēḇ ḥārāʰ lāḵ* |
| 9節 | 上帝對約拿說： | 「你是否徹底地沮喪，因這棵蓖麻呢？」 | *hahêṭēḇ ḥārāʰ-ləḵā ʿal-haqqîqāyôn* |

不過，我們觀察到當中有以下四方面的差異：

第一，這兩節經文對神明的稱謂不同，分別是「耶和華」和「上帝」。

第二，4節只有「耶和華說」而沒有說明祂講話的對象，9節則有「對約拿說」。前者是約拿先向耶和華祈禱，然後祂作出回應；後者則是約拿先跟自己講話，然後9節就清楚指出上帝主動向約拿講話。上帝的提問似是要把約拿從他個人的獨白中拉出來，迫使約拿要與祂對話。這情況可類比於耶和華安排大海怪吞下約拿，驅使約拿要向祂講話那樣。

第三，兩個問題的差異在於9節多了「因這棵蓖麻」。為何在4節中耶和華向約拿提問時，沒有指明約拿沮喪的原因呢？耶和華可以說：「你是否徹底地沮喪，因為我沒有降災予尼尼微呢？」祂不可能不知道約拿沮喪的原因（同樣地，上帝知道約拿現在感到沮喪的原因）。而且我們也留意到，耶和華於5節並無回應約拿對祂屬性的關注，特別是祂對尼尼微的「改變心意，不降那災難」。然而，上帝在 9 節這處向約拿提問「你是否徹底地沮喪呢？」之時，卻加上了「因這棵蓖麻」。耶和華以這樣的方式發問，約拿此前因尼尼微得免災禍而感到沮喪一事，也就不能於這時提出來了，因為上帝的提問為約拿的回答圈定了範圍，也就是說，約拿的沮喪只能是或不是因這棵蓖麻了。至於上帝的提問，約拿當然可以拒絕回答，正如他在 4 節時那樣；但若然他要回答，就局限於蓖麻一事上了。在「發昏」的情況下，約拿只好重申他的沮喪，以回應當下面對的困難，而沒有機會如 2 節般表達理據。

## 創傷與約拿

約拿求死，表明他對生存提出了質疑，因為這個世界對他而言，實在太難以理解和掌控，他亦無從於其中尋得意義。㊻ 這位掌管世界的上帝，過去曾容讓亞述和巴比倫殘害毀滅以色列國和猶大國，如今則任讓波斯帝國管轄欺壓餘下的猶太人。祂的「作為」，確實難以叫猶太人堅信祂就是那位與他們立約的神明。因此，猶太人所面對的，不單是帝國的強權管治，更是這位與猶太人立約的神明的強權。從這角度出發，在如此勢力懸殊的景況下，約拿早些時候於卷首便已選擇逃離上帝的面，足表明約拿拒絕再容讓上帝的命令操控他的行動，他希望堅持自己的自主權和控制權，那怕是一丁點的。到了約拿書四章，約拿請求上帝取去他的性命，也是延續他身為無權無勢者的盼望——更可能是惟一的機會——仍保有一定的自主權和控制權。至少叫神明取去他性命一事是出於他主動的請求！

上帝的三個「安排」，教約拿進一步經歷到自身的無能，而約拿這些經歷，可說是一個較個人和較微型的版本，重演了猶太人過去的創傷經歷；這些經歷帶來了困苦、無能和驚恐。這些打擊原來可以隨時臨到，在人未有任何準備下以各種形式出現；那種無能感和驚惶失措的情緒，也隨時會再現。上帝的這三個「安排」以這樣超現實的圖像出現，在聖經也是罕見的。從創傷詮釋的角度出發，如此使用符號的目的，一方面可以幫助人言說創傷事件，一方面又可以為約拿（和讀者）製造跟創傷事件的距離，幫助他們更好地去面對和處理創傷。如果像好些學者所言，認為耶和華這三個「安排」旨在要約拿從中領悟甚麼教訓，那他們倒忘記了一個事實，就是人要從受創經驗中尋得意義，並使之融入到自身歷史故事中，得著復原或成長，這行動只能是出於受創者自己（即他的天賦）和旁人的同行同理（即他的資源）（參 1.5.3「創傷後成長」，頁 16～17）。若要強加任何教訓或意義在受創者身上，最終只會徒添其受創，甚或造成第二次傷害。

上帝的能力當然是人無法抵抗的。祂可以隨意賜下人需要得到滿足的境遇，但同時也可以設下令人無法自救的困境。約拿親身經歷了上帝的絕對主權和能力，同時經歷到上帝之不可預測和難以明白。因此，約拿的再次求死，再不是向上帝而發，而是向他自己提出。他能夠爭取的控制權，就是拒絕讓自己的性命被他者（即上帝）操控，他只想由他自己控制他的生死，他的性命也只能由他自己取去。㊼ 在上帝的強權之下，他要盡力控制他可以控制的，縱然他清楚知道，他的反抗和爭取，最終都可能是徒然的。㊽

值得留意的是，約拿五次把「好」（形容詞或動詞；參下一段落對「都是對的」這片語的分析）和他的死相提並論，就更凸顯出一點，那就是對他來說，他自己的死亡——而不是別人的死亡——是好的，因為他的死，可以終極地讓他避開上帝的強權，也就是他所經歷過和很可能會再次經歷的創傷的終極源頭。陰間應該是上帝不在的地方吧？

若從權力的角度看，有學者進一步指出，有權者往往會抹煞受壓者所經歷的欺壓事情的發生原因和經過，而只要求受壓者面對和處理目前的難處。有權者認為受壓者得放下過去，才能處理好目前的難題，「向前看」才是有建設性的。通過這樣的操作，受壓者便再難有申訴的機會，要有權者修正他們過往的錯誤；而受壓者繼續堅持要大家直面過去的歷史，更會變成無的放矢、不識時務之舉。同時，對被壓者來說，解決眼前的困境也確實是必須的，是十分現實的問題，故很多時受壓者也只好無奈地放下過去，著眼於當前的難題。㊾

第四，對9節上帝的提問，約拿明明白白地承認「我發怒以至於死，都是對的！」（*hêṭēḇ ḥārāʰ-lî ʿaḏ-māweṯ*）。如4節的析讀指出，「都是對的」（*hêṭēḇ*）應解作「完全地、徹底地」（參段落5.2，頁184）。有學者認為「以至於死」是表達極致程度（superlative）的方法之一。㊿ 不過，約拿要表達的，很可能就是其字面的意思，即約拿的確一心尋死。約拿這裏要說的是，「我確是徹底地沮喪，沮喪到要死！」經歷過上帝所安排的蓖麻、蟲子和東風，在發昏的情況下，約拿既無渠道表達他沮喪的原因，就只能表達身為受創者的情緒——和確實想尋死的意願！值得留意的是，如前所述，約拿書使用「好」作為形容詞（*ṭôḇ*：四 3、8）或是其相關動詞（*yṭḇ*；四 4、9[x2]），都是與約拿的死有關，也就是說，約拿認為自己的死，確實是比活著還「好」！

## 約拿書中上帝的名字

在約拿書中，上帝以不同的稱謂出現，分列如下：

1. 「耶和華」(*yhwh*)共二十五次：一 1、3[x2]、4、9、10、14[x3]、16[x2]、17，二 1、2、6、7、9、10，三 1、3，四 2[x2]、3、4、10。
2. 「上帝」(*ʾĕlōhîm*)共十次：一 5、6、9，二 1、6，三 3、5、8，四 8、9。
3. 「那上帝」(*hā ʾĕlōhîm*)共五次：一 6，三 9、10[x2]，四 7。
4. 「上帝」(*ʾēl*)只一次：四 2。
5. 「耶和華上帝」(*yhwh-ʾĕlōhîm*)只一次：四 6。

約拿書中為何對上帝有不同的稱謂，學者有不同的見解。第一種看法認為，不同的稱謂是出自不同人的手筆。他們認為約拿書由不同來源組成。這些不同來源原先採用了不同的上帝稱呼，因此當不同來源結集成現存的約拿書，書中的上帝就會出現不同的稱謂。另有學者認為，約拿書原先採用「耶和華」這稱謂，但後來抄寫約拿書的文士因為種種原因，把其中一些稱謂改為「上帝」。不過這類看法現在已較少學者所採納。

第二種看法認為不同稱謂均出自同一位作者手筆，名稱不同是因它們有不同含意。有學者認為，「耶和華」(*yhwh*)代表一位有憐憫的神明；而「上帝」(*ʾĕlōhîm*)則指向一位超越的神明。「耶和華」強調的是這位神明的道德層面、祂是以色列的神，以及祂與人和自然界的關係；而「上帝」則較為抽象，祂是全地的神，超越人類和自然界。[51] 馬戈利(Jonathan Magonet)則認為讀者可從書中約拿對上帝的理解中，找出這些稱謂的不同之處。[52] 他認為上帝稱謂的用法，在約拿書一至三章跟在四章是不同的。在一章中，約拿宣稱他所敬畏的上帝是「耶和華」，祂是「天上的上帝，祂創造了滄海和陸地」(一 9)。馬戈利認為這個對上帝的理解可以解釋約拿書一至三章神名字的不同用法。他的論證簡單而言是這樣：「耶和華」是以色列的神，為約拿所認識。外邦水手最初只稱呼這位神明為「上帝」，直至他們從約拿口中知道這位神明叫「耶和華」，他們才稱呼這位神明為「耶和華」，甚至大大懼怕「耶和華」，向「耶和華」獻祭許願。三章記載的尼尼微人,從未透過約拿的口知悉這位神明是「耶和華」,所以他們只稱祂為「上帝」。不過,到了四章,約拿就提出另一對上帝的理解,即祂是「有恩惠,有憐憫的上帝,不輕易發怒,有豐盛的慈愛,並且會改變心意,不降那災難。」所以,約拿書四章中的「耶和華」,是指涉這位神明有憐憫的性情,而「上帝」則指涉祂施教導或刑罰這方面的性情(四7~9)。不過,馬戈利的觀點若要成立,就必須把全書的神的稱謂分為兩個系統,分別處理一至三章、和四章,否則就會有矛盾的情況出現了。例如:三章10節的「上帝」是有憐憫的,而一章4節的「耶和華」卻為水手和約拿帶來了困難。

坎普(Albert Kamp)則認為,不同稱謂全在乎以甚麼角度來看上帝。他指出「上帝」(*ʾĕlōhîm*)曾在約拿書三個處境中出現:[53]

- 當人還未認識「耶和華」這名字(例如:水手起初的情況);
- 當人完全不知道「耶和華」這名字(例如:尼尼微人);
- 當祂的行動對敘事中的人物來説並不完全清楚的時候。

戈爾茨坦(E. Goldstein)提出一個稍為簡單的見解。他認為當敘事者關注的是上帝和以色列(約拿為代表)的關係時,經文便會使用「耶和華」;而當論及上帝和外邦人的關係時,作者就會使用「上帝」(*ʾĕlōhîm*)。[54] 另有學者認為,約拿書中對上帝的不同稱謂,是用來表達上帝和對方的關係的,並因此指出約拿與上帝的距離,是在逐漸增加的。[55]

## 5.7 耶和華解釋(不)愛惜尼尼微的原因(四10~11)

對約拿再次求死,耶和華的回應成為全書的結束。繼上帝於9節對約拿的提問加入「因這棵蓖麻」這個元素,耶和華的最後講話亦以蓖麻作為切入點。現把10至11節列出如下(按原文稍修改「和修版」):

| 四章10節 | 四章11節 |
|---|---|
| 你,<br>你曾愛惜這蓖麻,<br>〔就是〕你沒有為它操勞,也不是你使它長大的;<br>〔就是〕它一夜生長,一夜枯死。 | 我,<br>我豈能不愛惜尼尼微大城,<br>〔就是〕在它中間有多過十二萬人,<br>〔就是〕不能分辨左右手的,<br>還有許多牲畜? |

這兩節經文有相似的句法結構，兩者都依次由以下三個元素組成：

- 獨立代名詞(「你」/「我」)；
- 相同動詞(「曾愛惜」/「不會愛惜」)；
- 兩節經文都兩次使用「就是」(*ʾăšer, š*；10 節／*ʾăšer, ʾăšer*；11 節)來帶出兩句從屬句，提供了更多有關動詞的賓語的資料，而這兩句的賓語分別是蓖麻和尼尼微城。

「愛惜」(*ḥûs*)在舊約聖經中出現二十四次，而加上否定詞「不」(*lōʾ*)的用法則有十八次。56 在舊約聖經這詞可以有三個不同含意：

1. 這詞在申命記的律例中出現五次(申七16，十三9，十九13、21，二十五12)，基本上都是吩咐以色列人對違例者或外邦人施加刑罰，不應忍手。在這些處境下，這詞難以理解為「愛惜」，而應理解為「關注、同情」。
2. 以西結書多次提及上帝要按以色列所行的刑罰他們。在這處境下，其意思便是不會「饒恕」他們或不會「免去〔其〕刑罰」(五11，七4、9，八18，九5、10，二十四14)，而不應解作「愛惜」。
3. 創世記四十五章20節記述法老吩咐約瑟將他的家人帶到埃及，叫他們不必顧惜他們的家具，其意思就是不要「因為失去這些家具〔指家鄉的家具〕而覺得可惜」，因為他的家人可以享受整個埃及的美物。

至於這詞在四章10節和11節的理解，下文會另行簡述(頁205及以下)。

現在我們先來看看10節的兩句從屬句。第一句從屬句有兩部分：「你沒有為它〔指蓖麻〕操勞」、「不是你使它〔指蓖麻〕長大的」，都是以約拿為主語，而兩次都使用否定助語詞「不」來修飾兩部分的動詞，即「沒有為……操勞」(*lōʾ-ʿāmaltā*)和「不是……使……長大」(*lōʾ gīddaltô*)。第二句從屬句同樣有兩部分：「它一夜生長」、「一夜枯死」，都是以蓖麻作為主語，也兩次使用「一夜」(*bin-laylāʰ*；原文意思是「一夜之子」)作為動詞的主語。

「操勞」(詞根是 *ʿml*)作為動詞在舊約聖經中只出現十一次(傳道書佔八次)，57 但名詞就有六十五次(傳道書佔二十七次)。它的基本意思是「疲倦」、引致疲倦的「工作、勞碌」或是因工作而得的「獎賞」。[58]「使……長大」（詞根是 *gdl*）這個動詞在約拿書中只出現一次，但和它有相同詞根的形容詞「大」（*gāḏôl*）在約拿書中則出現十四次。在舊約聖經中，這動詞可指令樹木長大（結三十一4；賽四十四14；何九12）或養大孩子（賽一2，二十三4），亦可指提升個人身分地位（創十二2；書三7；代下一1；斯三1）或尊耶和華為大（詩三十四3，六十九30）。「操勞」和「使……長大」這兩個詞可以理解為有因果關係，即約拿操勞使其長大，但這裏兩次使用否定助語詞，就強烈指出約拿並無為蓖麻的生長做過任何事情。「它一夜生長，一夜枯死」原文可直譯為「一夜之子出現，一夜之子滅亡」。「一夜之子」這片語只出現在約拿書中，按上下文，它應是用來稱呼「蓖麻」，指出蓖麻只有短如一夜的壽命。「出現」（*hāyā*$^{h}$）和「滅亡」（*ʾāḇaḏ*）是相反詞，而「滅亡」在約拿書中另出現三次（一6、14，三9），都是出自水手或尼尼微人的口中。總結而言，10節中的兩句從屬句從不同角度補充有關蓖麻的資料。第一句從屬句從蓖麻的外在出發，指出約拿與它的生長無關，而第二句則是從蓖麻的內在出發，指出它的生命是短暫的。

11節的兩個從屬句「不能分辨左右手的」、「有十二萬多人」的結構，並無10節般那樣工整。按原文次序，第一句從屬句是「有十二萬多人」（*yeš-bāh harbē*$^{h}$ *mištêm-ʿeśrē*$^{h}$ *ribbô ʾāḏām*），要指出在尼尼微城中有「多過十二萬人」，其原文有頗多子音 *b* 和 *r* 出現。「十二」在六十進制中是個完整的數字，所以，「十二」萬人代表很大的人口數目，[59] 有學者認為這個數字是一種誇張手法。[60]

11節的第二句從屬句「不能分辨左右手的」（*lōʾ-yāḏaʿ bên-yəmînô liśmōʾlô*）中「分辨」（*yāḏaʿ*）原文意思是「**知道**」。「左〔手〕」、「右〔手〕」這兩個名詞之前分別加上介詞 *bên* 和 *lə*。這個用法只另見於撒母耳記下十九章36節（另參伯三十四4）。學者對這片語所指涉的對象有四個解釋：

「知道」一詞在約拿書出現六次（一7、10、12，三9，四2、11）。

- 指小孩子，因為他們不能分辨左手和右手（引用申命記一章39節作為比較）。[61] 不過，「知道」的主語在原文中是「人」（*ʾāḏām*），故較難把這些「人」局限為只是指小孩子。
- 這片語擴展至指涉所有尼尼微人，引申指他們不能分對錯，甚至不認識耶和華的誡命。62 不過，尼尼微王曾呼籲城中居民「回轉離開惡道，離棄自己掌中的殘暴」（三 8），而上帝也看見「他們離開惡道」（三 10）。所以，很難論證尼尼微人不能分辨對錯。另外，有些經文提及「左」和「右」時，出現在不可「偏離左右」這個處境中（參申五 32，十七 11、20，二十八 14；書一 7，二十三 6；王下二十二 2；代下三十四 2；箴四 27），都是在提醒以色列人要遵守上帝的律法。所以，當尼尼微人連耶和華這個名字也不知道的時候，他們不認識祂的誡命就不足為奇。不過，約拿書似乎從來不關注外邦人是否認識耶和華的誡命。

- 指尼尼微人未有足夠的道德分辨能力。63 雖然尼尼微人曾經回轉，但這並不表示他們有洞察力或聰明。所以，有學者以以賽亞書二十七章 11 節作比較，指出上帝不會憐憫那些祂所創造、卻蒙昧無知的民，而尼尼微就是這樣的人。64
- 這句子是用來指：因為尼尼微城太大，以致居民不認識那些住在他左邊和右邊的人。65

至終，學者對於「不能分辨左右手的」這短句的解釋，都沒有定見。11 節最後的「還有許多牲畜」並沒有跟 10 節的經文出現平行。耶和華指出尼尼微城中除了有超過十二萬人外，還有為數不少的牲畜。「牲畜」在約拿書中只另見於三章 7 至 8 節中，表示除了人以外，牠們也是尼尼微王負面和正面吩咐的對象。同樣地，在這裏耶和華「不愛惜」的對象，除了尼尼微城的人外，還包括許多牲畜。

綜合 10 至 11 節的詮釋，不少學者都採納以下兩個相關的假設：

- 「我豈能不愛惜呢？」（*waʾănî lōʾ ʾāḥûs*）的原文並無特別標記為一疑問句（參下頁的討論），但學者多把它理解為一個修辭性提問句，期望得到正面的回答，即是「我應該愛惜」。66
- 這兩節經文是表達一種**「從小到大」的論證方式**。這種論證的基本模式是：若發生在甲是這樣的話，那麼發生在乙就更應該或更是這樣的了。67

*學者對這論證方式有不同的名稱：a minori ad maius、a fortiori 或 qal wahomer 論證。*

基於以上兩個假設，一般對這兩節經文的理解會是這樣：藉著這個修辭性提問，耶和華向約拿指出，若約拿愛惜這不是由他掌控而生命短暫的蓖麻，那麼祂便更加愛惜祂所創造的眾多尼尼微人和大量牲畜。這個理解強調了耶和華的憐憫和大愛，而有別於約拿只堅持公義而拒絕接受耶和華對外邦人的拯救。

筆者會依次先討論「我豈能不愛惜呢？」是否該被理解為修辭性提問，然後再討論「從小到大」這個詮釋方向是否正確。最後，筆者會作一綜合的結論。

**第一，「我豈能不愛惜呢？」應否理解為修辭性提問句？**

「我豈能不愛惜呢？」應否理解為疑問句，可參考希伯來文文法的慣常用法。在希伯來文文法上，可以有兩種方式來斷定那句子是否疑問句：

- 採用疑問代詞如「甚麼」（*mah*）、「誰」（*mî*），或疑問副詞如「如何」（*ʾêḵ*）、「在哪裏」（*ʾayyēh*）等；
- 用疑問詞 *ha* 作詞首或前綴。

然而，在沒有以上這兩類標記的情況下，希伯來文句子仍可以是疑問句，不過，這只能由上下文來判定。

從約拿書去看，以上兩種標示疑問句的方式都可見於約拿書。第一類情況，如：「怎麼」（*mah*；一6）、「甚麼」（*mah*；一8）、「哪裏」（*ʾayin*；一8）、「哪〔一國〕」（*mah*；一8）、「哪〔一族〕」（*ʾê*；一8）、「甚麼」（*mah*；一8）、「甚麼」（*mah*；一11）。第二類情況則見於「這不是……」（*hălôʾ*；四2）、「對嗎」（*hahêṭēḇ*；四4）、「對嗎」（*hahêṭēḇ*；四9），第二類情況出現的這三個問題都有疑問詞 *ha* 作為前綴。至於四章11節，它完全沒有任何疑問句的標記，因此它可以被理解為一句沒有以上這兩類標記的疑問句，亦可以是一陳述性語句。

若參考上表列出的四章10節和11節的平行結構，似乎是支持「你曾愛惜這蓖麻」（10節）和「我豈能不愛惜尼尼微大城」（11節）均作陳述性語句來理解，而不是把第一句看為是宣告句子而第二句則看成是疑問句。[68]

學者多認為這句子不單是疑問句，還是修辭性提問句。不過，約拿書中肯定被界定為修辭性提問句的，就只有四章 2 節，但那裏卻有疑問詞 *ha* 作為前綴。那麼，四章 11 節真的就是修辭性提問句嗎？

再者，若果約拿在四章 2 節已經明言上帝是一位有恩惠有憐憫的神明，那麼把 11 節看為修辭性提問而期望得到的答案是「耶和華應該愛惜尼尼微人」，那就只是在重申 2 節已經知道的內容，如此，我們會問，這一重述對約拿來說真的有很大意義嗎？

總結而言，筆者認為「我豈能不愛惜呢？」的原文應該簡單翻譯為「我不愛惜」。

**第二，「從小到大」的論證是否正確？**

筆者會從「小」與「大」所指的對象，以及從「愛惜」這詞的用法來討論「從小到大」的論證是否正確。

1. 「小」與「大」所指的對象：好些學者認為耶和華在此用上了一種「從小到大」的論證方式，69 而當中「小」和「大」所指涉的是甚麼，至關重要。可以有以下三個可能性：

   第一，假若「小」是指約拿個人的小行動，即他不曾為蓖麻操勞，也沒有使它長大，而他也憐惜它；那麼「大」就是指耶和華既然創造了眾多在尼尼微城的人及牲畜，所以祂更應憐惜這些祂以大行動所創造出來的人及牲畜了。不過，在約拿書中，提及耶和華所「造」的就只有海及陸地，而那是出自約拿的口，耶和華從來沒有說祂「創造」眾多的尼尼微人及牲畜。當然，耶和華「創造」了尼尼微人及牲畜這個假設也是合理的推論，不過，重要的反而是約拿書從來沒有明確地以上帝的創造作為論證的理據。

   第二，假若「小」指到蓖麻只是「一株生命短暫的植物」，但約拿仍憐惜它；那麼「大」就是指四章 11 節所強調的「尼尼微城的眾多人口和牲畜」，而耶和華更應該憐惜他們。70 若然採納這個見解，那麼耶和華憐惜尼尼微城的原因，就是其人口眾多和有許多牲畜了。如此，「數量」便成了耶和華決定是否憐惜的因素。不過，學者一般對三章10節的理解傳統上卻是上帝因尼尼微人悔改而轉變心意不降災。如此，這個理解就會跟上帝因尼尼微城人口和牲畜眾多而愛惜這城，形成了張力。因此，這個理解似乎也有一定困難。當然，若不把尼尼微人的悔改和上帝的轉變心意看為是有因果關係（參段落4.6及4.7討論上帝的回心轉意及不降災，頁157～64），從四章11節就得接納上帝是因為尼尼微人的數量而憐惜他們。

第三，約拿憐惜蓖麻是「合理」的，縱然這蓖麻並不因約拿操勞而長大，而它也只有很短暫的生命，因為四章6節指出，約拿因這蓖麻而大大歡喜，所以，約拿愛惜蓖麻是因為這蓖麻帶給了他好處。從這觀點出發，把「從小到大」的理解應用在耶和華身上，經文就似是在指出：耶和華愛惜尼尼微城，是因為尼尼微城會帶給祂更大的好處，也就是說，耶和華憐惜尼尼微是因為祂可以從尼尼微得到好處。事實上，有猶太拉比就採納這種看法。⑪ 跟這看法相關的觀點便是：若約拿愛惜蓖麻，是因為蓖麻枯萎會令他受苦；那麼耶和華愛惜尼尼微，是因尼尼微滅亡會令祂感到更加痛苦。不過，無論是以上那個理解，似乎都難以從整卷約拿書中找到印證。

總結而言，當詳細分析那些不同「從小到大」的論證時，無論「小」和「大」作甚麼理解，這些論證都會面對不易解決的困難。

2. 「愛惜」的用法：若「從小到大」的論點要成立，則必須假定約拿的「愛惜」和耶和華的「愛惜」，其意思是相若的。⑫ 正如前文所言，「愛惜」（*ḥûs*）一詞在舊約聖經中出現二十四次，⑬ 意思可以有多層（詳見上文對「愛惜」的闡釋，這裏提及約拿 *ḥûs* 蓖麻，所指的更可能是「因為失去而覺得可惜」（即頁200提出「愛惜」的第三種含意），多於「關注、同情」或者「饒恕、免去刑罰」（即頁200的第一及二種含意）。相反，當耶和華宣告祂 *ḥûs* 尼尼微時，「關注、同情」或「饒恕、免去刑罰」似乎是更自然的理解。總結而言，「愛惜」（*ḥûs*）的不同用法，似乎亦不支持「從小到大」的論證。

**第三，綜合結論：不是「從小到大」，而是「對比」約拿和上帝的行動**

從四章 10、11 節的具體用字出發，兩者似是在強調「對比」多於「從小到大」，原因有三：

第一，雖然希伯來文中「曾愛惜」和「不愛惜」這兩個動詞本身都已經包含其主語（分別是「你」和「我」），但這裏都特別再分別加上獨立代名詞「你」（*ʾattāh*）和「我」（*ʾănî*）。這做法的目的是作對比之用，指出由代名詞所代表的兩個主體，作出了截然相反的行動。[74] 例如：「使他們驚惶，卻不要使我驚惶」（耶十七 18）中的「他們」（*hēmmāh*）及「我」（*ʾānî*），都是獨立代名詞，而經文就是把這兩個主語的行動作出對比。

第二，「曾愛惜」（*ḥastā*）和「不愛惜」（*lōʾ ʾāḥûs*）顯示出另外一個對比，前者是正面描述行動，後者則是負面描述行動。也就是說，這裏要強調的是愛惜和不愛惜這兩個完全相反的動作。

*有關譯本可參「新譯本」、「和合本」、「和修版」。「呂振中譯本」譯作：「我⋯⋯能不愛惜／顧惜」；NRSV, Tanak: "And should I not ...."*

第三，「曾愛惜」和「不愛惜」的另一個對比是前者使用完成式（perfect），而後者是未完成式（imperfect）。有學者（和一**些譯本**）不以時態的角度來理解這個未完成式，即不將之翻譯為「我將不會愛惜」，而是理解為情態動詞（modal verb），並翻譯為「我能不愛惜」或「我應該不愛惜」等。無論是否採納情態動詞的理解，經文基本上是指出約拿和耶和華的行動是相反的，而「從小到大」的詮釋觀點卻是認為兩者的行動是一樣的，只是程度上有差異。

總結而言，要用「從小到大」來理解 10 節和 11 節的關係，實在有不少難題需要解決。[75]

綜合以上討論，筆者認為「從小到大」的理解不易成立，而四章 11 節作為修辭性提問句也需要更多的論證來支持。因此，筆者認為，較自然的處理，就是把這節經文看為是陳述性語句，並把 10 節和 11 節理解為對比約拿和耶和華的行動。從這個角度來看，10、11 節可以有另一種直譯的方式如下：

| 四章 10 節 | 四章 11 節 |
|---|---|
| 你，<br>你曾為失去這棵蓖麻而曾感到可惜，<br>〔就是〕你沒有為它操勞，也不是你使它長大的；<br>〔就是〕它一夜生長，一夜枯死。 | 但我，<br>我不會關心／不會饒恕尼尼微大城<br>〔就是〕在它中間有多過十二萬人，<br>〔就是〕不能分辨左右手的，還有許多牲畜。 |

這個翻譯顯出了耶和華是要將自己的行動跟約拿的表現，作出對比、甚至對立。也就是說，約拿曾經為失去蓖麻而感到可惜，但耶和華卻根本不會關心（甚至不會饒恕）尼尼微城，縱使當中有超過十二萬人並許多牲畜。蓖麻和尼尼微的命運是相似的。蓖麻可以生長得很快，但同時也可以很快被上帝所滅；同樣地，尼尼微雖是大城，有超過十二萬的人口和許多牲畜，但它滅亡的日子也在上帝的手中！如此看來，雖然尼尼微當下得免去災難、刑罰，但耶和華最終仍可把它消滅，就正如約拿書成書時的讀者所知道的那樣。

耶和華在 11 節雖然宣稱祂根本不會關心（甚至也不會饒恕）尼尼微，但祂卻沒有明言反對約拿所宣稱「改變心意，不降那災難」是祂的屬性這件事（四 2）。事實上，耶和華獨行奇事，祂不囿於約拿這種看法，祂亦可以壓根兒不關心尼尼微這個大城。畢竟「愛惜」（*ḥûs*）一詞在舊約聖經從來沒有用以宣稱耶和華的屬性，但祂在舊約中卻常以「**不愛惜**……」（*lōʾ ʾāḥûs*）這形態出現。所以，耶和華沒有指出約拿對祂的理解是錯誤的同時，祂也不會因失去尼尼微而感到可惜。

*有關「耶和華不愛惜……」這行動的參考經文：耶十三14，二十一7；結五11，七4、9，八18，九10，二十四14。*

綜合以上分析，結論就是耶和華並不如約拿所言，是個只會回心轉意而不降災的神明；而且即使祂回心轉意，不降所說的災，也不是因為尼尼微悔改。所以，是否降災、為何不降災等，一切只能出於祂的主權。對約拿來說，耶和華這裏要說的，其實就是再一次確認約拿對所經歷的蓖麻事件的詮釋。也就是說，蓖麻的生死，只能操控在耶和華的手中，其生、死的原委，可以不為人所明白，也不為人所控制，人就只能被動地承受蓖麻生或死所帶來的後果。

承認耶和華的至高主權和絕對自由，可以帶來兩方面截然不同的引申含意。

一方面，有學者把耶和華的主權和自由，跟祂的公義結連在一起。縱然耶和華之前曾經回心轉意，不降災予這城，但最終祂在這裏宣告，祂會消滅尼尼微城，這便反映出祂是公義的。在這情況下，耶和華的主權和自由，體現在祂施行審判的時間上，即祂有絕對的主權和自由決定於何時施行審判。假若約拿書的成書日期為被擄後期，那麼約拿書的讀者就清楚知道尼尼微城已經被毀，且沒有得到重建。故此，我們會看到一點，就是耶和華的刑罰雖會延遲，審判最終還是會臨到惡者；耶和華是一位公義的上帝，祂對祂的子民仍是忠誠的。

另一方面，耶和華的主權和自由也可以超乎祂的公義，祂可以決定是否施行審判。這樣，耶和華便是一位不可預測、甚或難以理解的神。也就是說，耶和華可以按祂的主權回心轉意，不降災予尼尼微；但同時經文從沒有提及祂因為尼尼微人悔改而「愛惜」他們。正因如此，有學者認為，上帝的全然自由或不可測，反而是罪人可以得救的盼望所在。因為按著上帝的公義，罪人應該受罰，但上帝的主權和自由卻令到罪有應得的人可以得著拯救。[76] 反過來看這，上帝既然超乎公義，可以不必然按公義行動，那麼以色列人受霸權、被欺凌，也不必然是因為以色列人犯罪所招來的惡果；以色列人受創傷，也不必然是自取其咎的了。

最後，上文提及約拿書四章的扇形結構時，特別指出經文把約拿和上帝的對話置放在經文的開始和結束部分。若我們仔細觀察，可見兩者的對話是輪番出現的，同時他們説的話在原文中竟然字數完全一樣。現列出兩者的講話如右頁表。

這應該不是出於巧合或偶然，而是刻意安排的吧！面對那位創造海和陸地的神明，那位可以隨意安排大自然的生物和自然現象的神明，約拿選擇了盡力抗辯，開啟了這一連串對話，挑戰這位至高的神明，並藉此處理因創傷而來的無力感。因此，雖説整卷書以耶和華的説話作結，但這並不表示耶和華所講的，就為一切事情作最終定論，又或者約拿對祂的詰問就此結束。通過兩者相同字數的對話記載，經文告訴我們，約拿雖無法勝過耶和華，但耶和華也同樣未能叫約拿心悦誠服！經文所反映的是，人神之間的爭辯，依然繼續；波斯時代的以色列羣體，仍然為著他們民族所經歷的一切創傷，不休地向那位跟他們立約的耶和華提出質問。

| 說話 | 經節 | 原文音譯 | 原文字數 |
|---|---|---|---|
| 約拿 | 2～3節 | 2 ʾānnāʰ yhwh hălôʾ-zeʰ dəbārî ʿad-hĕyôṯî ʿal-ʾaḏmāṯî ʿal-kēn qiddamtî liḇrōªḥ taršîšāʰ kî yāḏaʿtî kî ʾattāʰ ʾēl-ḥannûn wəraḥûm ʾereḵ ʾappayim wəraḇ-ḥeseḏ wənīḥām ʿal-hārāʿāʰ 3 wəʿattāʰ yhwh qaḥ-nāʾ ʾeṯ-napšî mimmennî kî ṭôḇ môṯî mēḥayyāy | 39 |
| 上帝 | 4節 | haheṭēḇ ḥārāʰ lāḵ | 3 |
| 約拿 | 8節 | ṭôb môṯî mēḥayyāy | 3 |
| 上帝 | 9節 | haheṭēḇ ḥārāʰ-ləḵā ʿal-haqqîqāyôn | 5 |
| 約拿 | 9節 | hêṭēḇ ḥārāʰ-lî ʿaḏ-māweṯ | 5 |
| 上帝 | 10～11節 | 10 ʾattāʰ ḥastā ʿal-haqqîqāyôn ʾăšer lōʾ-ʿāmaltā bô wəlōʾ ğiddaltô šebbin-laylāʰ hāyāʰ ûḇin-laylāʰ ʾāḇāḏ 11 waʾănî lōʾ ʾāḥûs ʿal-nînwēʰ hāʿîr haggəḏôlāʰ ʾăšer yeš-bāh harbēʰ mištêm-ʿeśrēʰ ribbô ʾāḏām ʾăšer lōʾ-yāḏaʿ bên-yəmînô liśmōʾlô ûḇəhēmāʰ rabbāʰ | 39 |

## 創傷與約拿

隨著耶和華講話的結束，約拿書也結束了。經文沒有記載約拿有甚麼回應。約拿的沉默，長久以來帶給學者不少詮釋空間。有人認為約拿這裏是默認自己的不是，也有人認為約拿是在堅持自己的看法。前者認為約拿最終體會上帝的主權，祂的憐憫和公義是並存的，約拿書的閱讀羣體也應該如此反應。後者則指出，約拿的沉默反映了他在強權之下只能作出無聲抗辯，約拿書的閱讀羣體在帝國霸權下也只能以沉默作抵抗。亦有學者指出，約拿的沉默反映出語言的失效。約拿再無法以語言回應他所面對的世界及神明，就是那個難以明白和掌握的世界——以及那位難以測度的神明。77

從創傷的角度而言，約拿的無言可以理解為麻木（numbing）和解離（dissociation）。約拿曾嘗試重掌自己的主權，以傳統的理念去理解創傷事件（二2～9）；他又試過重組自己的世界觀，以容納所經驗到的創傷（四2），並開展跟耶和華這創傷源頭的對話（四2～9）。不過，約拿所經歷的蓖麻事件，讓他再次經歷到創傷帶來的無力感。耶和華的最後講話，只是印證祂的不可測，並人在這位神明面前的無力感。

在這樣的景況下，把認知和感受抽離開來，成了嘗試保存自己的方法。從這個角度來看，經文所要展示的，是事件並沒有預期中的理想和完滿結局，例如：上帝和約拿最終得以和解、約拿為上帝所折服，或者上帝順應約拿的要求等；相反，經文正要指出，創傷造成的傷口仍未痊癒，受創者仍然受著創傷的影響——但受創者依然在掙扎求存，要以不同的方式存活下去。

## 溫習及思考問題

1. 「這事令約拿大大不悅，甚至發怒」可以怎樣翻譯？「不悅」與動詞「是惡的」有何關連？你如何理解這個「惡」？
2. 四章 2 節是約拿的宣告，學者稱之為「恩典公式」。他所宣告的公式有哪幾部分？他的宣告與舊約聖經其他書卷又有何不同之處？
3. 四章 3 節中約拿求死。他這裏的求死反映出他怎樣看自己的生命？
4. 上帝怎樣回應約拿(4 節)？從所使用的字眼看，上帝的回應針對約拿哪方面的事情？約拿再以哪四個行動來回應上帝？你如何看他的這些行動？
5. 在四章 6 至 8 節中，上帝有哪三個「安排」？
6. 在上帝的第一個「安排」中，約拿「因這棵蓖麻大大歡喜」(6 節)。這反映出約拿與上帝的關係如何？學者如何詮釋上帝的第二個「安排」？對於第三個「安排」，你認為上帝是否要將約拿趕到絕路？你對上帝這三個「安排」有何評論？
7. 你如何理解約拿第二次的求死(8 節下)？與之前的求死有甚麼分別？上帝如何回應他？不同學者對這回應又有何不同詮釋？若以創傷文學角度去看上帝的回應，你會怎樣評論這回應？
8. 整卷約拿書像是上帝與約拿的交鋒。你如何看兩者的對話？你認為最令約拿受傷的是甚麼？在過程中約拿怎樣幫助自己？又得著怎樣的療癒？
9. 你對以創傷文學進路研讀約拿書有何感受？對你而言，這是否全新的體會？有共鳴同感的地方嗎？這樣的研讀方法，深化了你對於上帝及信仰的哪些認識？這會給你帶來信仰上的衝擊麼？
10. 以創傷文學的進路研讀約拿書有何優點？你如何評價這進路？如果以這進路研讀聖經其他書卷，你認為有哪一卷書是適切的？為甚麼呢？

## 短註

❶ 第四章的第一種扇形結構，可參 R. Reed Lessing, *Jonah*, Concordia Commentary (Saint Louis, MO: Concordia, 2007), 346；另參 Jonathan Magonet, *Form and Meaning: Studies in Literary Techniques in the Book of Jonah*, Bible and Literature 8 (Sheffield: JSOT, 1976), 57。

❷ 與第二種扇形結構相似的，可參 Ernst R. Wendland, "Text Analysis and the Genre of Jonah (Part 2)," *JETS* 39/3 (1996): 382。

❸ 關於第四章的結構，另有學者提出一些較簡單的分段，筆者列出作參考。第一，有學者按以下觀念分段：問題(1～4 節)；範例(5～9 節上)；應用範例解決問題(9 下～11 節)。參 Hans W. Wolff, *Obadiah and Jonah: A Commentary*. Continental Commentaries, trans. M. Knohl (Philadelphia, PA: Augsburg, 1986), 162。第二，亦有按約拿的情緒把經文分段：1～6 節；7～11 節。參 Jack M. Sasson, *Jonah: A New Translation with Introduction, Commentary, and Interpretation*, AB 24B (New York: Doubleday, 1990), 271～72。第三，按約拿的主動和上帝的主動分節：1～3 節；4～11 節。參 J. Limburg, *Jonah: A Commentary*, OTL (London: SCM, 1993), 88～89。第四，按場景的改變分為兩個段落：1～4 節；5～11 節。參 Daniela Scialabba, *Creation and Salvation: Models of Relationship between the God of Israel and the Nations in the Book of Jonah, in Psalm 33 (MT and LXX) and in the Novel "Joseph and Aseneth,"* FAT 2, 106 (Tübingen: Mohr Siebeck, 2019), 109。

❹ 在結構上，第四章與一章 17 節至二章 10 節的關係的討論，參 Lessing, *Jonah*, 177。

❺ 有學者認為約拿在第四章的反應與該隱的記載有相似之處：

| 創世記 | 約拿書 |
| --- | --- |
| 該隱就非常生氣……耶和華對該隱說：「你為甚麼生氣呢？……」(四 5～6) | 「發怒」(四 1、4、9) |
| 於是該隱離開了耶和華的面(四 16) | 「躲避耶和華」(一 3) |
| 於是該隱離開了耶和華的面，去住在伊甸東邊挪得之地。(四 16) | 「約拿出城，坐在城的東邊」(四 5) |

這兩段經文相似的地方是兩位主角都因為上帝那難以理解的行動而感到沮喪。參 David J. Downs, "The Specter of Exile in the Story of Jonah." *HBT* 31 (2009): 42；Yitzhak Berger, *Jonah in the Shadows of Eden* (Bloomington, IN: Indiana University Press, 2016), 13。

❻ 有關 *rāʿaʿ* 這個動詞的詳細用法，可參 G. I. Davies, "The Uses of *R*" Qal and the Meaning of Jonah IV 1," *VT* 27 (1977): 105～10。

❼ 沙遜(Jack M. Sasson)對 1 節「發怒」的解釋，認為若約拿仍在憤怒中，則他不大可能會向上帝祈禱。參 Sasson, *Jonah*, 274；另參 Abraham D. Cohen, "The Tragedy of Jonah," *Judaism* 21 (1972): 171～72。

❽ 參 Ray J. Lubeck, "Prophetic Sabotage: A Look at Jonah 3:2～4," *Trinity Journal* 9 (1988): 45；沙遜亦持類似看法。他認為上帝把「傾覆」看為是正面的轉化，而約拿則理解為負面的毀

滅，而正是他們之間這個不同理解使到約拿感到「不悅」（拿四 1），參 Sasson, *Jonah*, 234, 267～78。

9 以批判的觀點詮釋尼尼微城的回轉的，可參 Chesung Justin Ryu, "Silence as Resistance: A Postcolonial Reading of the Silence of Jonah in Jonah 4:1–11," *JSOT* 34 (2009): 206～07。

10 2 節「因為這樣」與「我知道……」建立因果關係的討論，可參 Sasson, *Jonah*, 278。

11 對於 2 節「迎著上帝，目的是要逃往他施去」類似的詮釋，可參 Amy Erickson, *Jonah: Introduction and Commentary*, Illuminations (Grand Rapids, MI: Eerdmans, 2021), 390。

12 有學者稱呼約拿的宣告為「恩典公式」，參 Scialabba, *Creation and Salvation*, 115。

13 持這個對「不輕易發怒，有豐盛的慈愛」解釋的，可參 Wolff, *Obadiah and Jonah*, 167；Limburg, *Jonah*, 90～91。

14 有關舊約聖經中其他書卷「恩典公式」的經文更詳細的比較，可參 Sasson, *Jonah*, 280。

15 有關上帝的「信實、誠實」意義上更多的討論，可參 *TDOT* s.v. "אָמַן *ʾāman*," 1:313～16。

16 「改變心意」在 2 節有習慣性的用法的討論，可參 Sasson, *Jonah*, 282。

17 雖然有學者認為約拿的神觀並不狹隘，但亦有些學者認為約拿期望尼尼微被滅，這方面的討論參 Alyssa Walker, "Jonah's Genocidal and Suicidal Attitude – and God's Rebuke," *Kairos* 9 (2015): 7～29。

18 對於創傷者會對世界的運作方式提出不同理解這方面的討論，參 Richard G. Tedeschi, and Lawrence G. Calhoun, *Trauma and Transformation: Growing in the Aftermath of Suffering* (London: Sage, 1995), 78～81。

19 這個講法引用自：Kathleen M. O'Connor, "How Trauma Studies Can Contribute to Old Testament Studies," in *Trauma and Traumatization in Individual and Collective Dimensions: Insights from Biblical Studies and Beyond*, ed. Eve-Marie Becker, Jan Dochhorn and Else Kragelund Holt (Göttingen: Vandenhoeck & Ruprecht, 2014), 220。

20 有關更多約拿感到「大大不悅」和「沮喪」更多的討論，參 Hayyim Angel, " 'I Am a Hebrew!' : Jonah's Conflict with God's Mercy toward Even the Most Worthy of Pagan," *JBQ* 34 (2006): 3～11。

21 將約拿看為是一個被害的弱者的討論，參 Chesung Justin Ryu, "Divine Rhetoric and Prophetic Silence in the Book of Jonah," in *Oxford Handbook of Biblical Narrative,* ed. Danna Nolan Fewell (Oxford: Oxford University Press, 2016), 230。

22 有關學者詮釋約拿多次使用「我的」的討論，參 Avivah Gottlieb Zornberg, *The Murmuring Deep: Reflections on the Biblical Conscious* (New York: Schocken, 2009), 100。

23 除了約拿書，「求死」這個主題在舊約聖經中也可見於摩西、約伯、以利亞和耶利米。有關這方面的研究，可參 David Daube, "Death as a Release in the Bible," *NovT* 5 (1962): 82～84；Devora K. Wohlgelernter, "Death Wish in the Bible," *Tradition* 19 (1981): 131 ～ 40；Hanne Løland Levinson, *The Death Wish in the Hebrew Bible: Rhetorical Strategies for Survival.* SOTSMS (Cambridge: Cambridge University Press, 2021)。

24 關於 4 節「對」（*hêṭēḇ*）原文是 *hiphil* 不定式獨立形，可作副詞的用法，參 *GKC* § 113k；

*HALOT* 409。至於這字在約拿書這裏的用法，可參 Yoo-ki Kim, "The Function of היטב in Jonah 4 and Its Translation," *Biblica* 90 (2009): 389～93。另參 Thomas M. Bolin, *Freedom Beyond Forgiveness: The Book of Jonah Re-Examined*, JSOTSup 236, Copenhagen International Seminar 3 (Sheffield: Sheffield Academic Press, 1997), 151～52。NETS 譯作 "Are you exceedingly grieved?"，它是依隨「七十士譯本」的翻譯。

㉕ 有關舊約聖經提及走往東面的人物都是遠離上帝心意的人這方面的討論，參 Youngblood, *Jonah*, 165。

㉖ 尼迪奇（Susan Niditch）進一步指出，以西結書十一章23節甚至提及耶和華的榮耀離開耶路撒冷城並停在城以東的山上，標誌著耶和華自願的流散。參 Susan Niditch, *Jonah: A Commentary,* Hermeneia (Minneapolis, MN.: Fortress, 2023), 109。

㉗ 有學者認為5節「要看看城裏會發生甚麼事」出現經文誤置，近期支持這個看法的學者，可參 John. E. Goldingay, *Hosea-Micah*, BCOTPB (Grand Rapids, MI: Baker, 2021), 342/490。

㉘ 有關上帝赦罪並不必然會完全撇除任何刑罰的討論，參 Ryu, "Silence as Resistance: A Postcolonial Reading of the Silence of Jonah in Jonah 4:1～11," 208。

㉙ 有學者認為約拿走到城東以外是要達到其修辭目的，參 Sasson, *Jonah*, 289。

㉚ 約拿書提及四次的「安排」中，在寫作上都出現相關語，這方面的討論可參 Sasson, *Jonah*, 148。

㉛ 參 B. P. Robinson, "Jonah's Qiqayon Plant," *ZAW* 97 (1985): 390～403。一個有趣的建議是「蓖麻」（*qîqāyôn*）的希伯來文是雙關語，可解作「約拿確實被吐出來」，參 Baruch Halpern, and Richard Elliott Friedman, "Composition and Paronomasia in the Book of Jonah," *Hebrew Annual Review* 4 (1980): 85～86；Brent A. Strawn, "On Vomiting: Leviticus, Jonah, Ea(a)rth," *CBQ* 74 (2012): 455～57。

㉜ 第一種理解把 *wayyaʿal* 理解為使役用法詞幹（*hiphil*），可見於「和修版」等多個翻譯中；第二種理解把 *wayyaʿal* 看為是 *qal* 詞幹，可見於 *Tanak*（"... which grew up over Jonah"）、沙遜（Sasson, *Jonah*, 292～93）等。沙遜認為若是前者，則原文應該加上賓語，就如「和修版」需補上「它」。沙遜的理據一般而言是正確的，不過，類似欠缺賓語的情況也可見於一章13節（參段落2.2.4.2，頁80～83）。另參 Niditch, *Jonah*, 111。

㉝ 沙遜對6節兩個不定詞形成的結構，亦作出評論。他從主語出發，以扇形結構表達如下（略修改「和修版」）：

| 主語 | 行動 |
|---|---|
| A 上帝 | 耶和華上帝安排了一棵蓖麻（*wayəman yhwh-ʾĕlōhîm qîqāyôn*） |
| B 蓖麻 | 它〔就〕生長高過約拿（*wayyaʿal mēʿal ləyônā*$^{h}$） |
| B' 蓖麻 | 〔以致成為〕影子〔在〕他的頭〔上〕（*lihyôṯ ṣēl ʿal-rōʾšô*） |
| A' 上帝 | 〔好拯救〕他〔離開他的〕苦難（*ləhaṣṣîl lô mērāʿāṯô*） |

從這個結構來看，耶和華上帝安排蓖麻和拯救約拿離開他的「苦難」是相關的，而蓖麻生長高過約拿和變成為影子在約拿的頭上也是相關的。如此，A' 可以是 A 的目的或結果，而 B' 也可

以是 B 的目的或結果。不過，把 A' 視為 A 的目的或結果，而中間加插了 B 和 B'，在句法上比較難於解釋。而且，在四章 7 及 8 節的另外兩個上帝的安排中，經文也沒有明確講出上帝的安排有何具體目的或結果。參 Sasson *Jonah*, 290。

34 關於棚子受日曬以致不能再成蔭的理解，參 Philip P. Jenson, *Obadiah, Jonah, Micah: A Theological Commentary*, LHBOTS 496 (New York: T & T Clark, 2008), 88。

35 6 節「苦難」一詞反映上帝關注約拿所受的「惡」的關注這方面的討論，參 Catherine L. Muldoon, *In Defense of Divine Justice: An Intertextual Approach to the Book of Jonah*, CBQMS 47 (Washington, DC: Catholic Biblical Association of America, 2010), 127～28。

36 「黎明」的詞義可參 *TDOT* s.v. "שַׁחַר *šaḥar*," 14:577, 578。

37 7 節那細小的蟲和二章的大海怪的關連，可參 Lowell K. Handy, *Jonah's World: Social Science and the Reading of Prophetic Story*, Bible World (London: Equinox, 2007; reprinted: New York: Routledge, 2014), 90。

38 學者對 6 至 7 節的敍事帶出來的教導性內容，艾理克森（Amy Erickson）有綜合的討論，參 Erickson, *Jonah*, 401。

39 有學者解釋約拿將發生的事看為是在他個人身上的事情。這方面的討論，可參 Muldoon, *In Defense of Divine Justice*, 139；Erickson, *Jonah*, 401～04。

40 有關 6 至 7 節看為是象徵性行為，艾理克森認為耶和華在四章 11 節有作出解說，但這看法似乎稍為牽強。詳細的討論，參 Erickson, *Jonah*, 404。

41 對於將 6 至 7 節的內容看為是上帝對約拿的教導和要求約拿遵命的討論，可參 Stuart Lasine, "Jonah's Complexes and Our Own: Psychology and the Interpretation of the Book of Jonah," *JSOT* 41 (2016): 253。另有學者則認為這兩節經文可理解為受創者從受創經驗被引導走向喜樂經驗（6 節），並再受引導去經驗現實的困難（7 節），以免停留在虛假的建構中。詳細參 Irmtraud Fischer, "'Alles andere als zum Lachen': Das Jonabuch als Anleitung zur Traumatisierungsbewältigung," in *The Books of the Twelve Prophets: Minor Prophets–Major Theologies*, BETL 295, ed. Heinz-Josef Fabry (Leuven: Peeters, 2018), 314。

42 有學者認為棚子不再能提供影蔭給約拿的原因是「炎熱的東風」把棚子吹走。這方面的討論可參 Sasson, *Jonah*, 304；Goldingay, *Hosea-Micah*, 343/490。有學者則認為這東風只是加劇太陽所帶來的炎熱程度，參 Jenson, *Obadiah, Jonah, Micah*, 89。

43 有關 6 至 8 節事情發生的日數的討論，可參 Albert Kamp, *Inner Worlds: A Cognitive-Linguistic Approach to the Book of Jonah*, trans. David Orton (Leiden: Brill, 2004), 114。

44 有學者認為 8 節約拿只能與自己講話，參 George M. Landes, "Textual 'Information Gaps' and 'Dissonances' in the Interpretation of the Book of Jonah," in *Ki Baruch Hu: Ancient Near Eastern, Biblical, and Judaic Studies in Honor of Baruch A. Levine*, ed. R. Chazan, W. W. Hallo and L. H. Schiffman (Winona Lake, IN: Eisenbrauns, 1999), 286。

45 梅爾登（Catherine L. Muldoon）透過詳細討論近東文化中以大樹來比喻亞述等帝國，來推論蓖麻這裏是用來比喻尼尼微的。參 Muldoon, *In Defense of Divine Justice*, 129～140。艾理克森採納梅爾登的建議，並進一步把蓖麻事件理解為上帝向約拿顯示的象徵行為。參 Erickson,

*Jonah*, 401。

㊻ 有學者認為約拿求死代表他對生存提出質疑。這方面的討論可參 Elizabeth Boase and Sarah Agnew, "'Whispered in the Sound of Silence': Traumatising the Book of Jonah," *The Bible and Critical Theory* 12 (2016): 19。費希爾（Irmtraud Fischer）認為約拿求死是因為「由抑鬱帶來了耗盡」（"Erschöpfungsdepression"）。參 Irmtraud Fischer, "'Alles andere als zum Lachen': Das Jonabuch als Anleitung zur Traumatisierungsbewältigung," in *The Books of the Twelve Prophets: Minor Prophets–Major Theologies*, BETL 295, ed. Heinz-Josef Fabry (Leuven: Peeters, 2018), 314。

㊼ 赫爾曼（Judith Herman）認為人之所以求死，目的是要取回自主權，她曾說："The stance of suicide is active; it preserves an inner sense of control."。參 Judith Herman, *Trauma and Recovery: The Aftermath of Violence-From Domestic Abuse to Political Terror* (New York: Basic Books, 1997), 85。

㊽ 有關約拿面對上帝強權之下仍爭取控制權的行動，參 Lasine, "Jonah's Complexes and Our Own," 253。

㊾ 柳濟誠（Chesung Justin Ryu）以有權者及受壓者的關係來解釋 9 節上帝的提問。參 Ryu, "Divine Rhetoric," 232。

㊿ 9 節「*以至於死*」是用以表達極致程度的方法。參 David W. Thomas, "Unusual Ways of Expressing the Superlative in Hebrew," *VT* 3 (1953): 209 ～ 24；Thomas, "Some Further Remarks on the Superlative in Hebrew," *VT* 18 (1968): 120～24。

51 有學者認為約拿書中上帝不同的名稱，代表祂的不同面向，這方面的討論可參 Umberto M. D. Cassuto, *The Documentary Hypothesis and the Composition of the Pentateuch: Eight Lectures*, trans. I. Abrams (Jerusalem: Magnes, 1961), 31～32；黃天相：《俄巴底亞書、約拿書：公義與慈愛》，明道研經叢書（香港：明道社，2007），177～79。

52 馬戈利（Jonathan Magonet）對於約拿書中上帝不同名字的理解，可參 Jonathan Magonet, *Form and Meaning: Studies in Literary Techniques in the Book of Jonah*, Bible and Literature 8 (Sheffield: JSOT, 1976), 33～38。

53 坎普（Albert Kamp）對於上帝不同稱謂的討論，可參 Albert Kamp, *Inner Worlds: A Cognitive-Linguistic Approach to the Book of Jonah*, trans. David Orton (Leiden: Brill, 2004), 125。

54 戈爾茨坦（E. Goldstein）對上帝在約拿書中有不同稱謂的討論，參 E. Goldstein, "On the Use of the Name of God in the Book of Jonah," in *Milk and Honey: Essays on Ancient Israel and the Bible*, ed. Sarah Malena and David Miano (Winona Lake, IN: Eisenbrauns, 2007), 77～83。

55 有學者認為約拿書中對上帝不同的稱謂反映約拿逐漸增加與上帝的距離。參 Walter Bührer, "Der Gott Jonas und der Gott des Himmels," *BN* 167 (2015): 65～78。

56 「*愛惜*」（*ḥûs*）在舊約聖經中加上否定詞的十八節經文：創四十五 20；申七 16，十三 9，十九 13、21，二十五 12；賽十三 19；耶十三 14，二十一 7；結五 11，七 4、9，八 18，九 5、10，十六 5，二十四 14；拿四 11。沒有加否定詞的：撒上二十四 11；尼十三 22；詩七十二

13；結二十 17；珥二 17；拿四 10。

57 「操勞」（ʿml）作為動詞在舊約聖經中出現的十一次：詩一二七 1；箴十六 26；傳一 3，二 11、19、20、21，五 15、17，八 17；拿四 10。

58 「操勞」的詞義，參 *TDOT* s.v. "עָמַל ʿāmal," 11:196～202。

59 有學者認為 11 節的「十二萬多人」代表一個很大的數目，參 Kevin J. Youngblood, *Jonah: God's Scandalous Mercy*, Hearing the Message of the Scripture: A Commentary on the Old Testament (Grand Rapids, MI: Zondervan, 2013), 174。

60 另有學者認為 11 節的「十二萬多人」是一種誇張的寫作手法。參 Donald J. Wiseman, "Jonah's Nineveh," *Tyndale Bulletin* 30 (1979): 39～42。

61 將 11 節「不能分辨左右手的人」解釋為小孩子的，可參 Uriel Simon, *Jonah: The Traditional Hebrew Text with the New JPS Translation*, JPS Bible Commentary, trans. L. J. Schramm (Philadelphia, PA: Jewish Publication Society of America, 1999), 47。

62 將 11 節「不能分辨左右手的人」解釋為尼尼微人的，可參 Jenson, *Obadiah, Jonah, Micah*, 93；JoAnna M. Hoyt, *Amos, Jonah, & Micah*, EEC (Bellingham: Lexham, 2019), 514。

63 將 11 節「不能分辨左右手的人」解釋為尼尼微人未有足夠的道德分辨能力，可參 Simon, *Jonah*, 47；Richard D. Phillips, *Jonah & Micah*, Reformed Expository Commentary (Phillipsburg: P & R, 2010), 129。

64 將 11 節「不能分辨左右手的人」解釋為尼尼微人沒有洞察力或聰明，可參 Muldoon, *In Defense of Divine Justice*, 142～43；Erickson, *Jonah*, 411。

65 將 11 節「不能分辨左右手的人」解釋為尼尼微人不認識住在他左邊和右邊的人，可參 Sasson, *Jonah*, 314～15。

66 對於 11 節「我豈能不愛惜呢？」的解釋，有少部分學者則認為這句不應該理解為修辭性提問。參 A. Cooper, "In Praise of Divine Caprice: The Significance of the Book of Jonah," in *Among the Prophets: Language, Imagery and Structure in the Prophetic Writings*, JSOTSup 144, ed. David J. A. Clines (Sheffield: JSOT, 1993), 158；Philippe Guillaume, "The End of Jonah is the Beginning of Wisdom," *Biblica* 87 (2006): 243～50；Guillaume, "Rhetorical Reading Redundant: A Response to Ehud Ben Zvi," *JHS* 9 (2009): 1～9；Carolyn J. Sharp, *Irony and Meaning in the Hebrew Bible* (Bloomington, MN: Indiana University Press, 2009), 184；Muldoon, *In Defense of Divine Justice*, 140～49；Erickson, *Jonah*, 406～07；Hoyt, *Amos, Jonah, & Micah*, 523～26。

67 學者以「從小到大」的論證方式解釋「我豈能不愛惜呢？」，參 Thomas M. Bolin, *Freedom Beyond Forgiveness: The Book of Jonah Re-Examined*, JSOTSup 236, Copenhagen International Seminar 3 (Sheffield: Sheffield Academic Press, 1997), 159。

68 將 10、11 節看為是陳述性語句來理解的，可參 Cooper, "In Praise of Divine Caprice," 158；Hoyt, *Amos, Jonah, & Micah*, 523～25。

69 將 11 節「我豈能不愛惜呢？」看為是採用了「從小到大」的論證方式的，可參 Limburg, *Jonah*, 97；Jenson, *Obadiah, Jonah, Micah*, 91。

⑩ 學者以「從小到大」的論證方式解釋「我豈能不愛惜呢？」，將「小」、「大」連繫於上帝的憐憫這議題上的討論，參 Phillips, *Jonah and Micah*, 128。

⑪ 有關將「小」、「大」連繫於「好處」的討論，可參庫珀（A. Cooper）談及亞伯溫內爾（Isaac ben Judah Abravanel）的看法。參 Cooper, "In Praise of Divine Caprice," 157。

⑫ 「從小到大」的論點若要成立，則必須假定約拿的「愛惜」和耶和華的「愛惜」意思相若。這方面的討論，參 Bolin, *Freedom beyond Forgiveness*, 160 ～ 61；Muldoon, *In Defense of Divine Justice*, 144。

⑬ 「愛惜」（*ḥûs*）在舊約聖經中出現的二十四次：創四十五 20；申七 16，十三 9，十九 13、21，二十五 12；撒上二十四 11；尼十三 22；詩七十二 13；賽十三 19；耶十三 14，二十一 7；結五 11，七 4、9，八 18，九 5、10，十六 5，二十 17，二十四 14；珥二 17；拿四 10、11。

⑭ 從希伯來文法看 10、11 節句法中出現獨立代名詞的目的，是為對比之用，參 J-M §146a (1) ～ (2)。另參 Christo H. J. van der Merwe, Jackie A. Naudé and Jan H. Kroeze, *A Biblical Hewbrew Reference Grammar* (Sheffield: Sheffield Academic Press, 1999), 253, 348。

⑮ 把 10 節和 11 節的關係以「從小到大」來理解，華爾什（Carey Walsh）則提出另外三個不同的理由來質疑這個「由小到大」的關係。她的觀點可參 Carey Walsh, "The Metaprophetic God of Jonah," in *History, Memory, Hebrew Scriptures: A Festschrift for Ehud Ben Zvi*, ed. Ian Douglas Wilson and Diana V. Edelman (Winona Lake, IN: Eisenbrauns, 2015), 270。

⑯ 學者對上帝的自由或不可測卻成為罪人得救的盼望這方面的討論，參 Cooper, "In Praise of Divine Caprice," 152, 162。

⑰ 有學者認為約拿書的結尾是反映約拿在強權下無聲的抗辯，這方面討論可參 Ryu, "Silence as Resistance," 218。另有學者認為這是反映出語言的失效，參 Elizabeth Boase and Sarah Agnew, "'Whispered in the Sound of Silence': Traumatising the Book of Jonah," *The Bible and Critical Theory* 12 (2016): 19～20。